ClimatePartner°
klimaneutral

Verlag | ID: 128-50040-1010-1082

CO_2-Emissionen vermeiden, reduzieren, kompensieren –
nach diesem Grundsatz handelt der oekom verlag.
Unvermeidbare Emissionen werden durch Emissions-
minderungszertifikate mit Gold Standard ausgeglichen.
Mehr Informationen finden Sie unter: www.oekom.de.

Bibliografische Information der Deutschen Nationalbibliothek:
Die Deutsche Nationalbibliothek verzeichnet diese Publikation
in der Deutschen Nationalbibliografie; detaillierte bibliografische
Daten sind im Internet über http://dnb.d-nb.de abrufbar.

© oekom verlag München 2014
Gesellschaft für ökologische Kommunikation mbH,
Waltherstraße 29, 80337 München

Korrektorat: Maike Specht
Innenlayout, Satz: Ines Swoboda, oekom verlag
Druck: GGP Media GmbH, Pößneck
Dieses Buch wurde auf FSC®-zertifiziertem Recyclingpapier
und auf Papier aus anderen kontrollierten Quellen gedruckt.
Circleoffset Premium White, geliefert von Igepagroup,
ein Produkt der Arjo Wiggins.

ISBN 978-3-86581-662-7

Bernd Sommer, Harald Welzer

Transformationsdesign
Wege in eine zukunftsfähige Moderne

Transformationen Band 1

INHALT

Vorbemerkung

Die Zukunft ist nicht mehr das, was sie mal war. Ja, sie scheint kaum mehr zu existieren, was besonders klar wird, wenn man sich daran erinnert, was sie für die westlichen Gesellschaften noch bis vor etwa drei, vier Jahrzehnten war: ein offener Möglichkeitsraum, den Wissenschaft, technischer Fortschritt, Demokratie und soziale Marktwirtschaft stetig weiter erschließen und dabei die Lebensverhältnisse der Menschen schnell und umfassend verbessern würden. Diese Auffassung von einem entschlossen voranschreitenden Fortschritt sucht man heute in den sogenannten frühindustrialisierten Ländern vergeblich. Obwohl sich die Konsumzone beständig ausgeweitet hat, die Kaufkraft rasant gewachsen ist und in Westeuropa seit Jahrzehnten Frieden herrscht, sind Zukunft und ihre Gestaltung keine Kategorie des Politischen mehr. Stattdessen haben sich »internationaler Wettbewerb«, »Wachstum« und unerbittliche »Marktgesetze« an ihre Stelle gesetzt und eine Kultur der schieren Gegenwärtigkeit etabliert.

Dass heute mehr von »Innovationen« die Rede ist als je zuvor, ist ein sicheres Zeichen dafür, dass eine Kultur ein tief greifendes Problem damit hat, sich zu erneuern. Ein ähnliches Phänomen ist bei »der Nachhaltigkeit« zu beobachten – je mehr man über etwas redet, desto weniger ist es gegeben. Umgekehrt: Über das, was selbstverständlich ist, wird in Gesellschaften nicht gesprochen – insofern steht die ständige Betonung von etwas in umgekehrt proportionalem Verhältnis zu seinem faktischen Vorhandensein. Als noch kaum jemand über »Nachhaltigkeit« oder »Innovationen« gesprochen hat, wie etwa in den westlichen Gesellschaften der 1960er-Jahre, lebte man hinsichtlich des Material- und Energieverbrauchs erheblich nachhaltiger als heute, und zugleich herrschte nicht das Gefühl vor, man existiere in einer unendlich gedehnten Gegenwart, die außer neuen Produkten keine Neuerungen mehr bereithalten würde. Immerhin flog man zu dieser Zeit zum Mond, öffnete die Bildungslandschaft und sorgte dafür, dass auch Kinder aus benachteiligten sozialen Schichten studieren konnten. Um nur über zwei von unendlich vielen Fortschritten jener Zeit zu sprechen.

Wir verwenden hier den merkwürdig antiquiert scheinenden Begriff des »Fortschritts«, weil es sich dabei um eine kulturell gerichtete Neuerung handelt, die auf eine Verbesserung von Lebensbedingungen zielt, im Unterschied zur »Innovation«, die ja nichts bedeutet als den trivialen Sachverhalt, dass ein neues Produkt oder eine Praxis in irgendeiner Weise anders ist als das/die alte. Ob es besser ist, ob das alte überhaupt erneuerungsbedürftig war, ob man das eine oder das andere überhaupt braucht: Solche Fragen sind einer selbstgenügsamen Innovationskultur gleichgültig. Ihr genügt die Oberflächenveränderung, um die Wachstumswirtschaft weiter in Schwung zu halten und davon abzulenken, dass die zugrunde liegenden Produktions- und Reproduktionsverhältnisse nicht zukunftsfähig sind, weil sie auf Grundlagen basieren, die sie mit immer größerer Geschwindigkeit zerstören.

Die zukunftsvergessene und innovationsversessene Kultur des unbegrenzten Wachsens und Konsumierens ist ein Endzeitphänomen. Eine Gesellschaft, die über ihren Fortbestand angesichts sich dramatisch verändernder Umweltbedingungen nicht nachdenkt, kann nicht fortbestehen. Das heißt: Sie wird unter großen menschlichen Kosten peu á peu zerfallen und im Verlauf dieses Zerfalls ihre Fähigkeit, sich selbst zu transformieren, immer weiter einbüßen. Oder sie wird sich kulturell und sozial erneuern und als eine andere, transformierte, überleben. Wir haben den sperrigen Begriff »Transformationsdesign« für dieses Buch und für unser Center for Transformation Design & Research an der Europa-Universität Flensburg genau deshalb gewählt, weil die Transformation des jetzt dominanten Wirtschafts-, Gesellschafts- und Kulturmodells unausweichlich geschieht. Die Frage ist lediglich, ob sie eher von Menschen auf Basis von zivilisatorischen Errungenschaften wie Demokratie, Freiheit, Rechtsstaatlichkeit, sozialer Gleichheit und Solidarität gestaltet werden kann oder ob sie stärker von den Verhältnissen erzwungen wird; kurz, ob die Transformation »by design or by desaster« erfolgt.

Dabei geht es nicht um eine »Große Transformation«, die sich zeitgleich im globalen Maßstab vollzieht, sondern um eine Kombinatorik unterschiedlichster Technologien, politischer Interventionen und sozialer Praktiken, die sich bewährt haben, mit solchen, die gebraucht werden, um ein zivilisiertes – also demokratisches, freies, sicheres, gesundes, gebildetes – Leben bei einem drastisch verringerten Naturverbrauch führen zu können. Das Projekt einer »reduktiven Moderne«, das damit angesprochen ist, ist tatsächlich neu: Denn bislang lösen moderne Gesellschaften ihre Probleme mit stetiger Aufwandserhöhung – der Ausdifferenzierung in neue Subsysteme und Expertenfunktionen –, nicht mit Reduktion. Daher gibt es keinen Masterplan, wie sich Gesellschaften unseres Typs in eine reduktive Richtung transformieren können. Es lässt sich sogar sagen: Die Kultur der Masterpläne gehört noch der expansiven Moderne an. Da wir heute nicht wissen, wie eine reduktive Moderne aussehen kann und wird, machen wir keine Pläne, sondern wir suchen: nach sozialen und gestalterischen Strategien, die uns helfen, den zivilisatorischen Standard ohne Wachstum, Hyperkonsum und exzessiven Naturverbrauch zu bewahren. Dass dafür nicht eine Transformation im Singular nötig ist, sondern sehr viele sehr unterschiedliche Transformationen erforderlich sind, scheint uns evident. Daher lassen wir auf den folgenden Seiten immer wieder auch Akteurinnen und Akteure zu Wort kommen, die sich in ihren jeweiligen Bereichen auf sehr unterschiedliche

Art und Weise mit einer »transformation by design« beschäftigen. Unseren Gesprächspartnerinnen und -partnern Friedrich von Borries, Christian Felber, Rob Hopkins, Kora Kristof, Muck Petzet, Stephan Rammler, Uwe Schneidewind und Juliet Schor, die mit uns für dieses Buch darüber nachgedacht haben, was »Transformationsdesign« sein könnte und erfordert, danken wir an dieser Stelle sehr. Und ein sehr herzlicher Dank geht an Udo Holtkamp, Julia Lohmann und Karin Sander für die Überlassung von Fotos und Bildrechten!

Für die vielfältige Unterstützung bedanken wir uns darüber hinaus bei einer Reihe von Institutionen und Personen: Da wäre zuallererst die Europa-Universität Flensburg, die die Bereitschaft und den Mut gehabt hat, das Norbert Elias Center for Transformation Design & Research (NEC) einzurichten, ein Forschungszentrum zu einem Feld, das in der akademischen Landschaft so noch nicht existiert.

Unsere Kolleginnen und Kollegen Michaela Christ, Dana Giesecke, Ulrike Grassinger, Josefa Kny, Jonas Lage, Maximilian Schmies, Luise Tremel und die anderen Mitglieder des Transformationskollegs am NEC haben ebenfalls wichtige Hilfestellungen gegeben. Auch unseren Studierenden in Flensburg gebührt Dank, die mit ihren Fragen und Diskussionen zur Schärfung der Argumentation in diesem Buch beigetragen haben.

Das vorliegende Buch bildet den Auftakt einer Reihe mit dem Titel »Transformationen«, in denen wir Arbeiten dieser und anderer Kolleginnen und Kollegen publizieren werden, die sich ebenfalls mit gesellschaftlichen Veränderungsprozessen im Kontext von Klimawandel und Nachhaltigkeit beschäftigen. Wir danken dem oekom verlag für die ausgezeichnete Begleitung und das Vertrauen, das er in diese Buchreihe setzt!

Bernd Sommer und Harald Welzer, im Juli 2014

1 Einleitung:
Was warum zu transformieren ist

Im 20. Jahrhundert wurde weltweit zehnmal mehr Energie verbraucht als während der kompletten Menschheitsgeschichte zuvor (McNeill 2005: 29). Die aus den Böden, den Wäldern, den Meeren entnommenen Mengen an Material, fossilen Rohstoffen und Biomasse haben sich, insbesondere seit den 1950er-Jahren, exponentiell gesteigert (Steffen/Crutzen/McNeill 2007). Der globale Rohstoffverbrauch und die Emissions- und Müllmengen wachsen weiterhin von Jahr zu Jahr an; der weltweite Siegeszug der kapitalistischen Wirtschaftsweise schafft neuen Reichtum, lässt neue Mittelklassen entstehen, ignoriert aber die planetarischen Grenzen (Rockström et al. 2009), die die prinzipiell endliche Menge an Ressourcen und Senken[1] setzt. Die Übernutzung von Ökosystemen und Ressourcen sowie die Einschränkung der langfristigen Überlebensbedingungen von Menschen führt dazu, dass die Gesellschaften zunehmend unter Stress geraten: Erhöhte Ressourcenkonkurrenz gehört dazu, ebenso geopolitische Machtverschiebungen, Extremwetterereignisse oder steigende Nahrungs- und Energiepreise.

Vor diesem Hintergrund ist in den vergangenen Jahren in der interdisziplinären Nachhaltigkeitsforschung und sozialökologi-

---

1   Unter »Senken« werden in den Geo- und Umweltwissenschaften Ökosysteme verstanden, die in der Lage sind, zeitweilig oder auf Dauer Emissionen zu binden – so z. B. Wälder, Ozeane oder Moore beim Kohlendioxid.

schen Forschung unter dem Schlagwort der »Transformation« ein neuer Forschungszweig entstanden, der sich mit der Frage beschäftigt, wie sich moderne Gesellschaften, die sich in einem Zustand struktureller Nicht-Nachhaltigkeit befinden, in Richtung Nachhaltigkeit transformieren können.[2] Im Gegensatz zur »Transformationsforschung« in den Politikwissenschaften (Merkel 2010), die sich mit der Transformation der politischen und wirtschaftlichen Regime in den ehemals sowjetkommunistischen Staaten befasst, wird hier also der Transformationsprozess nicht retrospektiv oder begleitend analysiert, sondern als Zukunftsaufgabe verstanden.

Dies ist der Ausgangspunkt der nachfolgenden Überlegungen, und damit stehen Fragen der Möglichkeit der Gestaltung gesellschaftlicher Veränderungsprozesse im Zentrum, die von der politischen Steuerung (*Governance*) über Stadtplanung und Architektur bis hin zur Produktgestaltung reichen. Es geht also um Transformations*design*, die Gestaltung eines notwendigen Transformationsprozesses – eine Aufgabe, vor der vor allem die Gesellschaften stehen, deren ökologische Fußabdrücke und CO_2-Emissionen pro Kopf rechnerisch um ein Vielfaches über dem liegen, was für eine nachhaltige und zukunftsfähige Weiterentwicklung von Wirtschaft und Gesellschaft möglich ist (WBGU 2009). Wir beschränken den Geltungsbereich unserer Ausführungen zur Gestaltung von Transformationen damit auf die wohlhabenden frühindustrialisierten Gesellschaften. Diese haben sich ihre materiellen und organisatorischen Vorteile gegenüber nachrückenden Gesellschaften dadurch erworben, dass sie früher als andere den kapitalistischen Wachstumspfad eingeschlagen, diesen vor allem mit fossiler Energie befeuert und damit eine expansive Kultur begründet haben, die

---

2   Die früh- und spätindustrialisierten Gegenwartsgesellschaften sind insofern strukturell nicht-nachhaltig, als sie auf physischen Grundlagen beruhen, die nicht dauerhaft zur Verfügung stehen (Sieferle 2010: 11).

sich im Zuge des Globalisierungsschubs der letzten drei Jahrzehnte weltweit ausgebreitet hat.

Auch wenn mittlerweile bis auf wenige Ausnahmen beinahe alle Volkswirtschaften der Welt dem expansiven Prinzip der kapitalistischen Wachstumswirtschaft folgen, konzentrieren sich unsere Überlegungen aus drei Gründen auf moderne, also freiheitliche und demokratische Gesellschaften westlichen Typs: Erstens, weil Gesellschaften dieses Typs vor anderen Entwicklungsaufgaben stehen als etwa die sogenannten Schwellenländer – Armuts- und Hungerbekämpfung oder die Einrichtung von basalen Versorgungsinfrastrukturen stehen hier nicht im Vordergrund, sondern viel eher die Bewahrung eines erreichten zivilisatorischen Niveaus. Zweitens hat ein Großteil der Bewohnerinnen und Bewohner solcher Gesellschaften aufgrund ihrer in vielerlei Hinsicht relativ komfortablen Lebensbedingungen *Spielräume zur Gestaltung* ihrer beruflichen und privaten Handlungsbedingungen, die wir definieren können und die die Voraussetzung für unsere Überlegungen bilden, wie notwendige Transformationen gestaltet werden können. Schließlich ergibt sich drittens aus diesen Gestaltungsspielräumen sowie dem historischen und aktuellen Niveau des Naturverbrauchs auch die Verantwortung für Transformationen in Richtung Nachhaltigkeit. Für Gesellschaften mit anderen Entwicklungsaufgaben möchten wir uns weder die Kompetenz noch das moralische Mandat anmaßen, Designs für wünschenswerte Entwicklungen vorzugeben.[3] Es ist, wie sich im Weiteren zeigen wird, ohnehin schwierig genug, so etwas für die eigene Gesell-

---

3   Aus ähnlichen Gründen fokussiert sich auch der aus den Niederlanden stammende Transition-Management-Ansatz auf die frühindustrialisierten westlichen Gesellschaften: »Since people in this area of the world (Western Europe) caused many crises referred to, they must also take a lead in finding solutions. We do not imply that other countries such as China or India are not capable of doing so. We just want to stress that we are not in the position to require them to change without making transitions ourselves« (Grin et al. 2010: 2).

schaft zu versuchen. Wir entwickeln unsere Ideen also nicht »für die Welt«, schon gar nicht »für die Menschheit«; wir beanspruchen auch nicht, sie »retten« zu wollen, und was dergleichen politfolkloristische Nebelkerzen immer sein mögen. Wir sprechen über die konkreten Notwendigkeiten, Möglichkeiten und Blockierungen des Übergangs einer expansiven zu einer reduktiven Moderne und damit über ein Thema, das weder theoretisch noch praktisch hinreichend ausgeleuchtet ist. Denn es ist zwar bekannt, wie es auf Basis einer fossil befeuerten Wachstumswirtschaft zu jenen enormen materiellen und zivilisatorischen Fortschritten gekommen ist, die uns zu den Privilegierten der Welt gemacht haben, aber es existiert einstweilen allenfalls fragmentarisches Wissen darüber, wie sich ein solcher Typ Zivilisation unter Bedingungen aufrechterhalten lässt, in denen der Material- und Energieverbrauch sowie die Emissions- und Müllmengen um den Faktor fünf bis zehn reduziert sind. Vor diesem Hintergrund ist *Transformationsdesign* zunächst einmal die Heuristik einer reduktiven, zukunftsfähigen Moderne.

Die bisherige Entwicklung moderner Gesellschaften ist grundsätzlich durch eine expansive Dynamik gekennzeichnet – und zwar nach innen wie nach außen. Die Expansionsbewegung »nach außen« bedarf vor dem Hintergrund von Kolonialisierung sowie anhaltender Globalisierung des Wirtschafts- und Kulturmodells, das vor etwa 250 Jahren in Europa und Nordamerika seinen Ausgang nahm, kaum weiterer Erläuterung. Aber auch »nach innen« zeichnen sich diese Gesellschaften durch ungeheure Zuwachsraten in der Güterproduktion und Konsumption und damit einhergehend beim Ressourcen- und Energieverbrauch aus (siehe Abbildung 1).

Wie sich diese Expansionsdynamik auf der individuellen Ebene darstellt, hat Wolfgang Uchatius (2013) in einem Essay für *Die ZEIT* herausgearbeitet: Während Ende des 19. Jahrhunderts ein

Abbildung 1, Teil 1

Die Zuwachsraten in ausgewählten gesellschaftlichen Bereichen zwischen 1750 und 2000
(Quelle: Steffen 2011).

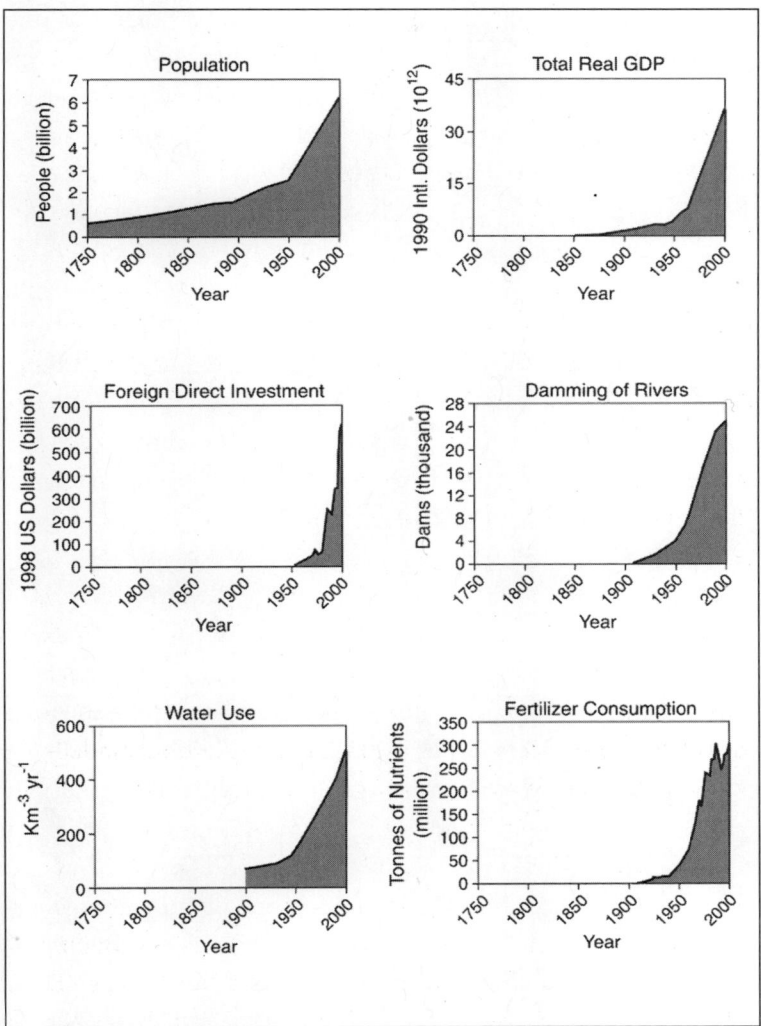

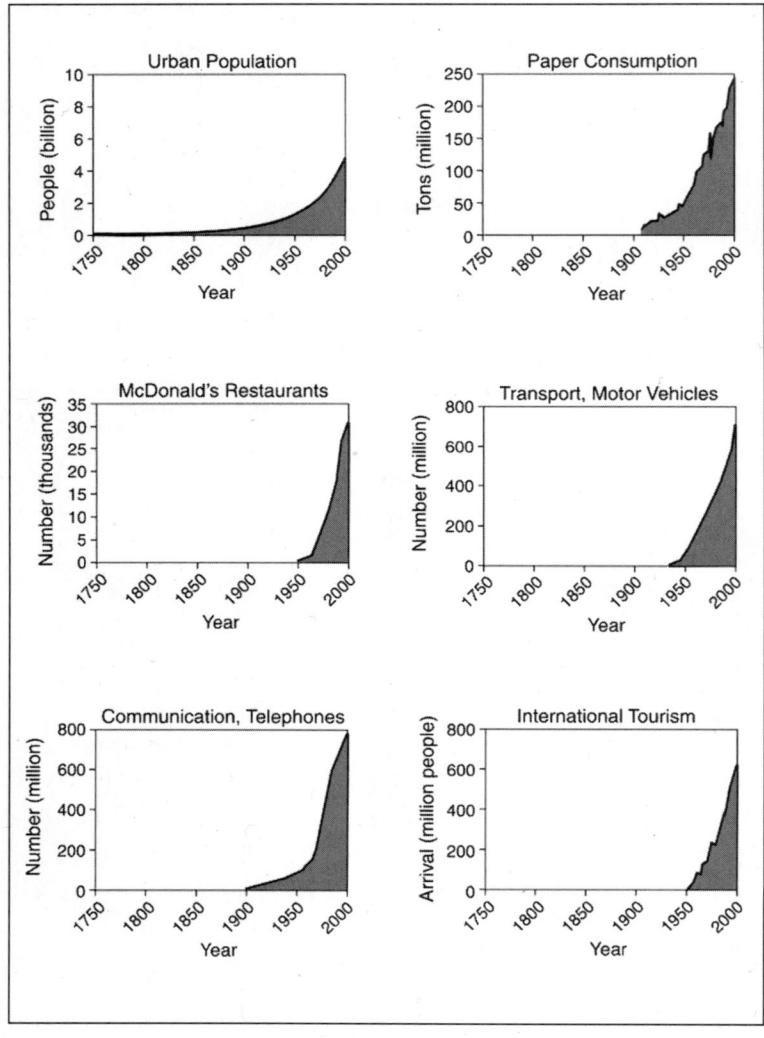

typischer deutscher Jugendlicher zusammen mit seinen Eltern und Geschwistern einen einzigen Raum bewohnte und eine sehr überschaubare Anzahl persönlicher Gegenstände sein Eigen nennen konnte, besitzt der typische deutsche 18-Jährige zum beginnenden 21. Jahrhundert, wie Marktforschungsergebnisse zeigen, ca. 500 verschiedene Produkte: »ein Flachbildfernseher, 32 Zoll, ein Computer mit Monitor, zwei angeschlossene Lautsprecherboxen, ein Kopfhörer, ein Smartphone, ein CD-Radio-Kassettenrekorder, eine Playstation für Videospiele mit integriertem DVD-Spieler, eine Wii-Konsole, eine tragbare Playstation, mit der man auch unterwegs spielen kann. Außerdem: ein Bett, ein Kleiderschrank, ein Schreibtisch mit Stuhl, ein Taschenrechner, ein Funkwecker, zwei Fußbälle, ein Basketball, ein Volleyball, ein Rucksack, ein Globus, mehrere Paar Sportschuhe sowie Hemden, Hosen, Jacken, Bücher, Spiele, Stifte, DVDs« (ebd.).

Eine derartige Anhäufung materieller Konsumgüter wirft nicht allein vor dem Hintergrund der Endlichkeit der natürlichen Ressourcen und Senken Fragen auf, sondern auch in Bezug auf die für Menschen grundsätzlich begrenzte Zeit. Wann sollen die Videospiele gespielt, die Bücher gelesen, die DVDs geschaut und die verschiedenen Sportarten betrieben werden? Steigt die Anzahl an Handlungsoptionen, die diesen Artefakten jeweils eingeschrieben ist, auch an, so bleibt die verfügbare Zeit eines Menschen doch auf 24 Stunden pro Tag und 365 Tage pro Jahr beschränkt. Und in dieser gilt es noch zu schlafen sowie andere körperliche Bedürfnisse zu befriedigen und die wachsenden Selbstoptimierungsanforderungen moderner Gesellschaften zu bewältigen, die Schüler und Jugendliche zusätzlich unter Stress und Zeitdruck geraten lassen (Beisenkamp et al. 2012). Damit die Wirtschaft aber weiter wachsen kann, muss jemand all die Waren kaufen, die beständig neu kreiert und produziert werden. Nach Hartmut Rosa löst der Kapitalismus dieses Dilemma dadurch, dass er Menschen hervorgebracht hat, die zwar noch kaufen, aber zunehmend weniger konsumieren (im Sinne von »nutzen«): »Anstatt die Bücher zu lesen, die CDs zu hören oder die Musikinstrumente zu spielen (oder auch nur die Nahrungsmittel zuzubereiten), die wir längst nach Hause getragen haben, erwerben wir [...] *neue Produkte*, und es kann kein Zweifel daran herrschen, dass dabei ein Kompensationsverhältnis zwischen dem entgangenen *Realkonsum* und den gesteigerten Kaufraten besteht: Weil es zu zeitaufwendig ist, Shakespeare zu lesen oder Mozart zu hören, kaufen wir stattdessen Goethe und Beethoven noch dazu« (Rosa 2011: 129 f.).

Kurz, die Menschen in Gesellschaften unseres Typs konsumieren nicht mehr, was sie kaufen. Eine Folge dieser Entwicklung ist, dass allein die Deutschen jährlich »6,7 Millionen Tonnen Lebensmittel in den Abfall, 800.000 Tonnen Kleider in den Container, eine Million Tonnen veraltete oder defekte, aber oftmals noch reparable Handys, Computer, Fernseher, CD-Spieler und Laserdrucker auf den Schrotthaufen« (Uchatius 2013) werfen.

Eine unheilvolle Allianz aus gewachsener Kaufkraft, billiger Transportkapazität, externalisierten Umweltkosten, beständig verkürzten Produktzyklen und hyperkonsumistischer Alltagskultur hat etwa dazu geführt, dass sich der Konsum von Textilien je Dekade verdoppelt, ebenso wie der von Möbeln, Nahrungsmitteln usw. (Schor 2010). Während man vor 50 Jahren in Deutschland durchschnittlich 42 Tage arbeiten musste, um sich ein Fernsehgerät anzuschaffen, sind es heute gerade noch vier; für den Kauf eines Schweinekoteletts musste man zweieinhalb Stunden arbeiten, heute noch eine halbe. Die aufzuwendende Arbeitszeit für den Kauf eines Brotes hat sich halbiert, ebenso wie für den Liter Benzin. Für ein Hähnchen oder ein Stück Butter genügt heute ein Zehntel der Arbeitszeit von 1960 (FAZ vom 21./22.12.2013, C1). In dieser radikal gesteigerten allgemeinen Kaufkraft infolge immenser Produktivitätssteigerungen liegt begründet, weshalb die Menschen heute weitaus mehr Mittel zum Konsum von immer mehr Dingen zur Verfügung haben und weshalb gleichzeitig alles nur noch so wenig wert ist, dass es so bald als möglich durch das nächste Modell ersetzt wird.

Die Flächenversiegelung schreitet allein in Deutschland mit täglich 70 Hektar genauso voran, wie die Autos immer größer, die Fernreisen immer zahlreicher und die Wohnflächen immer üppiger werden. In einer Kultur, die ihre Wertepräferenz darin hat, von allem immer mehr permanent verfügbar zu haben, übersetzt sich jeder Effizienzgewinn in einen *Rebound*, also in den konsumistischen Einsatz der eingesparten Energie-, Material- oder Geldmenge in ein weiteres Gerät, eine zusätzliche Reise, ein größeres Auto. Eine Wirtschaft, die wesenhaft auf der Generierung von Mehrwert durch Produktivitätssteigerung und Marktexpansion beruht, lässt systematisch auch gar nichts anderes zu. Sie hat funktional ganz einfach keine Grenze und kann nicht innehalten, bis, wie Max Weber vor einem Jahrhundert formuliert hat, »der letzte Zentner fossilen Brennstoffs verglüht ist« (Weber 1905: 180). Ein solches System kommt erst zum Innehalten, wenn es keinen Treibstoff mehr hat. Bis dahin aber wächst sein Zerstörungspotenzial kontinuierlich an.

Vor diesem Hintergrund zeichnet sich eine Problemstellung ab, die paradoxe Züge trägt: Die zunehmende Zerstörung von Naturressourcen und damit heutiger und künftiger Überlebensvoraussetzungen erfolgt für einen Hyperkonsum, der das Glück keineswegs weiter erhöht, sondern eher Leiden verursacht – Konsumstress, Freizeitstress, Zeitnot, Burn-out, Fettleibigkeit sind einschlägige Stichworte. Die zugrunde liegende Ökonomie des Wachstums sorgt also nicht nur für eine beständige Erhöhung der verarbeiteten und gekauften Mengen, sondern auch dafür, dass diese Erhöhung lebenspraktisch immer mehr zur Belastung wird. Die wachsende Zerstörung erzeugt wachsendes Unglück. Eine Umkehrung der Richtung von »mehr« auf »weniger« scheint daher sinnvoll, um es zurückhaltend zu formulieren.

Die Entwicklung einer Heuristik des Weniger im Kontext moderner Gesellschaften ist vor allem deshalb notwendig, weil alle erfolgreichen Schritte in Richtung einer »Ergrünung« der kapitalistischen Gesellschaften nichts daran geändert haben, dass seit Jahrzehnten nahezu jedes Jahr einen neuen Rekord im Verbrauch von Energie und Rohstoffen sowie in der Produktion von Müll und Emissionen gebracht hat. Ein auf Expansion angelegtes Wirtschafts- und Gesellschaftsmodell scheint weder durch Bewusstseinsveränderungen noch durch Effizienzgewinne die grundlegende Entwicklungsrichtung korrigieren zu können. Empirisch kann man das damit belegen, dass in den mehr als vier Jahrzehnten seit dem Erscheinen der »Grenzen des Wachstums« (Meadows et al. 1972) sich zwar eine Fülle von Werthaltungen, Lebensstilen, Gesetzen und politischen Präferenzen verändert hat, aber weder eine einzelne noch die Summe dieser Veränderungen dazu beitragen konnten, dass die naturzerstörerische Steigerungslogik selbst unterbrochen worden wäre. Lediglich punktuell konnten einzelne Sektoren und Regionen »ergrünen«; doch gelang dies vor allem durch die Verlagerung der besonders ressourcen- und emissionsintensiven Industrien in andere Weltteile, in denen seither die Umweltkrisen umso virulenter sind.

Es kommt also darauf an, nach Ausgängen aus jenem Korridor zu suchen, der die Zivilisierungsrichtung umdreht und Demokratie, Staatlichkeit, Freiheit sukzessive immer mehr unter Stress geraten lässt. Allerdings sind solche Ausgänge nicht leicht zu finden, sind doch nicht nur unsere äußeren Lebens- und Überlebensbedingungen, die Infrastrukturen und Institutionen durch das expansive Kulturmodell geprägt, sondern auch die Innenwelten, also die »mentalen Infrastrukturen« (Welzer 2011), Wahrnehmungsweisen, Gewohnheiten, Routinen, Problemlösungsstrategien, Selbstbilder. »Den Wahn«, so lautet ein Diktum Sigmund Freuds, »erkennt natürlich niemals, wer ihn selbst noch teilt« (Freud 2000 [1930]: 213). Wenn man sich ansieht, wie sehr sich die Ökologiebewegung und ihre Institutionen – von Forschungsinstituten über Nichtregierungsorganisationen bis zu Parteien – nach und nach der expansiven Mainstreamkultur angepasst haben und fast noch begeisterter von Ressourceneffizienz und (grünem) Wachstum sprechen als Wirtschaftsliberale, wird offenkundig, dass der ökonomischen Geschmeidigkeit des Kapitalismus durchaus auch eine politische entspricht: Wie dieses Wirtschaftssystem jede Gegenbewegung von der erneuerbaren Energieerzeugung bis zur *share-economy* inkorporieren kann, so adoptiert es das gedankliche Inventar grüner Strategien zur Verbesserung der Welt und verwandelt es in Modernisierungsinfusionen. *No way out* also?

Es kommt auf einen weiteren Versuch an. Ein solcher Versuch sollte aber nicht von der Vorstellung getragen sein, es könne gleich eine »Große Transformation« gelingen oder es gelte Masterpläne zu entwerfen, die dann in den kommenden Jahrzehnten akribisch umzusetzen sind. Denn »neue« Verhältnisse, das hat noch jeder tief greifende soziale Wandel gezeigt, sind im besten Fall Amalgamierungen von neuen Ordnungstypen und bestehenden Traditionen und Infrastrukturen unterschiedlichster Art. Gesellschaftliche Entwicklungsprozesse sind grundlegend durch Nicht-Linearität und Eigendynamik gekennzeichnet, die – insbesondere in hochkomplexen, modernen Gesellschaften – den Absichten der Handelnden regelmäßig zuwiderläuft oder paradoxe Effekte zeitigt. Deshalb ist es angemessener, von segmentären Transformationen unterschiedlicher Art und Wirkung auszugehen, was – wie später noch gezeigt wird – auch politisch angeraten ist.

Zu berücksichtigen ist bei der Forderung nach einer »Großen Transformation« zudem, dass es sich beim zu Transformierenden ja *nicht* um einen fixen, stabilen Zustand handelt – dem fertigen Produkt eines historischen Prozesses gewissermaßen. Wenn man die seit Mitte des 18. Jahrhunderts sich entwickelnde und sich seither in unterschiedlichen Dynamisierungsschüben über den ganzen Globus ausbreitende kapitalistische Wachstumswirtschaft betrachtet, wird man feststellen, dass die vor 250 Jahren eingeleitete Transformation, nämlich die kapitalistische Formierung aller Lebensbereiche, noch im vollen Gang ist: Globalisierung, Vereinheitlichung der Lebens- und Konsumformen, Individualisierung, fortschreitender Naturverbrauch, Ökonomisierung aller Daseinsbereiche, wirtschaftliche Monopolbildungen, geopolitische Refigurationen, all das ist nicht abgeschlossen, sondern findet aktuell sogar in intensivierter Dynamik statt. Dieser Befund gilt auch oder gerade, wenn man den Begriff der »Großen Transformation« in Anlehnung an Karl Polanyi verwendet. Denn die von ihm konstatierte und beklagte »Entbettung« der Marktprozesse aus übergeordneten gesellschaftlichen Bezügen findet in der Gegenwart eine intensive Fortsetzung (Polanyi 1973).

Das Wirtschafts- und Gesellschaftsmodell, das insbesondere im Zuge seiner Globalisierung verhängnisvoll zu werden droht, hat nicht nur zu einem historisch ganz unvergleichlichen allgemeinen Wohlstandsniveau geführt, sondern auch zu nicht-materiellen Standards von Zivilisierung, die moderne Gesellschaften heute für unhintergehbar halten: Freiheit, Demokratie, Rechtsstaatlichkeit, Bildungs-, Gesundheits- und Sozialversorgung. Wenn man also die Frage nach notwendigen Transformationen in Wirtschaft und Gesellschaft stellt, geht es um nichts Geringeres als um die Frage, ob sich der zivilisatorische Standard, den die Menschen in den frühindustrialisierten Gesellschaften erreicht haben, bewahren lässt oder nicht. Wolfgang Uchatius' Vergleich des »typischen Jugendlichen« am relativen Anfang der industriellen Moderne und zu ihrer Spätphase ist auch in dieser Hinsicht aufschlussreich: Denn auch abgesehen vom quantitativen Ausmaß des Besitzes an Gebrauchsgegenständen, unterschied sich die Lebenssituation eines typischen 18-Jährigen vor etwa 120 Jahren in Deutschland grundlegend: Statt zur Schule ging der typische Jugendliche Ende des 19. Jahrhunderts in die Fabrik, um für zehn bis elf Stunden schlecht bezahlt zu arbeiten, und seine durchschnittliche Lebenserwartung betrug nicht 80, sondern 45 Jahre (Uchatius 2013). Dieses Beispiel verdeutlicht schlaglichtartig, dass für die Individuen die vergangenen 100 Jahre nicht allein eine Anhebung der materiellen Standards, sondern auch eine der zivilisatorischen bedeutete. Die Herausforderung für ein Transformationsdesign besteht also darin, einem Modus der Vergesellschaftung nachzuspüren, der bei radikal reduziertem Naturverbrauch die Aufrechterhaltung und sogar Weiterentwicklung ebendieser zivilisatorischen Standards ermöglicht.[4] Es geht also nicht um ein »Zurück auf die Bäume«, wie Kritiker Umweltschützern mitunter polemisch unterstellen, sondern um die *Organisation der Reduktion im Kontext moderner Gesellschaften*.

Politisch übersetzt sich das in die Frage, ob man die unter den gegenwärtigen Bedingungen gegebenen Möglichkeiten der Umgestaltung von Wirtschaft und Gesellschaft proaktiv nutzt oder ob man sich passiv einem Prozess überantwortet, in dem die Handlungsmöglichkeiten unter zunehmendem Stress immer geringer

---

4   Was genau wir unter diesen »zivilisatorischen Standards« verstehen, wird im folgenden Kapitel 2 »By design or by desaster« konkretisiert.

werden und sich das Primat der Ökonomie noch weiter Geltung verschafft, was schließlich zu einer Entzivilisierung führen kann, die den Stärkeren mehr Rechte und Überlebenschancen einräumt als den Schwächeren.

Die zugrunde zu legende pragmatische Haltung lässt sich mit Mathis Wackernagel (2014), dem Präsidenten des Global Footprint Network, sehr einfach charakterisieren: Verändern werden sich unsere Gesellschaften vor dem Hintergrund ihres nicht-nachhaltigen Stoffwechsels mit der außermenschlichen Natur auf jeden Fall; die Frage ist nur, ob *by design or by disaster*. Wir plädieren für *design*.

2 By design or by desaster

Klima, Krisen und Knappheiten

Im November 2012 veröffentlichte die Weltbank einen Bericht, in dem Wissenschaftlerinnen und Wissenschaftler des Potsdam Instituts für Klimafolgenforschung (PIK) und der *Non Profit*-Organisation Climate Analytics die Folgen für Ökosysteme und Gesellschaften in einer im Vergleich zum vorindustriellen Niveau vier Grad wärmeren Welt beschreiben (The World Bank 2014). Die darin skizzierten Klimafolgen sind der Öffentlichkeit bereits aus zahlreichen vorherigen Reports – insbesondere den Sachstandsbe-richten des Intergovernmental Panel on Climate Change (IPCC) – vertraut: In einer durchschnittlich vier Grad wärmeren Welt wür-den bis zum Jahr 2100 der Meeresspiegel zwischen 0,5 und einem Meter steigen (ebd.: XV), die Gefahr von Flutwellen wachsen (ebd.), die Stärke von Tropenstürmen zunehmen (ebd.: 27) sowie sich die Anzahl, Dauer und Intensität von Hitzewellen deutlich erhöhen (ebd.: 37). Derartige Veränderungen blieben voraussicht-lich nicht ohne Auswirkungen auf die Landwirtschaft und auf andere Versorgungssysteme menschlicher Gesellschaften. So wäre in einer vier Grad wärmeren Welt mit einem Rückgang der Lebens-mittelproduktion sowie der Verfügbarkeit an Trinkwasser zu rech-nen – und dies bei einer stark gewachsenen Weltbevölkerung.

Sind grundsätzlich alle Staaten direkt oder indirekt hierdurch betroffen, werden besonders starke Effekte für Länder vermutet, deren Ernährungssicherheit bereits heute prekär ist. Beispielsweise drohen in Afrika südlich der Sahara infolge zunehmender Hitzeereignisse und veränderter Niederschläge etwa 35 Prozent des heutigen Ackerlands für den Getreideanbau wegzufallen (ebd.: 62).

Die Befunde des Berichts sind heute, wie eingangs angesprochen, weitgehend bekannt. Erwähnung findet er hier auch aus einem anderen Grund: Vier Grad Erderwärmung im Vergleich zum vorindustriellen Niveau, das ist nach verschiedenen Klimaszenarien der Temperaturanstieg, mit dem zu rechnen ist, wenn die Staaten der Erde ihre bisher gemachten Zusagen zur Reduzierung ihrer Treibhausgasemissionen *einhalten* (ebd.: 23–24). Mit anderen Worten, wenn sich die verhandelnden Vertragsparteien bei der UN-Klimakonferenz 2015 in Paris nicht zu deutlich ambitionierteren Anstrengungen beim Klimaschutz bereiterklären – wofür nach heutigem Stand so gut wie überhaupt nichts spricht –, ist ein Anstieg um 3,2 Grad Celsius (zuzüglich zu der heute bereits 0,8 Grad Celsius gemessenen Erwärmung) eine wahrscheinliche Veränderung der globalen Durchschnittstemperatur bis zum Ende dieses Jahrhunderts (ebd.). Sollten auch die bislang gemachten Zusagen beim Klimaschutz *nicht* eingehalten werden, könnte sich diese Erwärmung sogar bereits bis zum Jahr 2060 vollziehen (ebd.).

Ist das Bild, das der Bericht bezüglich der Klimafolgen und der Beeinträchtigung der natürlichen Lebensgrundlagen der Menschen im 21. Jahrhundert zeichnet, bereits recht düster, werden darin zwei zentrale Aspekte der Erwärmungsdynamik nur am Rande thematisiert. Zum einen behandelt der Bericht nur die Folgen eines graduellen Temperaturanstiegs; die berüchtigten Kipppunkte des Klimasystems, nicht-lineare Folgen wie das vollkommene Abschmelzen des grönländischen Eisschildes oder ein Trockenschock des Amazonas-Regenwaldes, die mit zunehmender Erwärmung wahrscheinlicher werden, sind nicht Gegenstand der Untersuchung. Zum anderen ist mit der Erderwärmung im Jahr 2100 nicht Schluss, sondern sie wird, abhängig von den weiteren Emissionen, weiter voranschreiten – auf fünf, sechs oder noch mehr Grad. Mag dies auf den ersten Blick nach ferner Zukunftsmusik klingen, so muss man sich vergegenwärtigen, dass ein Mensch, der in Europa oder in den USA im Jahr 2014 geboren wird, gerade das mittlere Erwachsenenalter erreicht, wenn eine 3- oder 4-Grad-Welt existiert. Natürlich sind Projektionen und Szenarien, wie sie sich im Weltbank-Bericht finden, stets mit Unsicherheiten verbunden. Darauf wird in den jeweiligen Studien – und so auch im Weltbank-Bericht (ebd.: XVIII) – in der Regel hingewiesen. Diese Unsicherheiten werden umso größer, je weiter man sich in der Betrachtung von den naturwissenschaftlichen Grundlagen des Klimawandels entfernt. Denn lassen sich diese noch relativ gut in Modellen abbilden, sind bereits die Folgen der Erwärmung für die natürlichen Systeme – wie Meeresspiegelanstieg, Entwicklung des arktischen Eisschildes, Extremwetterereignisse – hochkomplex. Noch schwieriger ist es vorherzusagen, was dies wiederum für menschliche Gesellschaften bedeutet. Denn für die gesellschaftlichen Folgen sind nicht allein die Art und Stärke eines Extremwetterereignisses selbst relevant. Es kommt ebenso darauf an, auf welche gesellschaftlichen Vorsorge- und Bewältigungskapazitäten es trifft. Hochwasserschutz und Technisches Hilfswerk lassen in Deutschland selbst ein »Jahrhunderthochwasser« moderater erscheinen als nur eine der vielen Überschwemmungen in Bangladesch. Ein Extremwetterereignis wird erst dann zur »Naturkatastrophe«, wenn es mit verletzlichen sozialen Bedingungen zusammentrifft (Gerstengarbe/Welzer 2013: 14 f.).[5]

Der Verweis auf den sozialen Kontext, in dem klimatische Veränderungen für Menschen stets wirksam werden, ist aber keineswegs dazu geeignet, die Folgen der globalen Erwärmung herunterzuspielen. Offenkundig greifen »klimadeterministische Deutungen« (Mauelshagen/Pfister 2010: 252) – wie die Annahme, dass dieses oder jenes Extremwetterereignis (z. B. eine lang anhaltende Dürre oder eine Sturmflut) zwangsläufig diese oder jene gesellschaftliche Folge (z. B. Migrationsbewegungen oder gewalttätige Konflikte) zeitigt, zu kurz. Dadurch wird ein Anpassungsrelativismus, wie er mitunter in öffentlichen Diskussionen, aber auch von fachwissenschaftlicher Seite zu vernehmen ist (von Storch 2003), allerdings nicht automatisch richtig. Anpassungsrelativistische Argumentationen betonen vielfach, dass es sich beim Menschen um die anpassungsfähigste Gattung überhaupt handelt, deren Vertreter unter unterschiedlichsten klimatischen Bedingungen – im ewigen Eis genauso wie in der Wüste – immer wieder Überlebensstrategien entwickelt hätten. Daher seien ein paar Grad Temperaturanstieg auf der Erde auch kein größeres Problem. Ist der Verweis auf die außerordentliche Anpassungsfähigkeit von Menschen grundsätzlich auch zutreffend, so ist die Argumentation aus der Gattungsperspektive schlicht zynisch. Denn auch sie ignoriert – spiegelbildlich zum Klimadeterminismus – den gesellschaftlichen Kontext, in dem sich die klimatischen Veränderungen vollziehen. Wenn beispielsweise der Meeresspiegel um

---

5   Daher ist es auch zu begrüßen, dass die Arbeitsgruppe II des IPCC, die sich mit den Folgen des Klimawandels beschäftigt, das Konzept des Risikos ins Zentrum ihres aktuellen Sachstandberichts gestellt hat (IPCC 2014b). Danach erhöht sich mit steigenden Temperaturen tendenziell das Risiko für bestimmte Klimafolgen (wie ein dürrebedingter Rückgang der Nahrungsmittelproduktion), aber die jeweiligen klimatischen Treiber (wie Extremhitze) sind neben den Governancekapazitäten, den sozioökonomischen Entwicklungen etc. nur einer von mehreren Faktoren, die Einfluss auf das Risikoniveau haben.

0,5 Meter steigt und dadurch Küstenland (wie in Bangladesch) weiter erodiert oder Inseln (wie Tuvalu) gänzlich im Meer verschwinden, ist es für die betroffene Bevölkerung in der Regel eben nicht möglich, einfach woanders hinzugehen beziehungsweise umzusiedeln und sich so den klimatischen Veränderungen »anzupassen«. Klima- oder Umweltveränderungen sind heute kein anerkannter Fluchtgrund, die Zielländer von Migrationsströmen haben mit viel Aufwand höchst effektive Grenzsicherungen etabliert, um Zuwanderungen zu verhindern, und den betroffenen Menschen fehlt es vielfach an den erforderlichen ökonomischen Mitteln, um ihre Heimat zu verlassen. Auch Koko Warner von der United Nations University in Bonn weist auf die sozialen Aspekte der Strategien hin, die aus systemtheoretischer Perspektive oder im Jargon der Klimafolgenforschung schlicht als »Anpassung« bezeichnet werden: »In vielen Gegenden in Afrika, Asien oder der Karibik passen sich Menschen an, indem sie Tiere verkaufen, weniger essen und ihre Kinder aus der Schule nehmen, besonders die Töchter« (zitiert nach Schrader/Weiss 2014). Das Leid, das derartige Formen der »Anpassung« für die Menschen bedeutet, verschwindet in solchen makroperspektivischen Betrachtungen. Schließlich steht beim anthropogenen Klimawandel nicht das langfristige Überleben der Spezies *Homo sapiens* zur Disposition. Die entscheidende Frage ist vielmehr, was eine Erwärmung von 2 bis 6 Grad Celsius innerhalb eines Jahrhunderts für die bald neun Milliarden konkreten Menschen bedeutet, von denen bereits heute eine Milliarde chronisch unterversorgt ist (Collier 2007) und zudem weltweit mehr als 200 Millionen weniger als fünf Meter über dem Meeresspiegel leben (World Ocean Review 2010: 68). Es gehört nicht viel Fantasie dazu (und auch keine elaborierte wissenschaftliche Untersuchung), um sich auszumalen, dass sich durch Klimafolgen, wie sie im Weltbankbericht beschrieben sind, die Lebens- und Überlebensbindungen von unzähligen Menschen radikal verschlechtern werden (Welzer 2008).

Die Debatte darüber, wie dramatisch nun tatsächlich die Folgen des Klimawandels im Detail ausfallen werden, ist letztlich irreführend; vor allem weil sie von dem Sachverhalt ablenkt, dass es sich bei der anthropogenen Erderwärmung nur um ein – wenn auch prominentes – Beispiel der gegenwärtigen ökologischen Krisen beziehungsweise ein Symptom für die strukturelle Nicht-Nachhaltigkeit der Gegenwartsgesellschaften handelt. Mit anderen Worten, selbst wenn es keine von Menschen verursachte Erwärmung der Erdoberfläche gäbe beziehungsweise die Folgen sich insgesamt managen ließen, würden Gegenwartsgesellschaften weltweit schon durch das gegenwärtige Niveau an Naturverbrauch zunehmend unter Stress geraten.

Im Jahr 2009 ist in der Fachzeitschrift *Nature* ein Artikel veröffentlicht worden, in dem eine Gruppe von insgesamt 28 namhaften Natur- und Umweltwissenschaftlern um den heutigen Direktor des Stockholm Resilience Centers, Johan Rockström, versuchte, die »planetary boundaries« eines »safe operating space for humanity on earth« zu bestimmen (Rockström et al. 2009). Die Wissenschaftlerinnen und Wissenschaftler beschreiben darin, dass in neun Bereichen des Erdsystems, die während der vergangenen 10.000 Jahre weitgehend stabil geblieben seien und die für die Befriedigung vitaler Grundbedürfnisse der Menschheit von zentraler Bedeutung waren, kritische Veränderungen zu beobachten sind: Dazu zählen neben dem Klimawandel die Versauerung der Meere, der Abbau der Ozonschicht, Veränderungen des Stickstoff- und Phosphorzyklus, chemische Verschmutzungen und der globale Frischwasserverbrauch (Abbildung 2).

In drei dieser Bereiche – Biodiversität, Klimawandel und beim Stickstoffzyklus – sind nach Einschätzung von Rockström

Abbildung 2
Planetarische Grenzen (Quelle: nach Rockström et al., 2009).

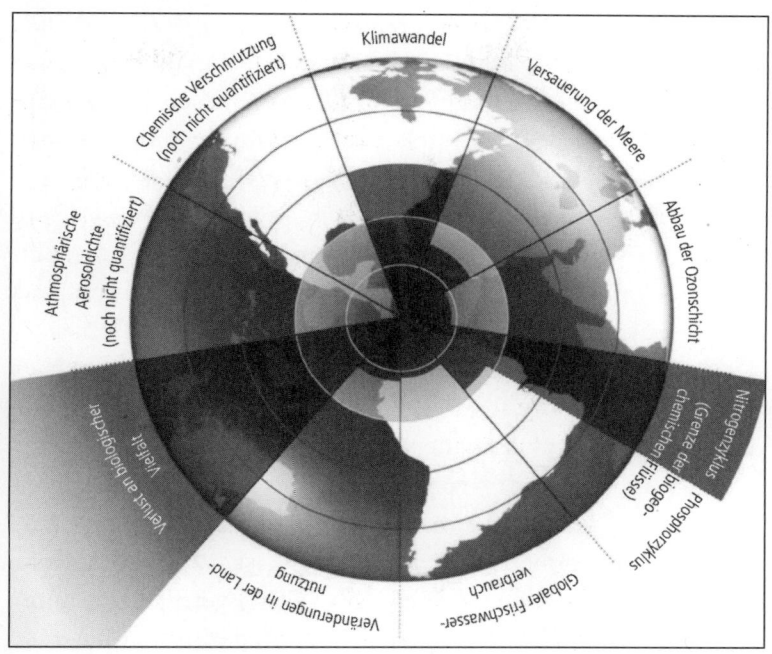

et al. die Grenzen, die eine gefährliche Schädigung der natürlichen Lebensgrundlagen der Menschheit ausschließen, bereits überschritten. Besonders dramatisch ist demnach das beschleunigte Aussterben von Arten. Rockström et al. halten das Zehnfache der natürlichen Aussterbensrate für die Grenze, jenseits derer großskalige Systemveränderungen nicht ausgeschlossen werden können (ebd.). Gegenwärtig ist im Vergleich zum erdgeschichtlichen Durchschnitt die Aussterberate der Tier- und Pflanzenarten hundert- bis tausendfach erhöht (MA 2005). Welche Folgen der Verlust von Arten für Ökosysteme zeitigt, die auch für Menschen eine vitale Funktion haben, deutet das massive Bienensterben an, das seit Beginn der 2000er-Jahre vor allem in den USA und Europa zu beobachten ist (National Academy of Sciences 2007).

Auch hiermit ist die strukturelle Übernutzung der natürlichen Systeme, die die Gegenwartsgesellschaften kennzeichnet, noch nicht hinreichend beschrieben. Mit Robert Ayres und Udo Simonis (1994) sowie Marina Fischer-Kowalski und Helmut Haberl (1997) lassen sich die Austauschprozesse zwischen Gesellschaften und der außermenschlichen Natur analog zum Stoffwechsel eines Organismus inputseitig (Ressourcenverbrauch) und outputseitig (Emissionen) beschreiben. Auf dem Entwicklungspfad, der vor etwa 250 Jahren in Europa seinen Ausgang nahm, stößt der »industrielle Metabolismus« an beide dieser naturräumlichen Grenzen. Dies lässt sich am Beispiel der Energieversorgung moderner Industriegesellschaften veranschaulichen: Einerseits sind die fossilen Brennstoffe – vor allem Öl, aber auch Gas und Kohle – begrenzt und gehen bei anhaltendem Verbrauch über kurz oder lang zu Ende (Inputgrenze). Andererseits ist – zumindest wenn ein »gefährlicher Klimawandel« (UNFCCC) vermieden werden soll – der Deponierraum für den Abfallstoff der fossilen Energieerzeugung, das Kohlendioxid, ebenso limitiert (Outputgrenze). Soll das 2-Grad-Ziel der internationalen Klimapolitik mit einer 2/3-Wahrscheinlichkeit eingehalten werden, verbleibt in der Atmosphäre noch Platz für heute weniger als 750 Gt CO_2 (Meinshausen et al. 2009). Bei einer weiteren Verbrennung fossiler Energieträger wie bisher dürfte dieser in etwa 20 Jahren ausgeschöpft sein (ebd.).

In den bisherigen Ausführungen standen mit dem Klimawandel und der Beschreibung der »planetary boundaries« vor allem die Outputgrenzen, die sogenannte Senkenproblematik, des gesellschaftlichen Stoffwechsels mit der Natur im Vordergrund. Noch nicht eingehender betrachtet wurden seine Inputgrenzen, die

Verknappungs- und Erschöpfungserscheinungen bei verschiedenen kritischen Ressourcen. In den vergangenen 150 Jahren ist die Entnahme von Rohstoffen aus den Böden, Flüssen und Meeren drastisch angestiegen (Krausmann et al. 2009). Und wurde bis zur Mitte des 20. Jahrhunderts noch überwiegend Biomasse genutzt, also Stoffe, die bei einer nachhaltigen Bewirtschaftung erneuerbar sind, entfielen 2005 mehr als 80 Prozent der entnommenen Materialien auf nicht-erneuerbare Ressourcen (ebd.). Kohle und Erze, Erdöl und Erdgas sind nur die bekanntesten Beispiele solcher Ressourcen, die seit der industriellen Revolution verstärkt genutzt und heute zunehmend knapp werden. Auch Phosphor, das als Hauptbestandteil von Kunstdüngern für die moderne Landwirtschaft unverzichtbar ist, ist eine zunehmend knapper werdende, endliche Ressource. Und im Gegensatz zu Ressourcen wie etwa Öl ist Phosphor *nicht* durch andere Stoffe substituierbar (WBGU 2011: 47). Schätzungen gehen davon aus, dass das Fördermaximum (*Peak Phosphorus*) um etwa 2030 erreicht sein könnte (Cordell et al. 2009). Ähnlich wie beim Öl (*Peak Oil*) sinkt danach die Qualität der verbleibenden Phosphorvorkommen bei einem gleichzeitigen Anstieg von Förderaufwand und -kosten. Was dies für die Ernährung großer Teile der Weltbevölkerung bedeutet, die gegenwärtig über intensive Landbaumethoden erfolgt, ist vollkommen unklar.

Es wäre ein fundamentales Missverständnis, davon auszugehen, dass der Öl- und Gasboom, der jüngst durch die unkonventionellen Fördermethoden – wie Fracking, Tiefseebohrungen und die Gewinnung von Öl aus Teersanden – vor allem in den USA ausgelöst worden ist,[6] die Endlichkeitsproblematik aufhe-

---

6 Nach Einschätzung der internationalen Energieagentur IEA sind aufgrund der Erschließung unkonventioneller Quellen die USA auf dem Weg, wieder Ölförderland Nummer eins zu werden, vor Ländern wie Russland, Saudi-Arabien oder Venezuela (IEA 2012).

ben würde. Eher das Gegenteil ist der Fall: Dass die Förderung der unkonventionellen Vorkommen nun lukrativ wird, ist gerade ein Indikator dafür, dass das Ölzeitalter zu Ende geht. Entscheidend ist in diesem Zusammenhang die sogenannte EROI-Rate, das Verhältnis von *Energy Return On Investment*. Damit wird die Relation von neu generierter Energie zum energetischen Aufwand beschrieben, der betrieben werden muss, um ebendiese Energie zu gewinnen. Auf Deutsch wird EROI daher auch als »Erntefaktor« bezeichnet. Reichte es vor einigen Jahrzehnten buchstäblich noch aus, ein Loch in den Boden über einem Ölfeld zu rammen, damit die Quellen sprudelten, ist heute ein erheblicher technischer und energetischer Aufwand vonnöten, um neue Felder zu erschließen.[7] Dies ist aber notwendig, da bei wachsender Nachfrage der größte Teil der klassischen Ölfelder als ausgebeutet gilt (IEA 2010). Insbesondere die Ausbeutung von Teersand weist einen sehr geringen »Erntefaktor« auf. Das Gleiche gilt aber grundsätzlich auch für die Erschließung entlegener und schwer zugänglicher Ölfelder (wie in der Tiefsee oder Arktis) oder die Gewinnung von Öl und Gas durch das sogenannte Fracking. Derartige Fördertechniken sind überhaupt erst mit der Verknappung von Öl und Gas und einem Ölpreis von mehr als 100 US Dollar pro Fass wirtschaftlich ge-

---

7   Hinzu kommen beträchtliche Umweltrisiken, die für die Förderung unkonventioneller Vorkommen in Kauf genommen werden: Bei Teersanden wird unter äußerst hohem Wasserverbrauch und Energieaufwand das Öl vom Sand getrennt. Die Ausbeutung von Teersanden hinterlässt (wie in Alberta, Kanada) degradierte Ökosysteme, und derart gefördertes Rohöl gilt aufgrund des Verfahrens als besonders klimaschädlich. Beim Hydraulic Fracturing, kurz »Fracking«, wird unter Hochdruck ein Gemisch aus Wasser, Sand und Chemikalien in das Bohrloch gepresst, um Gesteinsschichten aufzubrechen und so an das darin gespeicherte Öl und Gas zu gelangen. Das Verfahren erfordert vier Millionen Liter Wasser pro Fördervorgang, und das anfallende Abwasser droht vor allem das Grundwasser zu kontaminieren (Baitinger/Neumann 2013). Die Risiken von Tiefseebohrungen wurden der Weltöffentlichkeit eindrücklich im Frühjahr 2010 durch die Havarie der Bohrplattform Deep Water Horizon im Golf von Mexiko vor Augen geführt. Nach einem sogenannten Blow-out geriet die Plattform in Brand und sank. Dabei kamen elf Arbeiter ums Leben. Über etwa drei Monate strömte Öl aus dem ca. 1.500 Meter tiefen Bohrloch ungehindert ins Meer. Die daraus resultierende Ölpest im Golf von Mexiko gilt als eine der schwerwiegendsten in der Geschichte der Ölförderung (Achenbach/Fahrenthold 2010).

worden. Dadurch lassen sich die Grenzen der Endlichkeit nicht aufheben, sondern allenfalls um einige Jahre verschieben.

Um die hier beschriebene Dynamik noch einmal zusammenzufassen: Sowohl die weiter steigenden Umweltbelastungen als auch die absehbaren Engpässe bei kritischen Ressourcen erzwingen von den frühindustrialisierten Gesellschaften, allein um den Status quo aufrechtzuerhalten, tief greifende Transformationsbemühungen. Mit den Worten Tim Jacksons (2009: 15): *business as usual* ist für Gegenwartsgesellschaften keine Option mehr – ob sie dies nun wollen oder nicht. Dabei kann die Gefahr eines Kollapses der bestehenden Gesellschaftsordnung – einer *transformation by disaster* – nicht grundsätzlich ausgeschlossen werden. So hat Jared Diamond (2005) gezeigt, dass in der Menschheitsgeschichte die Übernutzung von Ressourcen und die damit einhergehenden Umweltveränderungen wiederholt zur Desintegration von Hochkulturen oder sogar ihrem vollkommenen Verschwinden führten. Auch der Politikwissenschaftler Claus Offe hat jüngst darauf hingewiesen, dass »die plötzliche Implosion eines obsoleten Gesellschaftssystems [...] eine Eventualität [sei], die auch auf der anderen Seite des ehemaligen Eisernen Vorhangs keineswegs auszuschließen ist« (Offe 2013).

Strukturelle Nicht-Nachhaltigkeit und imperiale Lebensweise

Man muss bei all den hier beschriebenen Symptomen verstehen, dass Gesellschaften unseres Typs in nahezu jeder Hinsicht einer nicht-nachhaltigen Praxis folgen, weshalb die notwendigen Transformationen keine Aufgabe der Bewusstseinsbildung, sondern eine der Veränderung der Praxisformen in fast allen Lebensbereichen sind – von der Wirtschaft über die Mobilität und die Ernährung bis hin zu Fragen der Zeitnutzung, des Besitzes, der Beziehungsstrukturen etc. Man kann das sehr plastisch illustrieren am aufwendigen Programm der »Bildung für nachhaltige Entwicklung« (BNE), wo viel Geld und Engagement in pädagogische Konzepte der Umwelt- und Nachhaltigkeitsbildung investiert wird. Niemand aber legt sich Rechenschaft darüber ab, dass diese Investitionen für ein verändertes Bewusstsein in eine gesellschaftliche Gesamtpraxis implementiert werden, in der nichts nachhaltig ist – sodass es ohne Weiteres passieren kann, dass an Schulen, an denen umfänglich BNE betrieben wird, eine große Zahl von Schülerinnen und Schülern an einer schweren Noroviren-Infektion erkrankt, weil die aus China importierten Tiefkühlerdbeeren, die es aus der Schulküche zum Nachtisch gab, kontaminiert waren. So geschehen im Jahr 2012 in Brandenburg, 11.000 Kinder waren an dieser nicht-nachhaltigen Praxis erkrankt.

Solange die dominante gesellschaftliche Praxis in so eklatantem Widerspruch zu den vermittelten Inhalten steht, werden die Lernerfolge bei den Kindern allenfalls zu kognitiver Dissonanz (Festinger 1957) führen, viel wahrscheinlicher aber zu einer gar nicht weiter problematischen Einrichtung in gelebte Widersprüchlichkeit. Denn die gehört genuin zur nicht-nachhaltigen Praxis, die jeweils Reflexionsarenen einrichtet, um den Normalbetrieb nicht zu stören und in Funktion zu halten. Das liegt in der Logik einer gesellschaftlichen Arbeits- und Funktionsteilung, die für moderne Gesellschaften charakteristisch ist: Es wird eine Reflexionsindustrie zum Thema Nachhaltigkeit etabliert, die überwiegend friedlich mit den fortgesetzten nicht-nachhaltigen Produktions- und Konsumptionsverhältnissen koexistiert. Das kann man nicht nur im Bildungsbereich beobachten, sondern auch in der Klimapolitik, in der Mobilitätsentwicklung, beim Verbraucherschutz, wo auch immer: Jeweils etablieren sich reflexive Teilsysteme (Verbraucher-beratung, Climate Service Center, CO_2-Rechner), die die Verfahren des gesellschaftlichen Stoffwechsels selbst unberührt lassen. An Corporate-Social-Responsibility-Abteilungen in Unternehmen und Umweltressorts in der Politik wird die Bearbeitung von Nachhaltigkeitsproblemen delegiert, während die Unternehmensvorstände von ihren Aufsichtsräten und Anteilseignern weiter auf der Basis ihrer monetären Geschäftsergebnisse bewertet werden und Wirtschaftsministerien sich darum bemühen, gute Rahmenbedingungen für mehr Jobs und Wirtschaftswachstum zu schaffen.

Aus diesem Grund hat sich an der Steigerungslogik von Material- und Energieverbrauch und der Mehrproduktion an Emissionen und Müll in den vergangenen vier Jahrzehnten nichts geändert, obwohl seither eine lebensweltlich durchaus präsente Ökologiebewegung entstanden ist, die sich in Parteien, Professuren, Studiengänge, Institutionen, Schulprojekte, Gesetzgebung, Initiativen, Ministerien, Nichtregierungsorganisationen aller Art etc. ausdifferenziert hat. Zugleich ist diese Ausdifferenzierung in immer weitere gesellschaftliche Teilsysteme und damit die permanente Erhöhung des gesellschaftlich betriebenen Aufwands auch selbst ein zentraler Treiber des stetig zunehmenden Ressourcenverbrauchs moderner Gesellschaften (Homer-Dixon 2006: 250–254).

Der Verweis auf die strukturelle Nicht-Nachhaltigkeit der gesellschaftlichen Praxis sowie die daraus resultierenden Grenzen aller Bemühungen, über (Bewusstseins-)Bildung den Weg in eine zukunftsfähige Gesellschaft zu ebnen, wirft schließlich Macht- und Herrschaftsfragen auf und rückt die Verfasstheit der globalisierten Gegenwartsgesellschaften in den Fokus: In einem Diskussionspapier für die Hilfsorganisation Oxfam aus dem Jahr 2012 greift die Entwicklungsökonomin Kate Raworth den Planetary-Boundary-Ansatz von Rockström und Kollegen auf, erweiterte die Perspektive aber entscheidend um eine sozioökonomische Betrachtungsebene. Konkret wirbt sie dafür, die neun planetaren Grenzen menschlicher Entwicklung um Dimensionen einer »Social Foundation« zu ergänzen, die es Menschen ermöglicht, in Würde zu leben und vor zentralen Deprivationen geschützt zu sein (Raworth 2012: 9). Die planetaren Umweltgrenzen einerseits und die Gewährleistung eines menschenwürdigen Lebens anderseits definieren nach Raworth damit gemeinsam *den sicheren und gerechten Raum* für menschliche Entwicklung. Basierend auf den verbrieften Menschenrechten und den Entwicklungszielen der internationalen Staatengemeinschaft, identifiziert Raworth insgesamt 11 Dimensionen zur Bestimmung einer sozialen Mindestbasis eines menschenwürdigen Lebens (im Original »Social Foundation«). Dies sind: Zugang zu ausreichend Nahrung, Wasser und Energie, Bildung, Gesundheit, gute Arbeit, ein ausreichendes Einkommen, Geschlechtergleichheit, die Möglichkeit politischer Beteiligung, soziale (Un)Gleichheit und Resilienz. Obwohl drei der planetaren Umweltgrenzen schon überschritten sind und andere drohen überschritten zu werden (s. o.), ist nach derzeit quantifizierbaren Indikatoren *keine* der elf benannten Dimensionen einer sozialen Mindestbasis für die gesamte Menschheit verwirklicht (Tabelle 1).

Mit anderen Worten, trotz einer zum Teil massiven Übernutzung der Ökosysteme und natürlichen Ressourcen leiden große Teile der Weltbevölkerung weiterhin Mangel. Die Ursache hierfür liegt nach Raworth *nicht* an der Größe der Weltbevölkerung, also daran, dass zu viele Menschen auf der Erde leben (wie es neomalthusianische Argumentationsmuster unterstellen). Entscheidend sind vor allem die ressourcenintensiven Produktions- und Konsumptionsweisen in den frühindustrialisierten Industriestaaten. So stellt Raworth fest:

Tabelle 1
Ausprägung der 11 Dimensionen einer »Social Foundation« für die Menschheit
(Quelle: Raworth 2012: 10; eigene Übersetzung).

»Social Foundation«	Ausmaß der Deprivation	Prozent (jeweils Anteil der Weltbevölkerung)	Jahr (der Datengrundlage)
Ernährungssicherheit	Unterernährte Menschen	13	2006 bis 2008
Einkommen	Menschen, die von weniger als $ 1,25 pro Tag leben	21	2005
Wasser	Menschen ohne Zugang zu sauberem Trinkwasser	13	2008
	Menschen ohne Abwasserentsorgung	39	2008
Gesundheitsversorgung	Menschen ohne Zugang zur medizinischen Grundversorgung	30	2004
Bildung	Kinder ohne Grundschulzugang	10	2009
	Analphabetenrate bei den 15- bis 24-Jährigen	11	2009
Energie	Menschen ohne Zugang zu Elektrizität	19	2009
	Menschen ohne Zugang zu sauberen Kochmöglichkeiten	39	2009
Geschlechtergleichheit	Differenz zwischen Männern und Frauen in Lohnarbeit (ohne Landwirtschaft)	34	2009
	Differenz zwischen Männern und Frauen in Parlamenten	77	2011
Ungleichheit	Menschen, die von weniger als dem Median-Einkommen in Ländern mit einem Gini-Koeffizienten von über 0,35 leben müssen	33	1995 bis 2009
Beteiligungsmöglichkeiten	z. B. Bevölkerungsanteil, der (in Umfragen) fehlende Beteiligungsmöglichkeiten und Meinungsfreiheit beklagt	Noch nicht bestimmt	
Arbeit	z. B. Beschäftigte in prekären Beschäftigungsverhältnissen	Noch nicht bestimmt	
Resilienz	z. B. Bevölkerungsanteil, der multidimensionaler Armut ausgesetzt ist	Noch nicht bestimmt	

○ Nur 11 Prozent der globalen Bevölkerung sind für etwa 50 Prozent des Kohlendioxidausstoßes verantwortlich, während 50 Prozent der Menschen nur 11 Prozent emittieren (ebd.: 20).

○ Etwa 16 Prozent der Bevölkerung verbrauchen 57 Prozent der Elektrizität weltweit (ebd.).

○ Die Europäische Union – etwa 7 Prozent der Weltbevölkerung – zeichnet für den Verbrauch von etwa 33 Prozent eines nachhaltigen Stickstoffbudgets verantwortlich, und dies überwiegend zur Produktion von Tierfutter (ebd.).

»The wealthy few stress the planet«, heißt es bei Raworth (ebd.: 19). Mit Ulrich Brand und Markus Wissen lässt sich in diesem Zusammenhang auch von einer »imperialen Lebensweise« (Brand/ Wissen 2011) sprechen. Darunter verstehen Brand und Wissen »herrschaftliche Produktions-, Distributions- und Konsummuster, die tief in die Alltagspraktiken der Ober- und Mittelklassen im globalen Norden und zunehmend auch in den Schwellenländern des Südens eingelassen sind« (ebd.: 79).[8] »Imperial« sei die Lebensweise deshalb, weil sie einen prinzipiell unbeschränkten Zugriff auf Ressourcen, Raum und Arbeitsvermögen und Senken andernorts zur Voraussetzung hat, der politisch, rechtlich und zum Teil auch gewaltförmig abgesichert wird (ebd.: 83). Mit andern Worten, diese Lebensweise beruht auf Exklusivität: Sie setzt voraus, dass nicht alle Menschen gleichermaßen auf die Ressourcen und Senken der Erde zugreifen (ebd.: 84). Nur so kann sie, ökologisch gesehen, funktionieren. Aus historischer Perspektive lässt sich ergänzen, dass eine solche Lebensweise, die strukturell auf

---

8 »Die Begriffe ›globaler Norden‹ und ›globaler Süden‹ sind keine geografischen Bezeichnungen […], sondern deuten die weltpolitische und -wirtschaftliche Stellung einzelner Gesellschaften an, wobei es in den Gesellschaften des globalen Nordens auch sehr arme und politisch einflusslose Regionen gibt und in denen des globalen Südens sehr wohlhabende und mächtige […]« (Brand/Wissen 2011: 78).

die Nutzung von Naturgütern von außen angewiesen ist, nicht das Ergebnis der Industrialisierung Europas war, sondern bereits ihre Voraussetzung (Mauch 2014: 35). Das ökonomisch extrem erfolgreiche System, das sich während der vergangenen 250 Jahre in den frühindustrialisierten Staaten herausbildete, basierte von Anfang an darauf, dass es die Ressourcen und den Treibstoff zur unablässigen Produktion von Mehrwert und Wachstum von Außen, d. h. vor allem aus den (Ex-)Kolonien, bezog. Eine globalisierte Welt hat jedoch kein Außen mehr. Mit dem Aufstieg von Schwellenländern wie Brasilien, China und Indien und der zunehmenden Industrialisierung des »globalen Südens« verallgemeinern sich nun die Produktions- und Konsummuster, die aus einer ökologischen Perspektive nicht verallgemeinerbar sind. Die Folge ist, dass sich, wie Albrecht Koschorke bemerkt hat, die Ausbeutung zusehends vom Raum in die Zeit verlagert. Der Kollaps des Systems wird hinausgeschoben, in dem es Raubbau an der Zukunft der kommenden Generationen betreibt (Sommer/Welzer 2010: 3). Deshalb werden nicht nur im Rahmen der Finanz- und Wirtschaftskrise die Probleme mit Schuldenmachen bewältigt: Auch bei der Energieversorgung, bei den Meeren und beim Klima nimmt die heutige Generation Kredite auf, die ihre Kinder und Enkel zu begleichen haben – wenn sie es denn können.

Ist eine zukunftsfähige Moderne möglich?

Wenn die bisherige Diagnose stimmt, die Übernutzung von Ressourcen und Senken zunimmt, die globale Machtfiguration sich zuungunsten der frühindustrialisierten Länder verschiebt und sich besonders in transnationaler Perspektive mehr Konkurrenz und Wettbewerb unter schwierigeren Umweltbedingungen ergibt –

dann transformieren sich die Gesellschaften doch sowieso. Wieso bedarf dann der anstehende Veränderungsprozess überhaupt der Gestaltung – der Transformation *by design*?

Es wird schnell klar, dass die Antwort auf diese Frage mit normativen Vorstellungen zu tun hat, dass also zumindest in groben Zügen das Bild einer wünschenswerten Zukunft vorliegen muss, wenn es Sinn machen soll, im hier skizzierten Sinne über Transformationen nachzudenken. Die Theorie der gesellschaftlichen Naturverhältnisse, wie sie von Christoph Görg, Thomas Jahn, Egon Becker und anderen ausgearbeitet worden ist, formuliert als normativen Anspruch eine Regulation der gesellschaftlichen Naturverhältnisse, die es allen Menschen ermöglicht, ihre Grundbedürfnisse zu befriedigen (Becker et al. 2011). Auch die Vertreter des Konzepts der gesellschaftlichen Naturverhältnisse gehen davon aus, dass selbst die vitalen Grundbedürfnisse stets kulturell überformt beziehungsweise ausgeprägt sind. Doch brauchen Menschen, um zu überleben, unabhängig von ihrem konkreten gesellschaftlichen oder kulturellen Hintergrund sauerstoffreiche und schadstoffarme Luft zum Atmen, sauberes Trinkwasser, Schutz vor Hitze und Kälte etc. (ebd.). Teile der Menschheit können diese Grundbedürfnisse, wie gesagt, bis heute nur unzureichend befriedigen. Vor dem Hintergrund der Überschreitung planetarischer Grenzen und der Verknappung natürlicher Ressourcen droht beim bloßen Abwarten, jedenfalls wenn man diversen Studien zum Zusammenhang von Klimawandelsfolgen und Gewalt glaubt (UNEP 2007; EU-Kommission 2008; Welzer 2008), ein Prozess von Entzivilisierung. Inzwischen sehen einige Untersuchungen direkte und indirekte Zusammenhänge von Erwärmungsfolgen und Gewalt nicht nur in massiv von Desertifikation betroffenen Ländern wie dem Sudan, sondern etwa auch als Ursache der sogenannten Arabellion (Center for American Progress 2013).

Unabhängig von den Antworten auf die Frage, was genau unter Moderne zu verstehen ist und wann beziehungsweise womit sie beginnt und endet,[9] kann als sicher gelten, dass der enorme Zuwachs der wirtschaftlichen Leistungsfähigkeit, des gesellschaftlichen Reichtums sowie die Zunahme der Lebenserwartung und des Bildungsniveaus eng mit ihr verknüpft sind. Diese Errungenschaften der expansiven Moderne lassen sich auch anhand konkreter Zahlen verdeutlichen, z. B. für Deutschland: Betrug die Wirtschaftsleistung pro Kopf in Deutschland im Jahr 1870 unter 2.000 Dollar,[10] hat sie sich bis zum Jahr 1992 etwa verzehnfacht (Historische Datenbank 2009 nach Maddison 1995). Die durchschnittliche Lebenserwartung der Deutschen stieg von 35 Jahre für Männer und 38 Jahre für Frauen im Jahr 1875 auf 75 (Männer) und 81 Jahre (Frauen) im Jahr 2000. Und konzentrierten sich die Lese- und Schreibkundigen über lange Zeit der Geschichte auf einen relativ überschaubaren Kreis von Funktionseliten in den Städten, an den Höfen und im Klerus, setzte im 19. Jahrhundert – getragen von staatlichen Programmen und der Ausweitung der Schulpflicht – eine Massenalphabetisierung ein, und die Alphabetisierungsrate erreichte um 1910 in Deutschland die 100 Prozent (Osterhammel 2009: 118 ff.). Analoge Entwicklungen sind in

---

9 Fragen wie diese sind seit Jahrzehnten Gegenstand ausgiebiger Diskussionen in den Sozial- und Geisteswissenschaften. Je nach Betrachtungsgegenstand und -perspektive fällt die Phasierung der Moderne unterschiedlich aus: Ideengeschichtlich wird ihr Beginn etwa auf die Renaissance taxiert, die Französische Revolution von 1789 gilt als Beginn der politischen Moderne, und ökonomisch wird in der Regel die industrielle Revolution in Europa als ihr Ausgangspunkt ausgemacht. Um die Gegenwart begrifflich von der Frühphase der Moderne abzugrenzen, wird mitunter von »Spät-« oder »Postmoderne« gesprochen oder zwischen »Erster« und »Zweiter Moderne« (Beck 1996) unterschieden. In der Soziologie (selbst ein Kind der Moderne) werden im Anschluss an Ferdinand Tönnies die Modernisierungsprozesse häufig mit der Ausdifferenzierung gesellschaftlicher Funktionen und Teilsysteme gleichgesetzt. Weiter gelten Industrialisierung sowie Säkularisierung, Rationalisierung und Individualisierung als charakteristisch für die Moderne.

10 Gemessen als Bruttoinlandsprodukt in 1990 Geary-Khamis-Dollar. Der Geary-Khamis-Dollar (benannt nach den Ökonomen Roy C. Geary und Salem Hanna Khamis) beziehungsweise »Internationale Dollar« ist eine von der Weltbank berechnete Vergleichswährung.

allen Ländern zu beobachten, die den modernen Entwicklungspfad eingeschlagen haben.

In etwa dem gleichen Zeitraum – also von der Mitte des 19. Jahrhunderts bis zur Gegenwart – hat sich auch die Anzahl der Demokratien weltweit vervielfacht, und der globale Demokratisierungstrend hält weiter an: Im Jahr 2011 ließ sich das Staats- und Regierungssystem von 95 Staaten als demokratisch klassifizieren – nie zuvor gab es auf der Welt mehr Staaten solchen Typs (Marshall/Cole 2011: 12). Dies alles sind Beispiele für Errungenschaften der Moderne, die verloren zu gehen drohen, wenn der bisherige fossilistische Wachstumspfad fortgeschrieben wird.

Denn auch jenseits der schwer einschätzbaren möglichen Gewaltfolgen des Klimawandels und anderer Veränderungen von Überlebensbedingungen gibt es gute Gründe, die Möglichkeiten einer »transformation by design« zu erörtern: Der Historiker Dipesh Chakrabary hat darauf hingewiesen, dass die »Große Beschleunigung« (Steffen/Crutzen/McNeill 2007) der Konsumraten und des Ressourcenverbrauchs, die aus ökologischer Perspektive so bedrohlich erscheint, für die Gesellschaften, die diesen Prozess durchliefen beziehungsweise immer noch durchlaufen, eine Phase der Emanzipation und der Erweiterung von individuellen Handlungsspielräumen war beziehungsweise ist: »The mansion of modern freedoms stands on an ever-expanding base of fossil fuel use. Most of our freedoms so far have been energy-intensive« (Chakrabarty 2009). Mit anderen Worten, das Wirtschafts- und Gesellschaftsmodell, das jetzt an seine Grenzen gerät, war *nicht allein materiell* historisch einzigartig erfolgreich: Es brachte den Angehörigen frühindustrialisierter Gesellschaften Demokratie, Rechtsstaatlichkeit und den Schutz vor körperlicher Gewalt sowie Wohlstand, Gesundheit, Bildung und soziale Fürsorge auf einem bislang unerreichten Niveau.

Das daraus folgende Paradox lässt sich so formulieren: Wenn der mit der kapitalistischen Wachstumswirtschaft erreichte Zivilisierungsstandard bewahrt werden soll, muss die kapitalistische Wachstumswirtschaft überwunden werden. Politisch steht damit nicht weniger als das Zivilisierungsmodell der expansiven Moderne zur Debatte. Am Beispiel der Verbesserung des Lebensstandards der Bewohnerinnen und Bewohner der Schwellenländer, an der rasanten Entwicklung von Mittelklassen, von Konsumkulturen, von erhöhtem Wohlstand, von größerer Mobilität, von besserer Bildungs- und Gesundheitsversorgung ist der Doppelcharakter der Wachstumswirtschaft genau zu beschreiben. Denn es geschieht ja beides zugleich: die Erhöhung des durchschnittlichen Lebensstandards und der Geschwindigkeit der Zerstörung der natürlichen Ressourcen, also gerade der Voraussetzungen für die Zukunftsfähigkeit der expansiven Moderne. Was in ökologischer Hinsicht verlorene Jahre sind, sind für die aufsteigenden Bevölkerungsgruppen in Brasilien, China, Vietnam Wirtschaftswunderjahre, psychologisch wie ökonomisch vergleichbar mit der westeuropäischen Nachkriegszeit. Was man derzeit in den Schwellenländern beobachten kann, entspricht genau jenem »Fahrstuhleffekt«, der den sozialen Frieden im europäischen Nachkrieg gewährleistet hat und die Ära des »demokratischen Kapitalismus« (Streeck 2013) kennzeichnete: Zwar blieb die soziale Ungleichheit bestehen, sie vertiefte sich in den vergangenen 20 Jahren sogar erneut (Eurostat 2013; DIW Berlin 2009), aber mit dem Lebensstandard ging es für alle im Fahrstuhl nach oben. Das ist das unzweifelhafte Verdienst des Prinzips der Wachstumswirtschaft: Kein System hat historisch vergleichbar schnell soziale Verhältnisse verbessert und damit für viele zum ersten Mal ein Gefühl von Chancen und Freiheit angeboten.

In Europa und in den USA ging es schon vor einem halben Jahrhundert richtig los mit dem Massenkonsum und der permanenten Ausweitung der Komfortzone; die Kehrseite des Aufstiegs bildeten die erwähnten exponentiellen Steigerungsraten im Material- und Energieverbrauch, bei den Emissionen und beim Müll – genau wie jetzt in den Schwellenländern. Während heute jeden Tag 50.000 Hektar Wald gerodet werden, 100 Arten verschwinden und 350.000 Tonnen Fisch aus dem Meer geholt werden und Investoren überall auf der Welt Land aufkaufen, hat sich die weltweite Armut reduziert: Die Zahl derjenigen, die pro Tag nicht mehr als einen Dollar ausgeben können, hat sich seit dem Erdgipfel von Rio 1992 halbiert; wahrscheinlich gibt es demnächst auch weniger als eine Milliarde absolut arme Menschen. Beim Zugang zu Trinkwasser zeigt sich die gleiche Tendenz; insgesamt werden weit mehr Lebensmittel produziert als vor zwanzig Jahren, und sogar die Zahl der Kriege hat abgenommen.

Ein kurzer Blick in die Geschichte der Moderne zeigt, dass alle Modernisierungsschritte der kapitalistischen Industriegesellschaft Ergebnis von Konflikten um Privilegien waren: Das gilt für die Abschaffung der Sklaverei genauso wie für die Entkolonialisierung, für den Kampf um die Arbeitszeit genauso wie für die Frauenbewegung.[11] Immer werden zuvor privilegierte Gruppen im Ergebnis deprivilegiert, und natürlich hat keine dieser Gruppen dem drohenden Verlust von Privilegien freudig zugestimmt und sich kampflos zurückgezogen. Anders gesagt: Die Vorstellung einer Rückkehr zur Nachhaltigkeit, der Transformation der expansiven in eine reduktive Moderne, bei der niemand etwas verliert, ist unrealistisch, aber gerade darum tun Politiker vielfach so, als würde für jeden etwas bei der Verfolgung ambitionierter Nachhaltigkeitsziele abfallen und niemand etwas verlieren. Aber auf einem endlichen Planeten ist auch der potenzielle Reichtumszuwachs endlich, weshalb

---

11   Siehe dazu ausführlich Kapitel 3 »Aus der Geschichte lernen? – Transformationen bisher«.

der Weg in eine reduktive Moderne nicht eingeschlagen werden kann, wenn man die Frage nach der Verteilung ausklammert. Robert Menasse hat vor einigen Jahren geschrieben, dass »schon der Manchester-Kapitalismus nicht dadurch zivilisiert« wurde, »dass politische Entscheidungträger die Kapitalisten submissest fragten, was diese denn benötigen würden, um konkurrenzfähig zu bleiben und den Standort ›Manchester‹ zu sichern, sondern im Gegenteil dadurch, dass die Politik dem Kapital Grenzen setzte und Schritt für Schritt vernünftigere Rahmenbedingungen gab. Hätte man die Kapitalisten gefragt, sie hätten ehrlich und glaubhaft und leider auch vernünftig (nach den Gesetzen ihrer Vernunft) versichert, dass ohne Kinderarbeit und ohne Zwölf-Stunden-Tag gar nichts ginge. Es bedurfte politischer Entscheidungen, und sie mussten gegen mächtige Widerstände getroffen werden – aber sie wurden getroffen: Kinderarbeit wurde verboten, der Acht-Stunden-Tag durchgesetzt« (Menasse 2006: 26 f.).

Im Unterschied zu dieser frühen Phase der Industrialisierung setzt eine Transformation zu einer reduktiven Moderne heute aber auch die Bereitschaft voraus, sich selbst zu deprivilegieren. Da die Herausforderung lautet, ein historisch ungeheuer erfolgreiches gesellschaftliches Modell so umzubauen, dass wir seine zentralen Errungenschaften bewahren und zugleich den Ressourcenverbrauch radikal absenken, kommen wir um die Erkenntnis nicht herum, dass eine sozialökologische Transformation unweigerlich das Herunterfahren von materiellen Ansprüchen, die Umgewichtung von Werten, die Veränderung der wirtschaftlichen Praxis, der Mobilität, der Ernährung, des Arbeitens, der Freizeit, des Wohnens bedeutet – zumindest für jene, die bislang auf Kosten anderer (seien es die heute Marginalisierten im globalen Süden und andernorts oder die zukünftigen Generationen) an den Errungenschaften der expansiven Moderne teilhatten.

Denn diese Wirtschaftswunder machen das Leben nur kurzfristig besser; mittelfristig, wie gesagt, unterminieren sie ihren eigenen Erfolg. Nachhaltigkeit und Wachstum schließen sich wechselseitig aus.[12] Vor dem Hintergrund dieser Feststellung gibt es eigentlich nur zwei Handlungsoptionen: Die eine würde sich auf die Sicherung des erreichten materiellen und immateriellen Niveaus konzentrieren, die erreichten Organisationsvorteile nutzen und zusehen, dass man so lange wie möglich auf der Gewinnerseite eines globalen Ausgrenzungswettbewerbs bleibt. Das kann man wollen, müsste dabei aber zumindest in Kauf nehmen, dass zentrale Werte des westlichen Zivilisierungsmodells wie Gerechtigkeit, Gleichheit, Solidarität und Menschenrechte hinsichtlich ihres Geltungsbereichs noch nicht einmal vom Anspruch her universell, sondern höchstens noch partikular gelten würden. Also: Dieser Zivilisierungsstandard ist für uns reserviert; die anderen müssen leider draußen bleiben.

Eine alternative Handlungsrichtung würde versuchen, den Zivilisierungsstandard auszuweiten, materielle Verbesserungen für die heute Benachteiligten sicherzustellen und eine Universalisierung des immateriellen Standards herbeizuführen. Der Preis dafür liegt auf der Hand: Die ökologische Frage übersetzt sich unmittelbar in die soziale Frage, denn ohne eine Umverteilung des materiellen Standards wird dies nicht zu realisieren sein. Will man soziale Gerechtigkeit und Nachhaltigkeit im globalen Maßstab, müssen in den reichen Ländern die privilegierten Bewohnerinnen und Bewohner auf materiellen Wohlstand verzichten und sich andere Modelle des Verteilens, Wirtschaftens und Lebens entwickeln.

Rolf-Peter Sieferle hat die diesbezügliche Herausforderung wie folgt auf den Punkt gebracht: Es geht »um nichts weniger als die

---

12 Siehe Kapitel 4, insbesondere »Der Mythos vom grünen Wachstum«.

Formierung eines auf Dauerhaftigkeit angelegten sozialmetaboli-schen Regimes, in dessen Rahmen zugleich politische, soziale und kulturelle Standards erhalten und weiterentwickelt werden sollen, wie sie sich in den letzten 200 Jahren gebildet haben« (Sieferle 2010: 1).

Erst vor dem Hintergrund einer so definierten Aufgabe be-kommt die Debatte um die »Große Transformation« (WBGU 2011) in Richtung Nachhaltigkeit ihren sozialen, historischen und politischen Ort: Wie bewahrt man einen erreichten Standard, der durch eine unökonomisch gewordene Wirtschaftsweise und ihre zerstörerischen Wirkungen in Gefahr gerät? Diese Frage rich-tet sich an die kulturelle Bewältigungs- und Erneuerungsfähig-keit der Moderne und reicht damit weit über vergleichsweise eng gefasste Ziele, wie etwa das »2-Grad-Ziel« oder die »Energie-wende«, hinaus. Tatsächlich gewinnen solche Ziele und Vorha-ben ihren Sinn ja erst darin, dass mit ihnen ein wünschenswerter gesellschaftlicher Zustand aufrechterhalten werden kann. Diese Sinndimension von Transformation gerät in der öffentlichen, politischen und wissenschaftlichen Debatte nicht in den Blick, weil sie sich auf technische und ökonomische Gesichtspunkte und auf Probleme der Implementierung eines neuen Energieregimes beschränkt.

Mit anderen Worten: Bei den Nachhaltigkeitstransformatio-nen, wie sie im Folgenden skizziert werden, geht es weniger um einen »Systemwechsel«, um eine intentionale Veränderung der Gesellschaft *in toto*, sondern vielmehr um Schrumpfung oder Abschaffung nicht-zukunftsfähiger Teilbereiche der Gesellschaft gerade mit dem Ziel, andere zu bewahren. Bislang haben wir we-der ein theoretisches Modell noch ein empirisches Beispiel für eine moderne Gesellschaft, die die zivilisatorischen Merkmale Freiheit, Demokratie, Rechtsstaatlichkeit, Sozial-, Bildungs- und

Gesundheitsversorgung bei gegenüber heute stark reduzierten ökologischen Belastungen realisiert. In Abbildung 3 sind Länder aus verschiedenen geopolitischen Regionen nach ihrem »Human Development Index« (horizontale Achse), der Einkommen, Lebenserwartung und Bildung in den jeweiligen Ländern abbildet, und dem jeweiligen »ökologischen Fußabdruck« (vertikale Achse), gemessen in globalen Hektaren pro Kopf, dargestellt.

Abbildung 3

Der ökologische Fußabdruck des Jahres 2008 im Vergleich zum Index der menschlichen Entwicklung (nach Ländern; die unterschiedlichen Farbtöne und Ränder der Kreise indizieren die geografische Region, ihre Größe die Bevölkerungsanzahl); Quelle: WWF 2012: 60.

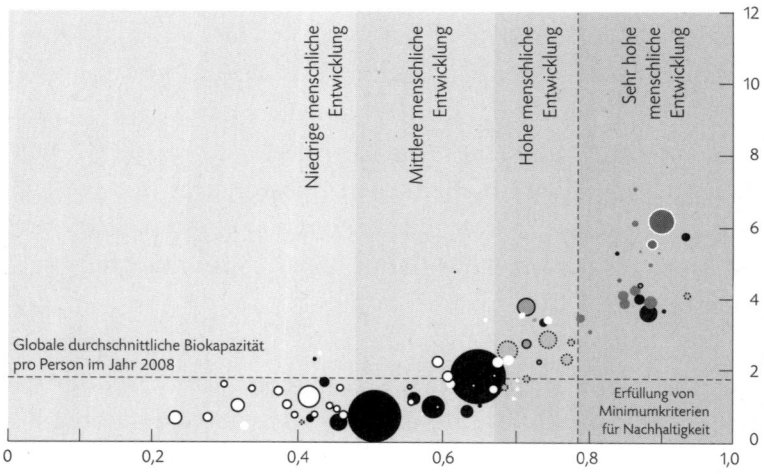

Die Abbildung zeigt, dass Länder, die, gemessen am »Human Development Index«, ein sehr hohes Niveau der menschlichen Entwicklung aufweisen, zugleich einen ökologischen Fußabdruck haben, der weit über einem nachhaltigen Niveau liegt. Umgekehrt ist es um die humanitäre Entwicklung von Ländern, bei denen die Umweltbelastungen pro Kopf ökologische Grenzen nicht überschreiten, gegenwärtig sehr schlecht bestellt. Und nicht ein einziges Land findet sich in dem Feld der Graphik, das sich durch einen sehr hohen menschlichen Entwicklungsstandard *und* ein nachhaltiges ökologisches Belastungsniveau auszeichnet. Genau darum geht es aber, wenn wir uns eine zukunftsfähige moderne Gesellschaft vorstellen.

3 Aus der Geschichte lernen? – Transformationen bisher

»Wir behalten uns vor, uns mit Geschehnissen der
Vergangenheit ausschließlich zu dem Zweck ausführlich zu befassen, um mehr Licht in die Sachverhalte
der Gegenwart zu bringen.«

Karl Polanyi

Vor dem Hintergrund, dass sich moderne Gesellschaften – ihre
Ökonomien, Technologien und sozialen Praktiken – fortwährend
verändern und sich dieser Wandel nach aktueller soziologischer
Diagnose sogar beschleunigt vollzieht (Rosa 2005), ist zu fragen,
was eigentliche Transformationen im hier diskutierten Sinne ausmacht. Der Soziologe Norbert Elias unterscheidet in der Einleitung
zu seinem Hauptwerk »Über den Prozess der Zivilisation« zwischen
verschiedenen »Wandlungstypen« sozialer Prozesse und dabei u. a.
zwischen solchen, die durch gesellschaftliche Strukturveränderun-
gen gekennzeichnet sind, und den zahllosen »Wandlungen in Gesellschaften ohne Veränderung ihrer Struktur« (Elias 1997a: 10).
Auf Basis der bisherigen Ausführungen sollte deutlich geworden
sein, dass es sich beim Übergang in eine reduktive Moderne um jenen Typus des sozialen Wandels handelt, der auch die Veränderung
der gesellschaftlichen Strukturen und damit auch ihrer Macht- und
Herrschaftsstrukturen miteinschließt. Im Folgenden soll daher
kursorisch auf ebensolche Transformationsprozesse eingegan-

gen werden, die zu einer Veränderung gesellschaftlicher Machtbalancen führten. Dabei ist zu fragen: Wie unterscheidet sich die
anstehende Transformation von historischen Transformationen,
und was können wir »aus der Geschichte lernen«? Gibt es erfolgreiche intentionale Transformationsprozesse, oder muss man sich
auf die List der Geschichte verlassen? Welche Punkte gilt es zu beachten, wenn man beabsichtigt, die gesellschaftliche Entwicklung
mit dem Ziel der Nachhaltigkeit zu beeinflussen?

Große Transformationen:
Die Neolithische und die Industrielle Revolution

Großskalige gesellschaftliche Veränderungsprozesse, auf die in der
aktuellen Transformationsdebatte prominent Bezug genommen
wird (WBGU 2011), sind die Industrielle und sogar die Neolithische Revolution – also der Übergang zum systematischen Landbau
mit allen damit verbundenen Folgen wie Sesshaftigkeit, Verteidi-
gungsfähigkeit usw. Etwas fragwürdig erscheint hier allerdings der
Begriff der »Revolution«, handelt es sich doch um einen Prozess,
der 3.000 bis 5.000 Jahre gedauert hat (Osterhammel 2011). Die
Frage, die sich hinsichtlich der Neolithischen Revolution noch immer stellt, ist, wieso Menschengruppen in verschiedenen Teilen
der Erde und z. T. unabhängig voneinander vor etwa 10.000 Jahren
nahezu zeitgleich damit begonnen haben, systematisch Landbau
zu betreiben (Diamond 2012: 108).

Auch hinsichtlich der Industrialisierung, wo die Dinge klarer zu
liegen scheinen, lässt sich weder der Zeitraum noch die Geschwindigkeit der Ausbreitung, noch das Verhältnis zwischen dem, was
sich in einem gegebenen Zeitraum jeweils transformiert hat und
was nicht, exakt angeben. So konstatiert Patrick O'Brien (1998):

»Fast drei Jahrhunderte der empirischen Forschung und des Nachdenkens durch eine Abfolge der besten Köpfe in den Geschichts- und Sozialwissenschaften haben zu keiner allgemeinen Theorie der Industrialisierung geführt« (zitiert nach Osterhammel 2009: 915). Einig ist sich die Forschung jedoch in zwei Punkten: Zum einen haben die wirtschaftlichen und gesellschaftlichen Veränderungen, die unter der Bezeichnung »Industrialisierung« firmieren und die zum Ende des 19. Jahrhunderts auf allen Kontinenten zu beobachten waren, ihren Ausgangspunkt in England nach 1750. Zum anderen war die Industrialisierung in ihren Anfangsjahren nie ein nationales, sondern stets ein regionales Phänomen, stark von der Ressourcenausstattung an bestimmte Standorte gebunden (ebd.: 910). Jürgen Osterhammel plädiert dafür, die Begriffe »Industrialisierung« und »Industrielle Revolution« – welche häufig synonym verwendet werden – strikt zu trennen. Demnach handelt es sich bei der »Industriellen Revolution« einzig um den »komplexen Prozess des wirtschaftlichen Umbaus, der sich zwischen 1750 und 1850 – auf ein Jahrzehnt mehr oder weniger muss man sich nicht festlegen – auf der britischen Hauptinsel [...] abspielte« (ebd.: 916). Alles andere – also die wirtschaftlichen Entwicklungsschübe, die in einigen Regionen der Welt noch anhalten beziehungsweise erst jetzt ihre volle Wirkung entfalten – sollte man »Industrialisierung« nennen (ebd.). Kennzeichnend für Industrialisierungsprozesse ist eine über mehrere Jahrzehnte anhaltende Steigerung der wirtschaftlichen Produktion, die typischerweise in Großbetrieben (Fabriken) organisiert wird (ebd.). Dieses Wachstum erfolgte und erfolgt auch noch heute auf der Grundlage eines neuen Energieregimes, der Nutzung fossiler Brennstoffe (ebd.; McNeill 2005: 24). Vor der Industriellen Revolution standen Menschen allein die Muskelkraft – ihre eigene oder die einiger domestizierter Tiere – sowie Wind- und Wasserkraft zur Verfügung. Mit

Rolf-Peter Sieferle (2010) lässt sich die bisherige Menschheits-geschichte als Abfolge unterschiedlich organisierter sozialmetabo-lischer Regime verstehen, die zunächst auf Solarenergie beruhen (Jäger- und Sammler sowie Agrargesellschaften unterschiedlicher Komplexität). In ihrem materiellen Wachstum sind Zivilisationen dieses Typs enge Grenzen gesetzt, da sie von der Fläche abhängen, von der Energie – in Form von Nahrungs- und Futtermitteln so-wie Brennmaterialien – »geerntet« werden kann (ebd.: 12). Der gesellschaftlich-ökologische Metabolismus von Jäger-Sammler-Gesellschaften und frühen Agrargesellschaften unterscheidet sich damit ganz wesentlich von einem der Industriegesellschaft: Die Regenerationszeiten der genutzten Energie mussten zwangsläufig beachtet werden, und das Potenzial, in die Naturprozesse einzu-greifen, war noch vergleichsweise gering sowie örtlich begrenzt. Gleichwohl kam es regional immer wieder, etwa in Verbindung mit der Veränderung der Umweltbedingungen, zur Übernutzung von Böden, zu Erosionsprozessen und zur sukzessiven Einschrän-kung der Überlebensvoraussetzungen, was sich im historischen Rückblick insbesondere für große und hochdifferenzierte Acker-baukulturen zeigen lässt (Diamond 2005).

Die Industrielle Revolution änderte dies grundlegend: Die Dampfmaschinen ermöglichten es, die Energie der Biomasse, die sich über Hunderte Millionen Jahre in der Erdkruste ange-sammelt hatte, in mechanische Energie umzuwandeln (McNeill 2005: 24). Fossile Brennstoffe wurden zur energetischen Basis der Gesellschaftsentwicklung und machten einen enormen Zuwachs der Weltbevölkerung, der Wirtschaftskraft und des Wohlstands möglich. Während über Jahrtausende Wirtschafts- und Bevöl-kerungsentwicklung sich nahezu synchron entwickelten, began-nen sie um 1820 deutlich voneinander abzuweichen, wobei das Wachstum der Wirtschaft das der Bevölkerung überflügelte und das Pro-Kopf-Einkommen begann, deutlich zu steigen (ebd.: 23). Gleichzeitig ist dieses neuartige Energieregime mit struktureller Nicht-Nachhaltigkeit verbunden, da es auf physischen Grundlagen beruht, die nicht dauerhaft zur Verfügung stehen (Sieferle 2010: 11). Währten Jäger-und-Sammler- sowie agrarische Zivilisationen mehrere tausend Jahre, ist beim gegenwärtigen fossil-industriellen metabolischen Regime bereits absehbar, dass infolge der schrittweisen Erschöpfung der fossilen Energiereserven die »Lebensdauer« sehr viel geringer sein wird (Fischer-Kowalski et al. 2011: 102 sowie Kapitel 2).

Die Neolithische und die Industrielle Revolution verbindet eine Gemeinsamkeit, die auch ihre Klassifikation als »Große Transformationen« rechtfertigt: Infolge dieser »Revolutionen« änderten sich nicht allein das Energieregime der Gesellschaften beziehungsweise ihr Stoffwechsel mit der Natur, sondern nahezu alle gesellschaftlichen Verhältnisse grundlegend. Mit der Entstehung und Ausbreitung der Landwirtschaft in der Neolithischen Revolution entstanden größere und komplexere gesellschaftliche Formationen mit entsprechenden Organisationsformen, neuen Technologien und neuen Krankheiten, die nach Jared Diamond die Grundlagen für unterschiedliche Entwicklungspfade menschlicher Gesellschaften legten und einige Völker dazu in die Lage versetzen, andere zu unterwerfen (Diamond 2012). Ähnliches gilt für die Industrielle Revolution: Auch sie bedeutete nicht einfach nur die Einführung einer neuen Energiebasis und neuer Produktionstechniken, sondern ging mit gravierenden Veränderungen der gesellschaftlichen Machtverhältnisse (Abstieg des Adels und Aufstieg der Bourgeoisie sowie der Industriearbeiterschaft), der politischen Herrschafts- und Organisationsformen (Demokratie, Parteien, Bürokratie), der Entstehung neuer Kommunikations- und Verkehrsinfrastrukturen (Eisenbahnnetze, Straßen- und

Wasserwege, Telegraphie etc.) sowie der Etablierung eines neuen Zeitregimes einher (Einführung einer einheitlichen Weltzeit sowie internationale Synchronisation von Fahrplänen und Zeittaktungen). Aufgrund der Totalität dieser Veränderungen wählte der Historiker Jürgen Osterhammel für seine Geschichte des 19. Jahrhunderts auch den treffenden Titel »Die Verwandlung der Welt« (Osterhammel 2009). Denkt man vor diesem Hintergrund über eine »Große Transformation« im Kontext der Nachhaltigkeit nach (oder auch nur über die Umstellung der weltweiten Energieversorgung auf erneuerbare Quellen), ist es geradezu abwegig, davon auszugehen, dass allein einige Technologien und Infrastrukturen sich ändern beziehungsweise ausgetauscht werden müssten, ansonsten aber alles so bliebe, wie es ist.

Jürgen Osterhammel hat zudem darauf hingewiesen, dass das, was im Rückblick oder aus der Vogelperspektive als »Große Transformation« erscheint, sich auf der Mikroebene »als ein Zusammenspiel von zahlreichen kleineren Veränderungen darstellt« (Osterhammel 2011: 628), das überdies eine heterogene Zeitstruktur aufweist. Dabei bleibt die Frage, wieso und unter welchen Bedingungen es zu »Häufigkeitsverdichtungen von Veränderungen« (Osterhammel 2009: 115) kommt, die in der Summe eine grundlegendere Transformation der gesellschaftlichen Produktions- und Reproduktionsverhältnisse erwirken. Fest steht jedoch, dass bisherige »Große Transformationen« wie die Industrielle Revolution nicht politisch oder administrativ geplant waren, sie also keinem Masterplan oder Grand Design folgten und auch nicht auf internationalen Konferenzen beschlossen worden sind (Osterhammel 2011: 629). Vielmehr sind sie das ungeplante Resultat einer Verflechtungsdynamik, bei der unterschiedliche Handlungsepisoden und Intentionen einer Vielzahl von Akteuren vor dem Hintergrund spezifischer geografischer und physischer Begebenheiten ineinandergriffen, sodass selbst heute nur begrenzt nachvollzogen werden kann, was diese Prozesse in einigen Teilen der Welt entfesselte und schließlich dominant werden ließ, während andere Gesellschaften diesen Entwicklungspfad von sich aus nicht einschlugen.[13]

Abolitionismus

Gleichwohl gibt es aber auch historische Transformationsprozesse, bei denen Visionen und Intentionen von zentraler Bedeutung sind beziehungsweise waren. Ein solches Beispiel sind der Abolitionismus und die Abschaffung der Sklaverei im 19. Jahrhundert, mit dem ebenfalls wiederholt der angestrebte Übergang in ein postfossiles Zeitalter verglichen worden ist (Bauer/Sommer 2011; Mouhot 2011; WBGU 2011). In der Tat zeigen beide Transformationsprozesse bemerkenswerte Parallelen. Bei der gesellschaftlichen Institution der Sklaverei gilt ein Sklave als Eigentum seines Herrn, der das Recht hat, ihn zu verkaufen oder zu verschenken und vor allem seine Arbeitskraft unbegrenzt zu nutzen und sogar mit Gewalt zu erzwingen, ohne dass daraus Entlohnungspflichten resultieren. Die Ausbeutung von Sklaven war im 18. und frühen 19. Jahrhundert vielerorts so selbstverständlich wie heute der Verbrennungsmotor oder Kohlekraftwerke: »Der Besitz von Sklaven war gesellschaftlich akzeptiert, die wirtschaftliche Bedeutung der Sklavenarbeit auf den amerikanischen Tabak- und Baumwollplantagen ähnlich zentral wie billiger Strom für die heutige Industrieproduktion« (Bauer/Sommer 2011). Auf Basis der primären Funktion von

---

13 In Kapitel 5 wird noch einmal ausführlicher auf die Verflechtungszusammenhänge und die daraus resultierende Eigendynamik sozialer Prozesse eingegangen.

Sklaven als Arbeitskraft entwickelte sich nach Jürgen Osterhammel eine Sklaverei-Gesellschaft, eine »umfassende Existenzform«: Das Herr-Sklave-Verhältnis war im Alltag allgegenwärtig und bestimmte gesellschaftliches Bewusstsein und soziale Praktiken (Osterhammel 2009: 995). Auch heute ist das weltweit dominierende fossile Energieregime mehr als nur eine bestimmte Form der Energieversorgung, denn auf der Nutzung der fossilen Energieträger basieren auch Lebensgewohnheiten wie Urlaubs- und Freizeitaktivitäten, Mobilitätsmuster, Konsummuster etc. Waren in Sklaverei-Gesellschaften die Herren abhängig von Sklavenarbeit, so sind wir heute abhängig von der Nutzung fossiler Energieträger (Mouhot 2011). Zentral ist in diesem Zusammenhang die Metapher der »Energiesklaven«: Nach Schätzungen von John McNeill benötigte zum Ende des 20. Jahrhunderts ein Mensch zur Aufrechterhaltung seines Lebensstandards durchschnittlich 20 solcher »Energiesklaven«, also das Äquivalent von 20 Arbeitskräften, die 24 Stunden pro Tag und 365 Tage pro Jahr für ihn arbeiten; der Durchschnittsamerikaner brauchte sogar mehr als 75 Energiesklaven (McNeill 2005: 30). Zudem sieht der Historiker Jean-François Mouhot (2011) auch eine moralische Analogie zwischen der Nutzung fossiler Brennstoffe und der Sklaverei: Selbst wenn der Zusammenhang geografisch und zeitlich versetzt ist, fügen wir mit hoher Wahrscheinlichkeit durch die Nutzung fossiler Brennstoffe und die Freisetzung von Treibhausgasen anderen Menschen Leid zu – völlig unabhängig davon, ob wir das beabsichtigen oder nicht.

Die Einführung der kapitalistischen Wirtschaftsweise und der Lohnarbeit gilt gemeinhin als entscheidende gesellschaftliche Dynamik, die zur Abschaffung der Sklaverei führte. Nach Jürgen Osterhammel bleibt bei dieser Lesart der Beendigung des Sklavereisystems ein Punkt häufig unbeachtet: nämlich »die Tatsache, dass dieses Ergebnis [das Ende der Sklaverei] nicht allein durch ein selbsttätiges Walten des Fortschritts herbeigeführt worden war, dass es vielmehr ohne die Bereitschaft vieler Einzelner, moralische Empfindungen in politisches Handeln umzusetzen, nicht so weit gekommen wäre. Die Sklaverei wurde aktiv bekämpft. Ihre Gegner in Europa und Amerika mussten manche Rückschläge hinnehmen, einige ihrer Siege waren knapp und prekär, denn die Sklaverei wurde von starken Interessen verteidigt. Sie ist nicht mit der Zeit abgestorben, nicht an ihrer angeblichen Unzeitgemäßheit zugrunde gegangen. Ihr Schicksal war mit den großen Konvulsionen der Epoche verbunden. Nicht in Friedenszeiten, sondern im Zusammenhang mit Revolutionen, Bürgerkriegen und scharfen internationalen Rivalitäten erlitt die Sklaverei ihre größten Niederlagen« (Osterhammel 2009: 1190).

Es lohnt sich, diese konflikthafte Dynamik, die zur Abschaffung der Sklaverei führte, etwas genauer zu betrachten: Über weite Strecken des 18. Jahrhunderts, des »Zeitalters der Vernunft« beziehungsweise der Aufklärung – oben ist bereits darauf hingewiesen worden –, haben nur wenige der gesellschaftlichen Eliten Anstoß an Sklaverei und Sklavenhandel genommen. Im Gegenteil, im 18. Jahrhundert gewann das Sklavereisystem im atlantischen Raum noch an Bedeutung: »Die mit Sklaven betriebene Plantagenwirtschaft hatte Ende des 18. Jahrhunderts einen Höhepunkt an Leistungsfähigkeit und Rentabilität erreicht, einzelne Eigentümer häuften gewaltige Vermögen an, und auch volkswirtschaftlich sprach nichts für Veränderungen an der herrschenden Praxis« (ebd.: 1194). Daher greifen nach Osterhammel Ansätze, welche die Beseitigung der Sklaverei allein aus wirtschaftlichen Gründen zu erklären suchen, auch zu kurz. Stattdessen gaben, so Osterhammel, ideelle Motive den Ausschlag. Die erste Kritik an der Sklaverei und am Sklavenhandel war vor allem religiös motiviert. In Großbritannien speiste sich die Antislavery-Bewegung vor allem aus christlich-religiösen Quellen sowie einem aus der Rivalität zu Frankreich geborenen Patriotismus (ebd.: 1193 ff.). Die Bewegung des Abolitionismus zeitigte im Jahr 1808 ihre ersten Erfolge, als sowohl in Großbritannien als auch in den USA der internationale Sklavenhandel verboten wurde (ebd.). Fortan importierten die USA keine Sklaven mehr. Binnen weniger Jahrzehnte wuchs der Abolitionismus auf beiden Seiten des Atlantiks zu einer breiten gesellschaftlichen Bewegung (Bauer/Sommer 2011; WBGU 102 ff.). 1834 kam es infolge des Slavery Abolition Act schließlich zur Befreiung aller Sklaven im britischen Kolonialreich. Diese Entscheidungen waren eingebettet in einen transatlantischen Wirkungszusammenhang einer sich globalisierenden Welt, in dem lokale Handlungen sich beeinflussten und durch die gegenseitige Bezugnahme zusätzlichen Sinn erhielten. Dazu zählen die Revolution in Haiti 1791, die zur ersten Gründung eines unabhängigen Staates durch ehemalige Sklaven führte, sowie das 1794 verkündete Verbot der Sklaverei in allen französischen Kolonien (die 1802 wieder zurückgenommen wurde). Die britischen Abolitionisten verstanden sich von Anfang an als Aktivisten eines weltweiten Protests (Osterhammel 2009: 1191). Im Jahr 1860, also unmittelbar vor dem Amerikanischen Bürgerkrieg, lebten in den USA knapp 4 Millionen Menschen, etwa 13 Prozent der Gesamtbevölkerung und 33 Prozent der Bevölkerung in den Südstaaten waren Sklaven (ebd.: 998). In Brasilien erreichte die Sklaverei mit mehr als 2,25 Millionen Sklaven (30 Prozent der Gesamtbevölkerung) ihren Höhepunkt in den Fünfzigerjahren des 19. Jahrhunderts (ebd.). Das Zurückdrängen von Sklavenhandel und Sklaverei als eine transatlantische Kettenreaktion – dies machen diese kurzen Ausführungen bereits deutlich – verlief nicht stetig und kontinuierlich: »Zwischen einzelnen Etappen der Sklavenemanzipation lagen Zeiten der Stagnation und sogar des neuerlichen Auflebens der Sklaverei« (ebd.: 1191 f.). Formal erreichten die nordamerikanischen Abolitionisten ihre Ziele 1865 mit dem Inkrafttreten des 13. Verfassungszusatzes. In Brasilien wurde nach mehreren Schüben 1888 die Sklaverei offiziell verboten. Die weitere Emanzipation der ehemaligen Sklaven vollzog sich auch nach dem offiziellen Ende der Sklaverei disruptiv: Die national- oder kolonialstaatlichen Institutionen, welche die Ex-Sklaven in ihren neubürgerlichen Status aufnahmen, verlangten genauso nach Umgestaltung, wie sich Mentalitäten ändern mussten (ebd.: 1206). In den USA dauerte es nach dem Amerikanischen Bürgerkrieg noch einmal mehr als 100 Jahre, bis die afroamerikanischen Nachfahren der Sklaven die wichtigsten Bürgerrechte erkämpft hatten, und selbst heute ist die US-amerikanische Gesellschaft noch nicht frei von Diskriminierung.

Frauen- und Gleichstellungsbewegungen

Eine strukturell ähnliche Dynamik wie beim Abolitionismus ist auch bei anderen sozialen Emanzipations- und Gleichstellungsbewegungen – wie der Arbeiter-, Bürgerrechts- oder Frauenbewegung – zu beobachten. Am Beispiel der modernen Frauenrechtsbewegungen lässt sich dies illustrieren: »Frauenbewegungen haben zur Entwicklung und zur Demokratisierung in der Moderne wesentlich beigetragen. Wenn Frauen heute selbstverständlich ein eigenes Konto führen, ein interessantes Studium oder einen guten Beruf wählen, über Sexualität und Verhütung reden oder zur Wahl gehen und wenn sie ihre Fähigkeiten in Gesellschaft und Politik einbringen können, ist das auch den Frauenbewegungen zu verdanken.« (Lenz 2008: 655)

Ilse Lenz spricht ganz bewusst von Frauenbewegungen im Plural, da es sich beim Feminismus um eine äußerst heterogene Bewegung handelt, die sich in verschiedenen Klassen, ethnischen und kulturellen Milieus sowie in verschiedenen Erdteilen herausgebildet hat (ebd.). Gemeinsam ist den verschiedenen Strängen, dass ihre Anliegen an die Grundideen der Moderne wie Freiheit, Selbstbestimmung, Gleichheit und Solidarität anknüpfen. Abhängig von der Zeit und ihrem jeweiligen gesellschaftlichen Kontext forderten Frauenbewegungen die gleichen Rechte und Geltung der Menschenrechte auch für Frauen, die Gleichheit und Anerkennung in der Lohn- und Reproduktionsarbeit und die Selbstbestimmung in Liebe und Sexualität (ebd.: 667–668). Häufig blieb das Engagement der Frauenbewegungen nicht auf den Kampf gegen die Unterdrückung von Frauen beschränkt, sondern richtete sich zusätzlich gegen die Ungleichbehandlung anderer Gruppen wie Arbeiterinnen und Arbeiter oder Slavinnen und Sklaven, gegen Kolonialismus und für Frieden und Gewaltfreiheit (ebd.: 669). In der westlichen Welt durchliefen die Frauenbewegungen verschiedene Wellen, bei denen jeweils unterschiedliche Anliegen im Zentrum standen: Während der ersten Welle im 19. und beginnenden 20. Jahrhundert bildete die rechtliche und politische Gleichstellung von Frauen das Kernanliegen. In der zweiten Welle, die in den 1960er-Jahren ihren Ausgang nahm, standen sexuelle Selbstbestimmung und Reproduktionsfragen im Zentrum. Die dritte Welle der Frauenbewegungen kam in der ersten Hälfte der 1990er-Jahre auf und fokussiert sich bis heute auf die mangelnde Repräsentation von Frauen in der Politik, den Medien und wirtschaftlichen Führungspositionen und hinterfragt weiterhin vorherrschende gesellschaftliche Frauenbilder.

Ähnlich wie bei der Bewegung zur Abschaffung der Sklaverei handelte es sich beim Feminismus von Beginn an um eine internationale Bewegung, bei der sich die Akteure austauschten und vernetzten, auch wenn sie anfangs vornehmlich auf die Durchsetzung gleicher Rechte auf nationaler Ebene pochten (ebd.: 665). Analog zum Abolitionismus wurden Frauenbewegungen auch von veränderten Werthaltungen in der Gesellschaft begleitet und getragen. Zielsetzung aller Emanzipationsbemühungen war aber jeweils die Veränderung der sozialen Praxis, die Demokratisierung der Geschlechterverhältnisse. Die eingangs zitierte Passage von Ilse Lenz verdeutlicht, wie erfolgreich der Feminismus in dieser Hinsicht war. Durch eine Reihe von Gesetzesänderungen – wie der Einführung des Frauenwahlrechts, die explizite Gleichstellung in Verfassungsurkunden oder Änderungen der Rechtslage zum Schwangerschaftsabbruch – ist die Emanzipation der Frauen auch rechtlich abgesichert worden. Trotz dieser beachtlichen Erfolge ist aber selbst in den westlichen Gesellschaften die Gleichbehandlung der Geschlechter – insbesondere im sozialen und wirtschaftlichen Bereich – noch nicht verwirklicht: Frauen verdienen bei gleicher und zum Teil sogar höherer Qualifikation im Durchschnitt immer noch signifikant weniger als Männer und sind in gesellschaftlichen Führungspositionen weiterhin deutlich unterrepräsentiert. Betrachtet man die Stellung von Frauen in globaler Perspektive, sieht es vielerorts noch schlechter aus und in zahlreichen Staaten, sind selbst die rechtliche Gleichbehandlung und die Geltung der Menschenrechte für Frauen nicht verwirklicht. Dies macht erneut deutlich: Tragen soziale Bewegungen Emanzipationsprozesse, so haben wir es zumeist mit relativ langfristigen und vor allem nicht-linearen Entwicklungen zu tun, die sich im globalen Maßstab durch erhebliche Ungleichzeitigkeiten auszeichnen.

Wenn man sich die Geschichte sozialer Bewegungen anschaut, dann haben diejenigen die nachhaltigste Veränderungswirkung, die in die Verhältnisse der Produktion und Reproduktion eingreifen. Die Abschaffung der Sklaverei veränderte die Produktionsbedingungen ebenso wie der erfolgreiche Kampf um kürzere Arbeitszeiten und um Arbeitsschutz. In ähnlicher Weise wirkte die Abschaffung der Apartheit oder der Diskriminierung von Frauen auf die Verhältnisse im Arbeitssektor wie in der Sphäre der Reproduktion. Verglichen mit eher auf Korrektur als auf basale Gerechtigkeitsfragen abzielenden sozialen Bewegungen – wie etwa Protestbewegungen gegen Umweltzerstörungen, Atomkraft, Überwachung –, erweisen sich die Tiefenwirkungen von Gerechtigkeitsbewegungen als wirkungsmächtiger: Hier haben sich die gesellschaftlichen Verhältnisse jeweils grundlegend geändert, und vor allem haben sich die bestehenden Machtbalancen verschoben. Für sozialökologische Bewegungen gilt das bislang nur begrenzt: Sie werden regelmäßig institutionalisiert und vom Markt absorbiert, generieren neue Teilmärkte oder partikulare Modernisierungen. Warum? Weil sie bislang nur selten die Produktions- und Reproduktionsverhältnisse der Gesellschaft adressieren. Transformationen (und Transformationsdesign) müssen daher – auch wenn das zunächst kontraintuitiv erscheint – auf der Ebene des Sozialen ansetzen und nicht bei Themen wie Energie, Umweltschutz etc. Erst auf der Ebene des Sozialen entscheidet sich die Frage, wie eine Gesellschaft eigentlich aussehen soll, in der man leben will. Die Antwort auf diese Frage bildet nämlich die unabhängige Variable. Wenn eine solche Antwort gleiche Lebenschancen und Überlebensbedingungen für alle Menschen vorsieht, muss man die Wirtschaftsweise (als abhängige Variable) so einrichten, dass sie diese Gleichheit erlaubt. Wenn die Antwort einen nachhaltigen Umgang mit Naturressourcen (als abhängige Variable) vorsieht, muss der gesellschaftliche Metabolismus so gestaltet werden, dass er nicht mehr verbraucht als nachhält. Das hört sich nach einer

Tautologie an, ist aber keine, wenn man ein solches »Design« mit dem gegenwärtigen vergleicht, das einfach das Wirtschaftswachstum als unabhängige Variable setzt und Ziele wie Gleichheit, Gerechtigkeit, Nachhaltigkeit als abhängige Variable betrachtet. So etwas kann langfristig nicht gut gehen.

4 Green Business as usual – Zur Kritik vorherrschender Transformationsvisionen

Die eingangs vorgenommene Diagnose, die im expansiven Wirtschafts- und Kulturmodell die zentrale Ursache für die strukturelle Nicht-Nachhaltigkeit der Gegenwartsgesellschaften ausmacht, wird heute nicht vom Mainstream der Umweltforschung und -politik geteilt. Entsprechende Positionen haben zwar eine gewisse Tradition, weichen aber insgesamt vom dominanten umweltpolitischen und -wissenschaftlichen Diskurs ab. Dies zeigt sich im Feld der Politik u. a. daran, dass gegenwärtig *keine* der in Deutschland etablierten Parteien das Wachstumsparadigma grundsätzlich hinterfragt und um die Entwicklung alternativer Entwürfe bemüht ist. Entsprechend der abweichenden Ursachenanalyse für die ökologischen und gesellschaftlichen Vielfachkrisen – die selbst durchaus als Problem anerkannt werden – dominieren andere Lösungsvorschläge den politischen und wissenschaftlichen Mainstream. Dabei lassen sich gegenwärtig drei hegemoniale Strategien beziehungsweise Visionen identifizieren, auf die im Folgenden ausführlicher eingegangen werden soll. Dies sind Technikvisionen zur Lösung der Klima- und Nachhaltigkeitsprobleme, Inwertsetzungs- beziehungsweise Ökonomisierungsstrategien zum Schutze der Umwelt sowie »Grünes Wachstum«. Alle drei Strategien sind – dies wird im Zuge der folgenden Ausführungen deutlich – zum Teil eng miteinander verzahnt beziehungsweise bauen aufeinander auf.

Technoides Transformationsverständnis

Seit etwa zwei Jahrzehnten ist eine wachsende Zahl von Vorschlägen zu verzeichnen, die darauf abzielen, den Klima- und Energieproblemen mit technischen Lösungen zu begegnen: Solar- und Windenergie, Elektroautos, Passiv- und Plus-Energiehäuser, Blockheizkraftwerke, Smarthomes und -grids und all die anderen Technologien, die sich in der »Energiewende« zu einem der größten Investitions- und Infrastrukturprogramme der deutschen Geschichte summieren. Weitgehend ausgeblendet bleibt dabei, dass es bislang historisch kaum einen großflächigen Technologieeinsatz zur Verbesserung der Umweltsituation gegeben hat, der nicht unvorhergesehene und unerwünschte Kollateraleffekte mit sich gebracht hätte. Es mag heute in Deutschland absurd anmuten, aber auch die friedliche Nutzung der Atomenergie ist einst mit der Hoffnung eingeführt worden, die Umwelt zu schonen.[14] Und auch bei der deutschen Energiewende – so richtig der Umstieg von fossilen Brennstoffen und Atom auf Erneuerbare Energien grundsätzlich auch ist – werden bereits in der Anfangsphase sogenannte grün-grüne Konflikte sichtbar: Die neu gebauten und geplanten Stromtrassen, Windparks und Pumpspeicherkraftwerke kollidieren vielerorts mit den Zielen des klassischen Umwelt- und Naturschutzes (wie dem Erhalt der Biodiversität). Die klimafreundlichen Energiesparlampen enthalten gefährliches Quecksilber, und konventionelle Dämmstoffe aus Styropor sind nur schwer zu entsorgen.

---

14   Die Konkretisierung »in Deutschland« ist an dieser Stelle besonders wichtig, da in Großbritannien und einigen US-Bundesstaaten Atomenergie immer noch bzw. heute wieder verstärkt als »saubere Energie« in die energiepolitischen Debatten eingeführt wird, die aus Klimaschutzgründen gefördert wird (Government of the United Kingdom 2014). Auch der aktuelle Bericht der Arbeitsgruppe III des IPCC (2014b) »Mitigation of Climate Change« erörtert Kernkraft als Option für den Klimaschutz, obgleich er ihre Risiken klar benennt.

Die soziologische Akteurs-Netzwerk-Theorie ist angetreten, um eine dichotome Beschreibung des Verhältnisses von Technik und Menschen zu überwinden. Bruno Latour, ihr Begründer, veranschaulicht den Ansatz u. a. anhand der Diskussion um die Verfügbarkeit von Schusswaffen in den USA (Latour 2003): Während Gegner einer liberalen Waffengesetzgebung anführen, dass Schusswaffen töten, weisen Lobbyorganisationen wie die National Rifle Association (NRA) darauf hin, dass es nicht die Schusswaffen sind, die töten, sondern stets Menschen. Latour hält beide Positionen für gleichermaßen unangemessen, da sie die entgegengesetzten Pole eines Spektrums abbildeten. Einer Pistole, so Latour, ist stets ein bestimmtes Handlungsprogramm (wie das Zielen mit dem Lauf, der Finger am Abdruck etc.) eingeschrieben und sie verändert die Handlungsspielräume eines Akteurs in spezifischer Weise. Sie ermöglicht es, mit einer einzigen Fingerbewegung eine andere Person zu töten, was nicht zum gewöhnlichen Handlungsrepertoire von Menschen gehört. Ein »Waffen-Bürger« (ebd.: 218) ist damit grundsätzlich ein anderer »Aktant« als ein Bürger ohne Pistole. Umgekehrt ist die Beherrschung durch das technische Artefakt – in diesem Fall durch die Pistole – dadurch nicht absolut, und es hängt weiterhin von der Person und vom situativen Kontext ab, ob sie gegen Menschen Anwendung findet oder nicht. Was bedeutet dies für unsere Diskussion von Projekten wie der »Energiewende« und die Rolle von Technologien bei Nachhaltigkeitstransformationen?

Grundsätzlich unterscheidet sich das Naturzerstörungspotenzial von Menschen erheblich, je nachdem, ob sie beispielsweise zur Verrichtung ihrer alltäglichen Tätigkeiten, zum Produzieren, für ihre Mobilität etc. auf fossile und/oder nukleare Energiequellen angewiesen sind oder eben nicht. Technik *matters*. Die Möglichkeiten eines (Flugzeug-)Touristen, die Umwelt zu belasten, sind heute ungleich größer als die eines (Pferdekutschen-)Touristen im 19. Jahrhundert. Daher ist jede technologische Entwicklung, die dazu beiträgt, die Produktion und Konsumption (und nicht nur von Energie) in Stoffkreisläufen zu organisieren, bedeutsam für eine Transformation in Richtung Nachhaltigkeit. Die Vorstellung jedoch, dass bereits durch die Einführung Erneuerbarer Energien und verbesserter Effizienz ein nicht-nachhaltiges gesellschaftliches Kultur- und Wirtschaftsmodell nachhaltig wird, ist dagegen im hohen Maße irreführend. Uwe Schneidewind, der Präsident des Wuppertal Instituts für Umwelt, Klima, Energie, hat darauf hingewiesen, was die Verfügbarkeit unbegrenzter Erneuerbarer Energien in einem expansiven Wirtschafts- und Kulturmodell bedeuten würde: Würden gegenwärtig nicht natürliche Knappheiten (und damit auch Preise) den Energieverbrauch drosseln, gäbe es hinsichtlich der Expansion von rohstoffintensiven Ernährungs-, Wohn- und Mobilitätsstilen kein Halten mehr – es würden umso schneller die letzten Krumen Erz aus dem Boden und Fische aus dem Meer geholt werden. Eine gelingende »Energiewende« kann ohne sozialen und kulturellen Wandel zu einer Erhöhung der Zerstörungskraft führen, also gerade nicht zu einer Transformation (Welzer 2013: 66). Das ist alles selbstverständlich kein Argument gegen das Suchen nach verbesserten Technologien für das Energie- und Klimaproblem, nach nachhaltigeren Strategien in der Landwirtschaft oder intelligenter Mobilität unter Einsatz von Technik. Vieles davon ist notwendig. Aber es ändert nichts an dem grundsätzlichen Sachverhalt: Solange das Wirtschafts- und Kulturmodell expansiv ist, so lange wird auch Technikeinsatz zur Expansion führen (ebd.: 107 f.).

Nach Einschätzung des Soziologen Norbert Elias ist die Fixierung auf Technik beziehungsweise auf technische Lösungen und im weiteren Sinne auf die Naturwissenschaften in hohem Maße symptomatisch für moderne Gegenwartsgesellschaften (Elias 1996a: 23). Nach Elias resultiert diese Fixierung aus der Diskrepanz zwischen dem relativ hohen Vermögen, Probleme des Naturgeschehens sachgerecht zu verstehen, und dem vergleichsweise geringen Vermögen, sich Problemen des menschlich-gesellschaftlichen Zusammenlebens mit annähernd gleicher Qualität – Elias würde sagen: »Realitätsangemessenheit« – zu nähern (ebd.). Neben dieser erkenntnistheoretischen Annahme ist im Kontext einer Nachhaltigkeitstransformation noch ein weiterer Punkt als Ursache für die Fixierung auf technische Lösungen von zentraler Bedeutung: Es steht außer Frage (und unten werden wir darauf noch ausführlicher eingehen), dass eine Veränderung der sozialen Logik, ein Übergang von einem expansiven zu einem reduktiven Vergesellschaftungsmodus, mit einem erheblichen Konfliktpotenzial einhergehen wird. Daher scheint die Suggestion rein technisch orientierter Transformationsstrategien außerordentlich attraktiv. Sie entwirft das Wolkenkuckucksheim einer nachhaltigen Gesellschaft, die ihre zerstörerischen Praktiken beibehält, deren Folgen aber technisch neutralisiert. Die Zukunft wird sein wie jetzt, nur nachhaltiger. Niemand hat bei einer solchen Transformation etwas zu verlieren, eher im Gegenteil, die Ergrünung der gesellschaftlichen Praxis verspricht demnach »Wachstumseffekte« für die Wirtschaft und die Schaffung »grüner« Jobs (siehe unten »Der Mythos vom grünen Wachstum«).

Drei technische Lösungen, die auf besonders augenfällige Weise die Verlängerung der Gegenwart trotz globaler Klima- und Nachhaltigkeitskrise versprechen, sind die unkritische Erzeugung und Nutzung von Agrarsprit, das sogenannte Carbon Capture and Storage (CCS) sowie Geoengineering: Bereits beim jetzigen Ausmaß des Anbaus von Energiepflanzen entsteht eine Landnutzungskonkurrenz zur Nahrungsmittelproduktion,[15] und die Förderanreize für »Bioenergie« führten in der Vergangenheit vielfach zur Zerstörung von Regenwäldern und anderen naturnahen Ökosystemen (WBGU 2008). Das Unterfangen, bei einem rasant wachsenden weltweiten Mobilitätsaufkommen fossile Treibstoffe durch Agrarsprit substituieren zu wollen, würde daher nicht nur die Ernährungssicherheit unzähliger Menschen bedrohen und zum Artensterben beitragen, sondern wäre auch als Klimaschutzmaßnahme höchst fragwürdig.

CCS, also das Verfahren, Kohlendioxid, das bei der Energieerzeugung aus fossilen Brennstoffen freigesetzt wird, abzuscheiden und unter der Erde zu verpressen, spielt im internationalen Klimaschutzdiskurs ebenso eine zunehmend bedeutsame Rolle.[16] Hintergrund hierfür ist die globale Verfügbarkeit billiger Kohle, mit der gegenwärtig ein Großteil des wachsenden Energiehungers in der Welt gedeckt wird (OECD/IEA 2013). Anstatt also die Energieversorgung bereits heute umzustellen – oder gar zu versuchen, den Energieverbrauch zu reduzieren –, soll die fossile Party noch etwas weiter gehen. Dafür ist man bereit, Mineralien, die grundsätzlich endlich sind und in einem über viele Millionen Jahre andauernden

---

15 Da im Jahr 2012 etwa 40 Prozent der Maisernte in den USA zur Erzeugung von »Biosprit« verwendet wurden, rief der Generaldirektor der Food and Agricultural Organization (FAO) die US-Regierung dazu auf, dafür Sorge zu tragen, dass die Ethanolproduktion temporär ausgesetzt wird, um eine Verschärfung der globalen Ernährungskrise wie in den Jahren 2007/08 sowie 2010 zu verhindern (Graziano da Silva 2012). Nicht unerwähnt bleiben soll hier aber auch, dass die Diskussion »Tank vs. Teller« trotz aller berechtigten Kritik einer nicht-nachhaltigen Nutzung von »Bioenergie« häufig einen blinden Fleck aufweist: Denn die Getreidemengen, die als Futtermittel für Nutztiere verwendet werden, übersteigen den Anteil zur Herstellung von Agrarsprit noch um ein Vielfaches (Europäische Umweltagentur 2011: 43). Mit anderen Worten, die (wachsende) Menge der globalen Fleischproduktion trägt noch in einem weit größeren Ausmaß zu Knappheiten und Preisexplosionen auf dem Getreidemarkt bei.

16 Als Beispiel hierfür kann nicht nur der aktuelle Bericht der Arbeitsgruppe III des IPCC (2014b) »Mitigation of Climate Change« gesehen werden, in dem die Erörterung der Potenziale und Risiken von CCS einen gewachsenen Stellenwert einnimmt, sondern auch die Programme diverser nationaler Regierungen, die CCS als »low carbon technology« fördern wollen (siehe etwa Government of the United Kingdom 2014).

Prozess entstehen konnten, unter großem Aufwand und für die damit betrauten Arbeiter häufig unter lebensgefährlichen Bedingungen aus dem Boden zu holen, zur Energieerzeugung zu verbrennen und den Abfall, der dabei entsteht, erneut in der Erde zu vergraben; all dies in der Hoffnung, dass er auch die nächsten Jahrhunderte dort verweilt und auch sonst für die nachfolgenden Generationen keine Altlasten entstehen.[17]

Unter Geoengineering werden schließlich großskalige technologische Eingriffe in die geo- und biochemischen Abläufe des Erdsystems verstanden, die das Ziel verfolgen, die CO_2-Konzentraion in der Atmosphäre zu senken und/oder den Temperaturanstieg zu verhindern (Rickels et al. 2011). Vorschläge, die in diesem Zusammenhang diskutiert werden, sind die Düngung der Ozeane mit Eisen (um die Bildung CO_2-bindender Algen zu stimulieren) oder die Einbringung von Nanoteilchen aus Aluminium in die Atmosphäre, die das Sonnenlicht reflektieren sollen (ebd.).[18] Neben schwerwiegenden völkerrechtlichen Fragen, die Geoengineering aufwirft (ebd.: 95 ff.), wird das Vorhaben, gezielt in die hochkomplexen und interdependenten Abläufe des Erdsystems einzugreifen, vor allem aufgrund der nicht-intendierten und nicht abschätzbaren Folgen, die mit ihnen einhergehen könnten, kritisiert. Die Hybris, die sich Wissenschaftlerinnen und Wissenschaftler, die an solchen Projekten arbeiten, anmaßen, hochkomplexe Systeme im globalen Maßstab kontrollieren zu können, ist selbst für die technikoptimistische Moderne außergewöhnlich.

---

17 Wie gigantisch die Altlasten der Kohleförderung sind, lässt sich gut am deutschen Ruhrgebiet studieren (Knauer 2014): Um ein Volllaufen mit Wasser der Schächte für den ehemaligen Kohlebergbau zu verhindern, müssen sie mit jährlichem Millionenaufwand dauerhaft ausgepumpt werden. Andernfalls drohen Schäden an der Oberfläche und eine Kontamination des Grundwassers. Da das Abpumpen des Wassers auf nicht absehbare Zeit fortgesetzt werden muss, wird in diesem Zusammenhang auch von »Ewigkeitskosten« gesprochen.

18 Abhängig vom jeweiligen Verständnis wird zum Teil auch das CCS-Verfahren als eine Variante des Geoengineerings gefasst (Rickels et al. 2011).

Alle drei Technologien – also Agrarsprit, CCS und Geoengineering – haben gemeinsam, dass sie suggerieren beziehungsweise versprechen, auf sozialer und kultureller Ebene könne alles so bleiben wie es ist. Daher lassen sie sich auch als Elemente einer Pseudotransformation beschreiben: Über neue Mobilitätsmuster sowie weniger Automobilität und Flugreisen muss niemand nachdenken, wenn Autos und Flugzeuge mit »Biosprit« fahren. Kohlekraftwerke können weiter betrieben werden, wenn sich der Abfallstoff der Energiegewinnung aus fossilen Brennstoffen unter der Erde verpressen lässt. Und sollte dies alles nicht ausreichen, muss sich immer noch nicht das Verhalten der Bevölkerung in den hyperkonsumistischen globalen Zentren ändern, unerwünschten Veränderungen wird einfach mit großräumigen Eingriffen ins Klimasystem begegnet.

Schutz durch Inwertsetzung?

Eine weitere heute dominierende Strategie zur Unterbindung eines gefährlichen Klimawandels und des Raubbaus an den natürlichen Lebensgrundlagen ist ihre Ökonomisierung beziehungsweise Inwertsetzung. Erik Gómez-Baggethun und Manuel Ruiz-Pérez (2011) haben vier Phasen der Kommodifizierung der Natur (ihre Umwandlung in eine Ware) beschrieben. Danach werden zunächst ökonomische Konzepte und Vorstellungen auf Bereiche übertragen, die zuvor jenseits der Marktsphäre lagen. Dies ist zum Beispiel der Fall, wenn Funktionen innerhalb eines Ökosystems als Ökosystem*dienstleistungen* beschrieben werden. Anschließend werden diese »Dienstleistungen« oder »positiven und negativen Externalitäten« mit einem Wert beziehungsweise Preis versehen. In der dritten Phase erfolgt eine Aneignung der bislang zumeist öffentlichen Güter – in der Regel durch die Etablierung privater Eigentumsrechte. Schließlich werden Institutionen geschaffen, um die so geschaffenen Nutzungsrechte und Natur*güter* handeln zu können.

In der Klimapolitik ist der Emissionshandel (*Cap and Trade*) ein solches ökonomisches beziehungsweise marktbasiertes Instrument. Dabei wird das Recht zur Verschmutzung mit einem Wert versehen und dadurch ein neuer Markt geschaffen, auf dem entsprechende Zertifikate gehandelt werden können. Laut ökonomischer Theorie ist dies die kosteneffizienteste Möglichkeit zur Mitigation des Klimawandels. In der Praxis steht der Nachweis für die Klimaschutzwirkung des Emissionshandels aber noch aus: So ist der Preis für Verschmutzungszertifikate bislang fast kontinuierlich gefallen, von etwa 30 € pro Tonne CO_2 im Frühjahr 2006 auf knapp 3 € im Frühjahr 2013. Für Emittenten bestehen damit kaum noch Anreize zum Klimaschutz, und Braun- und Steinkohle, die Klimakiller schlechthin, erleben gegenwärtig eine Renaissance. Befürworter des Emissionshandels führen zahlreiche Gründe für sein Versagen und den Preisverfall bei den Zertifikaten an: zu viele Ausnahmeregelungen für emissionsintensive Branchen, die Ausgabe einer zu großen Anzahl an Emissionshandelsscheinen, die wirtschaftliche Krise und der damit einhergehende Rückgang des Treibhausgasausstoßes oder der unerwartet rapide Ausbau der Erneuerbaren Energien. Insbesondere der letzte hier zitierte Grund weist auf einen Konstruktionsfehler des Handels hin: Emissionseinsparungen, die durch Energieeinsparungen oder aus der dynamischen Umstellung des Energiesystems resultieren, führen dazu, dass die Zertifikatspreise sinken. Individuelle Bemühungen, etwas zum Klimaschutz beizutragen, werden somit konterkariert. Im Jahr 2013 wurde die dritte Phase des EU-Emissionshandels eingeleitet, bevor sich die internationale Staatengemeinschaft auf verbindliche

Ziele zur Reduktion der Treibhausgase geeinigt hat (ein *Trade* ohne *Cap* sozusagen). So bleibt die handelbare Menge an Verschmutzungszertifikaten groß, und bevor etwas gegen die Erderwärmung beschlossen ist, sind ihre Ursachen schon monetarisiert.

Aber auch unabhängig vom aktuellen Ramschpreis für die Verschmutzungszertifikate werden immer wieder Probleme mit dem Emissionshandel bekannt: Grundsätzlich muss ein enormer Aufwand betrieben werden, um zu ermitteln, wie viele Tonnen CO_2 genau durch bestimmte wirtschaftliche Maßnahmen eingespart oder emittiert wurden, und trotz dieses Aufwands bleiben die diesbezüglichen Angaben höchst unsicher. Beabsichtigte und nicht-beabsichtigte Fehlinformationen sind dem System damit inhärent und kaum zu überprüfen. So ist der Emissionshandel wiederholt durch Fälle von Missbrauch und Betrug mit seinen elektronischen Zertifikaten in Verruf geraten (sogenannte Karussellgeschäfte), und in verschiedenen europäischen Ländern sind durch Hackerangriffe Zigtausende Zertifikate gestohlen worden. Striktere Sicherheitsvorkehrungen sowie die Kontrolle des Handels durch eine Kapitalmarktaufsichtsstelle, wie die ehemalige französische Wirtschaftsministerin Christine Lagarde forderte, sollen helfen, Betrug zu unterbinden. Dabei ist der Betrug in einem solchen Handelsmodell so erwartbar wie bei jeder anderen Lösung, die monetäre Anreize setzt. Mit der Einführung eines Marktes für Emissionsrechte treten eben dieselben Phänomene auf, die auch von anderen Märkten hinreichend bekannt sind – einschließlich Spekulation und Schwarzhandel. Mit Erving Goffman kann dies als »sekundäre Anpassung« bezeichnet werden: Leute beuten das System für ihre Interessen aus (Welzer 2013: 121).

Kritiker weisen zudem darauf hin, dass der Preis für Verschmutzungsrechte marktbedingt stark variieren kann und damit keinen Bezug zum durch die Emissionen verursachten Schaden aufweist (Cooper 2010). Dabei ist die Klimawirkung einer Tonne Kohlendioxid immer gleich, ob sie nun während einer Rezession oder in der Konjunktur emittiert wird (ebd.).

Da es sich bei den Makeln des europäischen Emissionshandels lediglich um die schlechte Umsetzung eines prinzipiell vernünftigen Systems handeln soll, wird vorgeschlagen, ihn auf die gesamte Welt auszuweiten (WBGU 2009). Abgesehen davon, dass für ein solches Projekt in den meisten Ländern politische Mehrheiten fehlen, bleibt eine Frage vollkommen unbeantwortet: Wieso sollte ein hochkomplexes System, das in Bezug auf Infrastruktur- und Kontrollanforderungen sehr anspruchsvoll ist und bereits in Europa versagt hat, gerade unter Einbeziehung von Ländern wie Burkina Faso, Honduras oder Pakistan – also von Ländern, die in Bezug auf ihre Governancekapazitäten weit unterhalb der europäischen Standards liegen – funktionieren?

Ein prominentes Beispiel für die Ökonomisierung des Klimawandels ist auch der sogenannte Stern Review (Stern 2007). Darin konnte der ehemalige Chefökonom der Weltbank, Lord Nicholas Stern, zeigen, dass ambitionierter Klimaschutz die Weltwirtschaft weniger teuer zu stehen kommt als eine ungebremste Erderwärmung. Kurz, dass sich Klimaschutz rechnet. Klima- und Energieökonomen dominieren auch die Arbeitsgruppe III des Weltklimarates IPCC, die Vorschläge zum Klimaschutz unterbreiten soll, sodass hier ebenfalls ökonomische Instrumente überwiegen (IPCC 2014b). Und auch der wichtigste Bestandteil des internationalen Klimaschutzregimes, das Kyoto-Protokoll, ist durch »marktbasierte Instrumente« wie den Clean Development Mechanism (CDM), geprägt. Da durch CDM vielfach Maßnahmen finanziert werden, bei denen fraglich ist, ob sie ohne die Qualität »dreckig« überhaupt erfolgt wären, ist offen, inwieweit tatsächlich Treibhausgasemissionen eingespart wurden oder lediglich virtuelle Emissionen, also »heiße Luft«. Auch hier werden die Berichte, die entweder Missbrauch aufzeigen oder grundsätzlich die Sinnhaftigkeit des »Mechanismus für eine umweltfreundliche Entwicklung« infrage stellen (Schneider 2007), meist als Schönheitsfehler eines grundsätzlich richtigen Instruments dargestellt. Auf der UN-Klimakonferenz in Bali wurde der Instrumentenkasten zur Mitigation um das Programm Reducing Emissions from Deforestation and Degradation (REDD) ergänzt, das den in den Wäldern gespeicherten Kohlenstoff mit einem monetären Wert versieht und so die Ökonomisierung des Waldschutzes vorantreibt. Sowohl der CDM als auch REDD sind Ausdruck einer »Economy of Repair«, eines Kompensationsgeschäfts, dessen Logik darin besteht, nichtnachhaltige Produktions- und Lebensweisen »hier« (in den hoch entwickelten Industriestaaten) mit nachhaltigen Praktiken »woanders« (in den marginalisierten Teilen der Weltgesellschaft) zu verrechnen. So wird es rechnerisch möglich, klimafreundlich auf die Malediven zu fliegen oder klimaneutrale Großveranstaltungen mit integriertem Massenkonsum anzubieten oder sogar ein Kohlekraftwerk zu betreiben.

Obgleich der empirische Nachweis einer Wirksamkeit der marktbasierten Instrumente im Klimaschutz noch aussteht, ist man in den vergangenen Jahren auch dazu übergangen, Inwertsetzungsstrategien auf andere Umweltschutzbereiche zu übertragen. Ein Beispiel hierfür ist die wachsende Popularität des Konzeptes der Ökosystemdienstleistungen. Wie oben ausgeführt, ist bereits die Beschreibung der für Menschen vitalen Funktionen von Ökosystemen als Dienstleistungen Ausdruck eines ökonomistischen Denkens und der erste Schritt einer Inwertsetzungsstrategie. Entsprechend der von Gómez-Baggethun und Ruiz-Pérez (2011) beschriebenen Dynamik wird in Projekten wie The Economics of

Ecosystems and Biodiversity (TEEB) nun versucht, diese Dienstleistungen mit einem Preisschild zu versehen, sprich, ihren ökonomischen Wert abzuschätzen. Dabei geht es nicht allein darum, selbst noch dem letzten *Homo oeconomicus* klarzumachen, dass der Erhalt der natürlichen Lebensgrundlagen auch wirtschaftlich ein sinnvolles Anliegen ist. Derartige Vorhaben dienen vor allem dem Ziel, Umweltgüter als Ressource der Wertschöpfung zu etablieren und auf Märkten handeln zu können.

Diese Art der »Neoliberalisierung der Umweltpolitik« – also der Versuch, über Märkte und Inwertsetzungsstrategien Klima- und Umweltschutz zu betreiben – hat in den vergangenen Jahren verstärkt Kritik auf sich gezogen.[19] Denn die Inwertsetzung von Ökosystemen und Allgemeingütern weist eine ganze Reihe von Problemen auf: Was folgt zum Beispiel daraus, wenn eine Berechnung unter veränderten Parametern zeigt, dass sich Klimaschutz oder der Erhalt von Artenvielfalt eben doch nicht rechnet (wie es beim Klimaschutz bereits geschehen ist; Nordhaus 2007)? Ist es dann nicht folgerichtig, entsprechende Bemühungen einzustellen?

Auch sozialpsychologische Untersuchungen weisen darauf hin, dass die Betonung des Eigennutzens und monetärer Vorteile sich negativ auf die Umsetzung allgemeiner Wohlfahrts- und Nachhaltigkeitsbelange auswirkt: In einer Studie mit belgischen Schülern ist einer Untersuchungsgruppe kommuniziert worden, dass Recycling und umweltfreundliches Verhalten ökonomisch sinnvoll ist und eine Möglichkeit darstellt, Geld einzusparen. Bei einer Alternativgruppe ist bei der Vermittlung umweltfreundlichen Verhaltens auf ökonomische Motive verzichtet worden, und es wurde stattdessen

---

19 Hierfür kann stellvertretend die Konferenz »Nature TM Inc. Questioning the Market Panacea in Environmental Policy and Conservation« stehen, die 2011 am Institute of Social Studies in Den Haag stattfand (Internet: http://www.iss.nl/research/conferences_and_seminars/previous_iss_conferences_and_seminars/naturetm_inc_questioning_the_market_panacea_in_environmental_policy_and_conservation/).

betont, welche positiven Effekte Recycling für die Umwelt, allgemeine Gesundheit und Gemeinschaft hat. Während die Mitglieder der ersten Gruppe relativ schnell davon abließen, vermittelte Recyclingpraktiken weiterzuverfolgen, waren die Lernerfolge bei der zweiten Gruppe signifikant größer (Vansteenkiste et al. 2004). Für aktuelle Beispiele des Klimaschutzes lassen sich die Befunde leicht übertragen: Wenn Verbraucher vor allem dadurch motiviert werden, dass Energiesparen auch ihren Geldbeutel entlastet, spricht nichts dagegen, nach erfolgter Durchführung z. B. einer Dämmmaßnahme das eingesparte Geld für andere energie- und emissionsintensive Aktivtäten – wie eine Flugreise – auszugeben.

Aus der psychologischen und verhaltensökonomischen Forschung ist bekannt, dass der *Homo oeconomicus*, der Mensch als rationaler Nutzenmaximierer, empirisch nicht antreffbar ist, sondern lediglich eine Fiktion der neoklassischen Wirtschaftslehre darstellt (Thaler/Sunstein 2009). Jedoch gilt auch hier das Theorem des Sozialpsychologen William Thomas (1928), wonach nicht entscheidend ist, was real ist, sondern was Menschen als real definieren, da dies auch reale Konsequenzen nach sich zieht. Für die diskutierten Inwertsetzungsstrategien bedeutet dies: Je mehr Bereiche des gesellschaftlichen Lebens und der außermenschlichen Natur entsprechend der Logik des *Homo oeconomicus* ausgestaltet werden, desto stärker wird es auch verhaltenssteuerndes Prinzip, und ein ehemals unterkomplexes und zudem äußerst negatives Menschenbild wird zur selbsterfüllenden Prophezeiung (Schirrmacher 2013). Aufgrund dieser Probleme der Übertragung einer ökonomischen Logik auf außerökonomische Bereiche diskutieren zivilgesellschaftliche Umwelt- und Entwicklungsorganisationen, ihre Strategien umzustellen und in ihren Öffentlichkeitskampagnen auf die ökonomische Rahmung ihrer Tätigkeitsfelder zu verzichten (Kasser 2011).

Auch aus makrotheoretischer Perspektive ist die Ökonomisierung des Klimawandels und anderer ökologischer Probleme fragwürdig. Der Wirtschaftshistoriker Karl Polanyi hat in seiner Theorie der Großen Transformation beschrieben (1973), wie eine zuvor gesellschaftlich eingebettete Marktsphäre sich mit der Herausbildung des Industriekapitalismus von kulturellen, politischen und moralischen Bezügen löste und so zur Ökonomisierung immer größerer gesellschaftlicher Bereiche führte. Aus der Marktwirtschaft wurde eine Marktgesellschaft, so Polanyis Diagnose. Im Zuge dieses Prozesses seien auch die menschliche Arbeit und die natürliche Umwelt zunehmend dem Markt überantwortet worden – mit fatalen Folgen. Denn Polanyi hält die Idee eines sich selbst regulierenden Marktes für eine »krasse Utopie«: »Eine solche Institution konnte über längere Zeiträume nicht bestehen, ohne die menschliche und natürliche Substanz der Gesellschaft zu vernichten« (ebd.: 1). Auch der Klimawandel und die anderen ökologischen Probleme resultieren zu einem nicht unerheblichen Anteil aus der Dominanz des Marktes und ungebremsten Gewinninteressen (so sieht auch Nicholas Stern im Klimawandel das größte Marktversagen der Menschheitsgeschichte). Daher ist es grundsätzlich fraglich, ob nicht-intendierten Folgewirkungen der Ökonomisierung (wie dem Klimawandel) durch eine weitere Ökonomisierung der gesellschaftlichen Naturverhältnisse begegnet werden kann. Die Kommodifizierung der Ökosysteme, also ihre Verwandlung in Waren, birgt schließlich noch ein weiteres Problem, insbesondere für marginalisierte Bevölkerungsgruppen: Wenn man etwas kaufen, halten oder verkaufen kann, was bisher keinen Preis hatte, ist Eigentum entstanden, wo es zuvor keines gab. Klebt erst einmal ein Preisschild auf einer »Ökosystemdienstleistung«, soll folgerichtig für ihre Inanspruchnahme – wie das Trinken sauberen Trinkwassers oder das Atmen frischer Luft –

gezahlt werden. Dies ist ja auch das explizite Ziel der Inwertset-
zungsstrategien zum Schutze der Natur (Gómez-Baggethun/Ruiz-
Pérez 2011). So werden, um Ökosysteme zu schützen, für bisherige
Allgemeingüter – wie z. B. sauberes Wasser – neue Nutzungs- und
Ausschlusskriterien etabliert, und dies auch für Menschen, die auf
ihre Nutzung angewiesen sind.

Der Mythos vom grünen Wachstum

Nach Norbert Elias ist es die Aufgabe von Soziologen und Wissen-
schaftlern im Allgemeinen, in ihrer Gesellschaft herrschende sozi-
ale Glaubensvorstellungen zu kritisieren und zu verwerfen, die auf
Basis systematischer Beobachtungen nicht mehr haltbar sind:
»Wissenschaftler sind mit anderen Worten Mythenjäger« (Elias
1996a: 53). Ein solcher Mythos, der heute von Politikern aller
Parteien verbreitet wird und den es folglich von kritischen Nach-
haltigkeitswissenschaftlern zu jagen gilt, ist »the myth of growth«
(Jackson 2009: 15), also die Vorstellung, dass auf einem begrenzten
Planeten unbegrenztes Wirtschaftswachstum möglich ist.

Als Reaktion auf das Zusammenfallen von Wirtschafts- und
Klimakrise wurde in den vergangenen Jahren die Idee des grünen
Wachstums (Green Growth) populär. Das Konzept ist so einfach
wie attraktiv: Durch staatliche Investitionen in Klimaschutz- und
Umwelttechnologien beziehungsweise die Förderung der entsprechenden Branchen wird ein Impuls zur Wiederbelebung der Wirtschaft gesetzt und zugleich ein Beitrag zum nachhaltigen Umbau
von Ökonomie und Gesellschaft geleistet (Sommer/Welzer 2010: 3).
Galt in der Vergangenheit – trotz zum Teil schwacher empirischer
Belege – Wirtschaftswachstum als das Patentrezept zur Lösung
von Arbeitsmarkt- und Verschuldungsproblemen, soll durch die

Ergänzung um das Attribut »grün« Wachstum nun zusätzlich zur Behebung der Klimakrise beitragen. In den Jahren 2009 und 2010 sanken die Treibhausgasemissionen in der Europäischen Union tatsächlich. Jedoch war dies nicht das Ergebnis »grüner Konjunkturpakete«, die entgegen den zahlreichen Verlautbarungen oftmals gar nicht so »grün« waren (wie das Beispiel der deutschen »Abwrackprämie« zeigt), sondern vor allem Resultat der Entwicklung, dass trotz des über Schulden finanzierten ökonomischen Stimulus in Milliardenhöhe Europas Volkswirtschaften schrumpften, das heißt »negativ wuchsen«. Denn ökonomisches Wachstum war bislang weniger die Lösung als vielmehr eine der Hauptursachen des Klimaproblems: Wirtschaftswachstum ist der wichtigste Treiber für den Anstieg der CO_2-Emissionen (Hamilton/Turton 2002; Ramanathan 2006).

Eine analoge Entwicklung ist in historischer Perspektive auch für den globalen Ausstoß an Kohlendioxid zu beobachten: Temporäre Rückgänge der Emissionen vollzogen sich bislang stets im Zusammenhang mit wirtschaftlichen Krisenerscheinungen (Abbildung 4). Zuletzt gingen infolge der Finanz- und Wirtschaftskrise im Jahr 2009 die globalen Kohlendioxidemissionen leicht zurück (– 1,4 Prozent), um im Jahr 2010 – vor allem getrieben durch die wirtschaftlichen Entwicklungen in den Entwicklungs- und Schwellenländern – stärker als je zuvor (+ 5,9 Prozent) anzusteigen (Peters et al. 2012).

Der Idee des grünen Wachstums, also die Vorstellung der Vereinbarkeit von stetigem Wirtschaftswachstum mit Umwelt- und Ressourcenschutz, liegt nun die Annahme zugrunde, dass sich die ökonomischen Aktivitäten mittelfristig vom Ressourcenverbrauch einerseits und den Emissionen andererseits entkoppeln lassen. In der Tat zeigen Untersuchungen, dass der Ausstoß von Kohlendioxid pro globaler BIP-Einheit zwischen 1991 und 2007 um 21 Pro-

Abbildung 4

CO_2-Emissionen und Kohlenstoffintensität der Wirtschaft im Zeitverlauf
(Quelle: Peters et al. 2012).

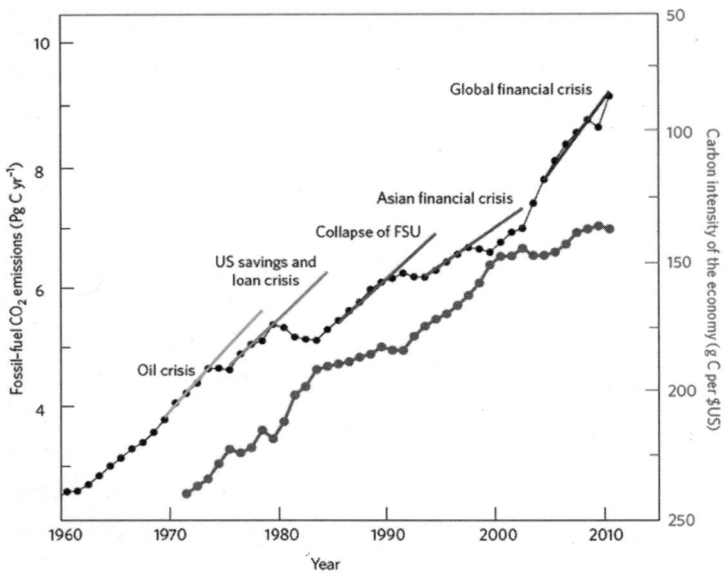

Tabelle 2

Komponenten des globalen Kohlendioxidausstoßes 1991 bis 2007
(Quelle: Fischer/Sommer 2012, 8 nach Dauderstädt 2011).

	$CO_{2\,global}$	=	CO_2/BIP	x	BIP/Kopf	x	Bevölkerung $_{global}$
Jahr	CO_2 global Mrd. t		CO_2/BIP (kg/ USD)		BIP/cap (USD)		Pop (Mio.)
1991	22,5		0,620		6.776,1		5.363,2
2000	24,7		0,514		7.880,7		6.084,9
2007	30,9		0,489		9.535,3		6.620,5
Zeitraum	Veränderung in Prozent						
1991–2000	9,5		−17,0		16,3		13,5
2000–2007	25,2		−4,9		21,0		8,8
1991–2007	37,0		−21,0		40,0		23,4

zent zurückgegangen ist (Tabelle 2).[20] Mit anderen Worten: relativ fand seit 1990 in globaler Perspektive eine Entkopplung des ökonomischen Wachstums vom CO_2-Ausstoß statt.

Tabelle 2 zeigt aber auch, dass im gleichen Zeitraum das globale durchschnittliche BIP pro Kopf um 40 Prozent und die Weltbevölkerung um über 23 Prozent gewachsen sind – mit dem Ergebnis eines Anstiegs des globalen Kohlendioxidausstoßes um insgesamt 37 Prozent. Das Wachstum der Weltwirtschaft sowie der Anstieg der Weltbevölkerung haben die Reduzierung des CO_2-Ausstoßes pro BIP-Einheit also deutlich überkompensiert – und dies in einem Zeitraum, in dem Klimaschutzbemühungen verstärkt an Bedeutung gewannen. Analoge Daten existieren auch für den Ressourcenverbrauch, der pro Einheit Bruttoinlandsprodukt seit den 1980er-Jahren ebenfalls gesunken ist, absolut – getrieben vom Wirtschafts- und Bevölkerungswachstum – aber stark anstieg (UNEP 2011). Daher kommen selbst Vertreter grüner Wachstumsstrategien wie Martin Jänicke zu dem Schluss, dass hohe Wachstumsraten mit Green Growth unvereinbar sind: »The difference in growth rates is very ecologically relevant. GDP growth of one percent leads to a doubling in 70 years. In this case, technological progress can keep up and – through appropriate policies – so too can environmental effects caused by economic growth be decoupled. At 5 percent growth, within the same time period we would witness GDP increasing by more thirtyfold. This is the death sentence of any environmental strategy« (Jänicke 2011: 15).

Konterkariert werden alle Hoffnungen auf ein »grünes Wachstum« weiter dadurch, dass sich beim Kohlendioxidausstoß der

---

20 Der Bezug auf die globale Ebene ist bei dieser Betrachtung entscheidend, da Untersuchungen, die sich ausschließlich auf OECD-Staaten beziehen, nicht zuletzt Entwicklungen aufzeigen, die das Resultat struktureller Verschiebungen sind, bei denen besonders emissionsintensive Industriezweige (wie die Stahlindustrie) in andere Teile der Welt, etwa China, verlagert worden sind.

Entkoppelungstrend in den vergangenen Jahren wieder abge-schwächt und zuletzt sogar umgekehrt hat. Abbildung 4 zeigt die Entwicklungen der CO_2-Emissionen aus der Verbrennung fossiler Energieträger sowie der Kohlenstoffintensität der globalen Wirt-schaftsleistung (gemessen in Gramm pro US-Dollar) seit 1960. Während die Kohlenstoffintensität des Wirtschaftens zwischen 1980 und 2000 jährlich noch um ca. 1,4 Prozent zurückging, lag sie seit 2000 nur noch bei 0,9 Prozent. Für das Jahr 2010 war sogar wieder eine Zunahme der Kohlendioxidintensität pro glo-baler BIP-Einheit zu messen: So hat im Jahr 2010 der prozentu-ale Anstieg der Treibhausgasemissionen (5,9 Prozent) den An-stieg des Wachstums (5 Prozent) noch übertroffen (Peters et al. 2012).[21] Stagniert aber selbst die relative Entkoppelung bezie-hungsweise ist sie – wie zuletzt bei den CO_2-Emissionen – wie-der rückläufig, so muss man sich vergegenwärtigen, dass selbst bei einem »Null-Wachstum«, in einer sogenannten *steady state economy*, die mit den Produktions- und Konsumptionsprozessen verbundenen Ressourcenverbräuche, Emissionen und sonstigen Abfälle sich jedes Jahr wiederholen und somit in der Summe wei-ter anwachsen.

Aber nicht nur empirisch steht der Nachweis, dass Green Growth möglich ist, noch aus. Auch theoretisch ist die Annah-me, dass unendliche Akkumulation auf einem endlichen Planeten funktionieren kann, nicht gerade plausibel. Denn die zugrunde liegende Idee – Senkung des Ressourcen- und Energieverbrauchs durch Steigerung der Effizienz – ist keine neue und schon gar keine »grüne« (Welzer 2013: 110 f.). Im Gegenteil, permanente Steige-rung von Ressourceneffizienz gehört zum Wesen des Kapitalis-

---

21 Zum Vergleich: Nach Berechnungen von Tim Jackson (2009) muss die Kohlenstoffintensität der Wirtschaft jährlich um 7 Prozent sinken, um die CO_2-Konzentration in der Atmosphäre bei 450 ppm zu stabilisieren, was für die Einhaltung des 2-Grad-Ziels erforderlich wäre.

mus. Anders wären die Produktivitätssteigerungen und damit die Wachstumsraten der vergangenen 200 Jahre nicht möglich gewesen. Nur leider ist die Steigerung der Effizienz unter kapitalistischen Bedingungen kein Nullsummenspiel, in dem man dieselbe Menge von Gütern mit geringerem Aufwand in kürzerer Zeit herstellt und das Eingesparte im Boden lässt (ebd.). Effizienzgewinne werden sofort in Mehrproduktion umgesetzt. Wäre das nicht so, gäbe es weder Produktivitätsfortschritt noch Wirtschaftswachstum. Dies ist die schlichte Begründung dafür, dass das Wirtschaftswachstum unter den real existierenden ökonomischen Bedingungen keine absolute Entkoppelung zulässt. Eine relative Entkoppelung gibt es dagegen von jeher.

Die Überkompensationen von Effizienzgewinnen durch Steigerungsraten sind daher auch nicht allein in Handlungsfeldern zu beobachten, die für ökologische Nachhaltigkeit relevant sind, sondern für zeitgenössische Gesellschaften insgesamt charakteristisch. Hartmut Rosa beschreibt die moderne Gesellschaft als »Beschleunigungsgesellschaft«, in der »die durchschnittliche Wachstumsrate (definiert als Steigerung der Gesamtmenge des Produzierten, des Kommunizierten und der Kommunikation, der zurückgelegten Wegstrecken etc.) über der durchschnittlichen Beschleunigungsrate liegt« (Rosa 2005: 120). Dies ist nach Rosa auch die Ursache dafür, dass die Angehörigen zeitgenössischer Gesellschaften trotz aller technischer Beschleunigung (z. B. des Transports oder der Kommunikation) permanent unter »Zeitknappheit« beziehungsweise »Zeitnot« leiden. Ein augenfälliges Beispiel hierfür, das auch Rosa anführt (ebd. 119 f.), ist die Kommunikation per E-Mail: Das Schreiben und Absenden einer E-Mail mag nur halb so viel Zeit in Anspruch nehmen (oder noch weniger) wie ein herkömmlicher Brief. Wenn jedoch die Menge der versendeten E-Mails die Menge der vor ihrer Einführung geschriebenen

Briefe deutlich übersteigt, so ergibt sich für die Verfasser ein erheblich größerer zeitlicher Aufwand als zuvor.

In der Energie- und Nachhaltigkeitsforschung wird das Phänomen, dass Effizienzsteigerungen nicht zwangsläufig zur faktischen Reduktion des Energieverbrauchs führen, als »Reboundeffekt« bezeichnet (Frondel 2012; Paech 2012). Zum einen ist zu beobachten, dass technische Geräte – beispielsweise Kühlschränke, Fernsehgeräte oder Fahrzeuge – zwar effizienter, aber zugleich vielfach auch größer und/oder mehr genutzt werden und somit genauso viel oder gar mehr Energie verbraucht wird als bei der Nutzung ihrer weniger effizienten Vorgängermodelle. Wie von Rosa beschrieben, übersteigen auch hier Wachstums- und Steigerungsgeschwindigkeit die Effizienzgewinne. Zum anderen wird das durch die Verwendung effizienterer Technologien eingesparte Geld von Verbrauchern vielfach für andere, zum Teil noch energieintensivere Aktivitäten verwendet (Druckman et al. 2011; Hubacek/Guan 2011). Dies ist beispielsweise der Fall, wenn die Rückzahlung der Heizkosten, die das Resultat einer energetischen Haussanierung ist, zur Buchung eines Billigflugs genutzt wird.

Auch für den Energieverbrauch ist diese Erkenntnis alles andere als neu. So stellte bereits 1865 vor dem Hintergrund des Anstiegs des Kohleverbrauchs *nach* der Einführung effizienterer Dampfmaschinen der liberale britische Ökonom William Stanley Jevons fest: »It is a confusion of ideas to suppose that the economical use of fuel is equivalent to diminished consumption. The very contrary is the truth« (Jevons 1896: VII.3). Seither wird in der Ökonomie die Beobachtung, dass technologischer Fortschritt, der die effizientere Nutzung eines Rohstoffes ermöglicht, letztlich zu einem erhöhten Verbrauch führt, auch als »Jevons' Paradox« bezeichnet.

Ist aber im globalen Maßstab eine absolute Entkoppelung der wirtschaftlichen Aktivitäten vom Naturverbrauch weder empirisch beobachtbar noch theoretisch plausibel, stellt sich die Frage, wie das Festhalten am Wachstumsparadigma – nicht nur in der Mainstreamökonomie, sondern auch in den Diskursen zur nachhaltigen Entwicklung – zu erklären ist.[22] Ein häufig vorgebrachtes Argument, gerade von Akteuren der Entwicklungspolitik und Repräsentanten der Entwicklungs- und Schwellenländer, lautet, dass Wirtschaftswachstum zur Beseitigung von Armut und Hunger notwendig ist. Es steht außer Frage, dass ärmere Länder ein Recht darauf haben, eine *Dignity Line* an Ressourcennutzung zu erreichen, also ein Niveau, das ein menschenwürdiges Auskommen für ihre Gesellschaftsmitglieder erlaubt (Sachs 2007: 112). Jedoch macht das Paradigma des Wachstums nur so lange Sinn, wie nicht genügend Produktivkraft entwickelt ist, um existenzielle Not global zu beseitigen. Heute, nach einer gigantischen Produktivitätssteigerung in der Landwirtschaft, gibt es keinen Grund dafür, dass Menschen aufgrund von Nahrungsmittelmangel verhungern. Dass trotzdem etwa eine Milliarde Menschen keine ausreichende Ernährung hat beziehungsweise in absoluter Armut lebt (Collier 2007), zeigt, dass hier kein Mangel-, sondern ein Verteilungsproblem vorliegt. Ein weiteres Argument der Vertreter grüner wie farbloser Wachstumsstrategien lautet, dass ohne eine stetige Steigerung der Wirtschaftsleistung soziale und politische Instabilität drohte (Sommer/Welzer 2010: 4). Ökonomisches Wachstum – so lautet die Argumentation – erlaubt die Absorption der Arbeitskräfte, die durch die für den Kapitalismus typischen Produktivitätssteigerun-

---

22 In der vom Umfang und Inhalt eher dünnen Abschlusserklärung »The future we want« des UN-Gipfels für Nachhaltige Entwicklung 2012 in Rio de Janeiro (des sog. Rio+20-Gipfels) taucht in verschiedenen Variationen insgesamt 23-mal die Formulierung »nachhaltiges wirtschaftliches Wachstum« [im Original: »sustained economic growth«] auf (UN 2012).

gen »freigesetzt« werden. So wird davon ausgegangen, dass eine Volkswirtschaft wie die amerikanische eine jährliche Steigerung der Wirtschaftskraft von 3 bis 5 Prozent benötigt, damit es nicht zu einem Anstieg der Arbeitslosigkeit kommt. Abgesehen davon, dass in der Vergangenheit häufiger zu beobachtende Phänomene wie *Jobless Growth* die Richtigkeit dieser Annahme infrage stellen, gerät vollkommen aus dem Blickfeld, dass sich durch eine Veränderung der sozialen Logik – wie der Einführung neuer Arbeitszeitmodelle – ebenfalls Personen in den Arbeitsmarkt (re-)integrieren ließen (ebd.). Das setzt aber konfliktreiche Auseinandersetzungen um unterschiedliche Aspekte der Arbeitszeit voraus. Wird jedoch jährlich der Kuchen wirtschaftlichen Wohlstands größer, so können diese Konflikte vermieden und trotzdem größere Stücke umverteilt werden.[23] Da die hierdurch negativ betroffenen Gruppen – wie zukünftige Generationen oder die Armen im wohlhabenden Norden ebenso wie im globalen Süden – an dieser Auseinandersetzung nicht teilhaben, ist Wachstum in den frühindustrialisierten Gegenwartsgesellschaften eine verheißungsvolle und vor allem durchsetzbare Option.

In Ökonomien unseres Typs kann ausbleibendes Wachstum in der Tat bedeuten, dass Unternehmen um ihr Überleben kämpfen, Arbeitnehmerinnen und Arbeitnehmer ihren Job verlieren und die Verteilungsspielräume des Staates dramatisch schrumpfen. In zahlreichen Staaten Europas war diese Entwicklung – einschließlich von Begleiterscheinungen wie dem Erstarken rechtspopulistischer Kräfte – zu beobachten. Daraus jedoch den Schluss zu ziehen, Wachstum sei als Politik- und Unternehmensziel nicht zu

---

23 Ulrich Brand hat im Vorfeld der DeGrowth-Konferenz 2014 in Leipzig darauf hingewiesen, dass eine sozialökologische Transformation eben nicht allein erfordere, »den Kuchen anders zu verteilen. Vielmehr muss dieser Kuchen auch anders gebacken und in den Industriestaaten außerdem deutlich kleiner werden: weniger Autos, weniger Flugverkehr und Fleischkonsum sowie eine Umkehr von der hochindustrialisierten zu einer nachhaltigen Landwirtschaft« (Brand 2014a).

hinterfragen, erscheint äußerst kurzsichtig. Denn die »stabilisierende Funktion«, die dem Wachstum vielfach zugeschrieben wird, ist heute keineswegs so eindeutig, wie sie auf den ersten Blick scheint. So ist längst unklar geworden, worauf das BIP-Wachstum in den reichen Ländern beziehungsweise großen Volkwirtschaften beruht: Waren in den ersten Jahrzehnten nach dem Krieg die sagenhaften Wachstumsraten der Wiederaufbaujahre und die so ermöglichten Verteilungsspielräume vor allem das erfolgreiche Rezept sozialer Befriedung und des Traums immerwährender Prosperität und stetigen Fortschritts, erforderten die Wirtschaftskrisen der Siebzigerjahre andere Wege, um die Akzeptanz des Kapitalismus einigermaßen zu erhalten: erst durch inflationäre Geldpolitik, dann durch extrem steigende Schulden der öffentlichen Hände, später durch Deregulierung der Finanzmärkte sowie die Stimulierung privater Verschuldung. So hat es Wolfgang Streeck unlängst rekonstruiert (Streeck 2013). Wirtschaftswachstum wird also unter anderem durch die Staatsquote künstlich generiert und zudem auch durch unproduktive Sektoren wie die Finanzbranche optisch erhöht. Dem Wachstum in diesem Bereich ist ja schon lange keine realwirtschaftliche Schaffung von Gütern und Dienstleistungen mehr unterlegt, sodass das Wirtschaftswachstum in den reichen Ländern lediglich noch dem Zylinder eines Zauberkünstlers gleicht, aus dem keine Kaninchen mehr kommen. Dass die Politik gleichwohl unisono rituell das Mantra des »Wachstums« predigt, ist jedoch mehr als ein Ausdruck kompletter Fantasielosigkeit. Das wäre an sich nur kurios, aber wir erinnern daran, dass auf dieser Bühne die Generationenungerechtigkeit kontinuierlich gewachsen ist, weil monetäre und ökologische Kredite an die Generation der heutigen Jugendlichen und jungen Erwachsenen weitergereicht werden. Auch die soziale Ungleichheit ist mit ihren Begleiterscheinungen wie erhöhtem Leistungsdruck, Einschränkungen des Arbeitnehmerschutzes und prekärer Beschäftigung größer geworden, wobei sich die EU als normative Musterwelt von Aufgeklärtheit und Gerechtigkeit in einigen ihrer Mitgliedsländer Jugendarbeitslosigkeitsquoten von 50 Prozent leistet. Kurzum, das Festhalten am Wachstum ist längst selbst zum destabilisierenden Faktor geworden.

Lässt sich über die Rolle des Wachstums bei der Armutsbekämpfung sowie als Garant politischer Stabilität noch wissenschaftlich streiten, so ist ein anderer Punkt in der Forschung eindeutig: Für das subjektive Wohlbefinden beziehungsweise das Glücksempfinden der Menschen spielt die wirtschaftliche Leistungskraft nur eine untergeordnete Rolle. So haben psychologische Studien in den USA gezeigt, dass das individuelle Glücksempfinden im Vergleich zu den 1950er-Jahren nicht angestiegen ist, obgleich die Wirtschaftsleistung des Landes sowie die individuellen Durchschnittseinkommen stark zugenommen haben (Easterlin 1974). Ab der Gewährleistung eines bestimmten materiellen Versorgungsniveaus – so die sogenannte Glücksforschung – erhöht ein steigendes Einkommen nicht mehr das persönliche Wohlbefinden (Stiglitz et al. 2009).

Die magische Qualität, die »Wachstum« heute im politischen Diskurs zukommt, findet im Begriff des Green Growth seine bislang höchste Vollendung, soll hier doch ein unbegrenztes, stetiges Wirtschaftswachstum bei gleichzeitiger Schonung der natürlichen Umwelt und Ressourcen möglich sein. Sachliche Belege dafür, dass diese Annahme realitätsangemessen ist, gibt es nicht. So zeigt die Fokussierung auf das »grüne Wachstum« eindrücklich, wie schwer es den Gesellschaften der Industriemoderne fällt, von seit Jahrzehnten vorherrschenden (Fioramonti 2013), aber anachronistisch gewordenen Glaubensvorstellungen Abschied zu nehmen.

5 Verflechtungszusammenhänge – Zur Eigendynamik gesellschaftlicher Entwicklungen

Bevor auf die Möglichkeiten eines Transformationsdesigns eingegangen werden soll, das den Pfadwechsel von einem expansiven Wirtschafts- und Kulturmodell zu einem reduktiven befördert, sollen noch einmal gesondert sozialwissenschaftliche Theorien zur Gestaltung gesellschaftlicher Veränderungsprozesse befragt werden. Denn Fragen des sozialen Wandels – auch dies bleibt in der gegenwärtigen Transformationsdiskussion im Nachhaltigkeitskontext weitgehend unberücksichtigt – haben in der soziologischen Reflexion eine lange Geschichte. Dazu zählen: Was sind die Triebkräfte gesellschaftlicher Entwicklung? Welche Rolle spielen einzelne Akteure beim gesellschaftlichen Wandel? Welche Bedeutung kommt Konflikten zu? Ist sozialer Wandel der gesellschaftliche Normalzustand oder eher als Ausnahme zu begreifen? Welche Möglichkeiten haben Menschen, gestaltend auf gesellschaftliche Entwicklungen einzuwirken? Und: Mit welchen nicht-beabsichtigten Folgen ist dabei zu rechnen?

Bei der Gestaltung gesellschaftlicher Veränderungsprozesse stellen sich grundsätzlich verschiedene Probleme. Bereits die Urväter der Soziologie wie Auguste Comte oder Herbert Spencer, aber auch Sozialwissenschaftler wie Norbert Elias (1996) oder Karl Popper (2011) haben sich mit den (Un-)Möglichkeiten der Steuerung der gesellschaftlichen Entwicklung beschäftigt. Gesellschaftliche Entwicklung hat immer eine Eigendynamik – und dies umso mehr, je größer die Anzahl der Menschen ist, die in den hocharbeits- und funktionsteiligen Entwicklungsprozess eingebunden sind. Versuche, auf gesellschaftliche Entwicklung Einfluss zu nehmen, führen daher regelmäßig zu unerwarteten und nicht beabsichtigten Folgen. Zudem zeichnet sich jede menschliche und gesellschaftliche Praxis durch eine gewisse Habitualisierung und damit Trägheit aus, und natürlich stehen Transformationen nicht selten mächtige Interessengruppen entgegen. Dies bedeutet: Selbst wenn klar wäre, welche konkreten Veränderungsschritte in Richtung Nachhaltigkeit vorzunehmen sind (was es in vielen Bereichen nicht ist), ließen sich diese aufgrund der gesellschaftlichen Eigendynamik und Veränderungsresistenz nicht ohne Weiteres umsetzen.

Aber zu den verschiedenen Punkten im Einzelnen:

Eigenlogik und Ungleichzeitigkeiten gesellschaftlicher Entwicklungen

Grundsätzlich ist die Möglichkeit der gesellschaftlichen Veränderung bereits in der biologischen Konstitution der Menschen angelegt: Während sich die Struktur von Populationen, die nichtmenschliche Lebewesen miteinander bilden, nur ändert, wenn sich auch die biologische Struktur dieser Lebewesen ändert (Evolution), können sich menschliche Gesellschaften auch wandeln, ohne dass sich die biologische Konstitution der Gattung »Mensch« ändern würde (Elias 1996a: 115). In diesem Sinne haben Tierpopulationen auch keine Geschichte (allenfalls eine Gattungsgeschichte), während die Gesellschaften des heutigen Menschen (*Homo sapiens*) in ihrer etwa 200.000-jährigen Geschichte gewaltige Veränderungen durchlaufen haben, von denen auch in diesem Buch bereits die Rede war (siehe Kapitel 3). Vor diesem Hintergrund lässt sich sagen, dass die natürliche Wandelbarkeit die eigentliche Konstante der menschlichen Daseinsform ist (ebd.: 110). Daher ist es erstaunlich, dass es noch immer an einer umfassenden Gesellschaftstheorie der Transformation fehlt, wie Ulrich Beck jüngst feststellte (FAZ vom 15. Juni 2013), während sozialwissenschaftliche Theorien, bei denen die Reproduktion und Stabilität der gesellschaftlichen Verhältnisse im Zentrum stehen (Beispiele sind die Theorien Bourdieus, Foucaults oder Habermas'), zur Genüge vorliegen.

Eine ähnliche Diagnose hatte Norbert Elias bereits in seiner 1970 erstmals erschienenen Einführung »Was ist Soziologie?« gestellt und mit Blick auf die damals dominante Systemtheorie die Zustandsreduktion in der soziologischen Theoriebildung beklagt: »Die vorherrschenden theoretischen Hypothesen geben den Beharrungstendenzen noch den Vorrang; man neigt noch dazu es, als ›normal‹ zu betrachten, wenn eine Gesellschaft in dem einmal erreichten Zustand verharrt [...]« (Elias 1996a: 162).[24] Elias sah darin einen vergleichsweise neuen Trend in der Soziologie und vor allem einen grundsätzlichen Unterschied zu den Arbeiten der Gesellschaftstheoretiker des 19. Jahrhunderts (wie Auguste Comte, Herbert Spencer oder Karl Marx), deren gedankliche Anstrengungen sehr wohl auf Fragen des sozialen Wandels gerichtet gewesen seien. Im Unterschied zu Beck gab Elias auch gleich die Erklärung für diesen Perspektivenwechsel in der soziologischen Theoriebildung im Übergang vom 19. zum 20. Jahrhundert: Wäh-

---

24 Damit soll nicht gesagt werden, dass Probleme des gesellschaftlichen Wandels in der soziologischen Theorie keine Rolle spielten. Wie in den Eingangsbemerkungen zu diesem Kapitel ausgeführt, ist dies mitnichten der Fall. Doch erscheinen sie in den Textbüchern zumeist als ein Sonderkapitel unter dem Titel »Sozialer Wandel« und werden nicht als konstitutives Element von menschlichen Gesellschaften begriffen, denen eine immanente Ordnung innewohnt (Elias 1996a: 168).

rend das Nachdenken der Pioniere der Gesellschaftstheorie im 19. Jahrhundert um Fragen einer neuen und – aus ihrer Sicht – besseren gesellschaftlichen Ordnung kreiste (wie die klassenlose Gesellschaft bei Marx), richtete sich die Sicht prominenter Vertreter der Soziologie des 20. Jahrhunderts gerade auf die Stabilität »gesellschaftlicher Systeme«, da sie die dominante kapitalistisch-demokratische Gesellschaftsordnung implizit als wünschenswerten Endpunkt der Geschichte betrachteten (ebd.: 166 f.). Mit Blick auf die oben bereits genannten kritischen Sozialwissenschaftler (wie Bourdieu oder Foucault) ließe sich ergänzen, dass bei ihnen die Reproduktion bestehender Herrschaftsverhältnisse und sozialer Ungleichheit im Zentrum der Forschungsbemühungen stand, gerade weil sie dem herrschenden Gesellschaftssystem kritisch gegenüber eingestellt waren. Mit anderen Worten, das Nachdenken der jeweiligen sozialwissenschaftlichen Theoretiker über Fragen des sozialen Wandels war und ist stark von ihren diesbezüglichen Idealen und Wünschen geleitet (ebd.: 167).

Unabhängig davon, ob Elias' Erklärung der Zustandsfokussiertheit der soziologischen Theoriebildung im 20. Jahrhundert zutreffend ist, steht außer Frage, dass seine Zivilisationstheorie eine der wenigen soziologischen Theorien ist, die eine »Gesellschaftstheorie der Transformation« darstellt, wie Beck sie einfordert. Was können wir also von Elias über langfristige soziale Veränderungsprozesse lernen?

Die Eigendynamik gesellschaftlicher Entwicklungen veranschaulichte Norbert Elias anhand sogenannter Spiel-Modelle unterschiedlicher Komplexität (ebd.: 84 ff.). Bei einem Spielmodell mit zwei Personen sind die Beziehungsvarianten noch relativ überschaubar, und ein spielstarker Akteur hat die Möglichkeit, die Spielzüge seines unterlegenen Gegenspielers *und* den Spielverlauf insgesamt weitgehend zu bestimmen. Elias zeigt im Folgenden auf, wie sich dieses Vermögen mit zunehmender Spielerzahl und Komplexität im Spielaufbau, die durch die wachsende Spielerzahl notwendig wird, ändert. Schnell wird deutlich, dass es selbst bei einem noch relativ einfachen Spielaufbau einzelnen Spielern zusehends unmöglich wird, kraft ihrer eigenen Stärke den Spielverlauf entsprechend ihrer Ziele und Wünsche zu steuern. Ab einer bestimmten Anzahl von Spielern kommt durch die Verflechtung der individuellen Spielerzüge ein Prozess in Gang, den keiner der Spieler geplant, bestimmt oder vorausgesehen hat. Mit anderen Worten, der Spielverlauf gewinnt »eine relative Autonomie gegenüber den Plänen und Absichten der Spieler, die ihn durch ihre eigenen Handlungen hervorrufen und in Bewegung halten« (ebd.: 100).

Die Spiel-Modelle sind bewusst überschaubar gehalten, und sie werden dem Komplexitätsgrad moderner, hochdifferenzierter Gesellschaften, in denen Handlungen und Absichten von zig tausend interdependenten »Spielern« fortlaufend ineinandergreifen, in keiner Weise gerecht. Aber bereits anhand dieser vereinfachten Modelle wird deutlich, dass durch das Ineinandergreifen der Züge verschiedener Spieler Verflechtungsmechanismen und Dynamiken entstehen, die sich nicht allein aus den Zügen und Intentionen der einzelnen Spieler erklären lassen. Diese relative Autonomie der gesellschaftlichen Entwicklung gegenüber einzelnen Akteuren – so mächtig sie im Einzelnen auch sein mögen – begründet auch den Gegenstand der Soziologie und ihre relative Autonomie gegenüber anderen Wissenschaften.

Was haben diese theoretischen Erläuterungen Elias' mit Transformationdesign zu tun? Sie schärfen das Bewusstsein dafür, dass geplante Handlungen, etwa von Regierungen, unvorhergesehene, nicht beabsichtigte Folgen zeitigen können (Elias 1996a: 161). Überdies ist es ist möglich, dass Menschengruppen, die in ihrem Handeln auf Erhaltung der bestehenden gesellschaftlichen

Verhältnisse zielen, durch ihre eigenen Handlungen gerade die gesellschaftlichen Wandlungstendenzen verstärken, während andere Menschengruppen, die das Ziel des Wandels verfolgen, die Beharrungstendenzen in einer Gesellschaft verstärken (ebd.: 161). Ein Beispiel für die erste Variante wäre das Vorgehen des ehemaligen ägyptischen Machthabers Musni Mubarak im Kontext des arabischen Frühlings: Erst durch das Verbot der sozialen Medien, das die Proteste gegen die ägyptische Regierung eindämmen sollte, trug er den Widerstand auf die Straßen und beförderte den Zulauf zur Protestbewegung, da die Maßnahmen den totalitären Charakter des Regimes für viele Menschen offenbarten (Kraushaar 2012). Im Kontext der deutschen »Energiewende« hat gerade der aggressive Lobbyismus der Betreiber der Atomkraftwerke – insbesondere des Essener Energieversorgers RWE unter ihrem damaligen Vorstandschef Jürgen Großmann – für die Rückabwicklung des bereits beschlossenen »Atomausstiegs« im Jahr 2010 zu massiven Protesten geführt und so das gesellschaftliche Klima für den endgültigen Ausstieg nach der Nuklearkatastrophe von Fukushima befördert. Hegel sprach in Bezug auf solche Phänomene, bei denen die Folgen des Handelns den eigentlichen Intentionen der Handelnden zuwiderlaufen, in einer vorsoziologischen Terminologie von der »List der Vernunft«.

Trotz der hohen Kontingenz, der grundsätzlichen Offenheit gesellschaftlicher Entwicklung, von der aufgrund der oben beschriebenen Dynamik in modernen, hochkomplexen Gesellschaften grundsätzlich auszugehen ist, existieren aber auch Strukturen und Institutionen, die bis zu einem gewissen Grad für eine Pfadabhängigkeit der gesellschaftlichen Entwicklung sorgen (Beyer 2006). Solche dominanten Pfade, die durch bestehende Technologien, Infrastrukturen, Institutionen und Machtverhältnisse geprägt werden, kanalisieren oder binden den sozialen Wandel (ebd.:

22 f.).[25] So wird erklärlich, dass in Gesellschaften unseres Typs Nachhaltigkeitsprobleme vor allem in Form von Technik- und Inwertsetzungsstrategien bearbeitet werden, also exakt jene Pfade fortgesetzt werden, die aufs Engste mit der Entstehung dieser Probleme in Verbindung stehen. Auch Elias hat herausgearbeitet, dass gesellschaftliche Entwicklungen trotz aller unvorhersehbaren Koinzidenzen eine gewisse »Richtungsbeständigkeit« (Elias 1995: 248) aufweisen. Beispielsweise sind Entwicklungen wie die der Individualisierung nicht von heute auf morgen umkehrbar, und auch die ökonomische Struktur eines Landes oder seine Mobilitätsinfrastrukturen lassen sich nicht über Nacht verändern. Auch dies gilt es beim Nachdenken über die Möglichkeiten von Transformationen zur Nachhaltigkeit zu berücksichtigen.

In seinem Essay »Wandlungen der Wir-Ich-Balance« skizziert Elias (1996b) ein dreistufiges Modell des sozialen Wandels. Demnach lassen sich soziale Prozesse in eine funktionale oder strukturelle Ebene, die sich auf das Ausmaß der gesellschaftlichen Interdependenzen bezieht, eine institutionelle Ebene, die Staaten, Organisationen oder Gesetze umfasst, sowie eine habituelle Ebene, die Wir-Vorstellungen und Gewissensbildungen der jeweiligen Mitglieder einer Gesellschaft im Blick hat, unterscheiden. Zwar sind nach Elias die unterschiedlichen Dimensionen voneinander

---

25 Ein prominentes Beispiel für eine technologische Pfadabhängigkeit ist das Vorherrschen der sogenannten QWERTY-Tastatur, also der weltweit verbreiteten Standardtastatur, auf der auch dieses Buch geschrieben worden ist. Ihren Namen verdankt die Tastatur der Anordnung der Buchstaben in der ersten Buchstabenzeile (im Englischen). Für die Anordnung der Buchstaben in exakt dieser Reihenfolge sprachen bei Einführung der Tastatur weder logische noch ergonomische Gründe, sondern sie ist gewählt worden, um mechanische Blockierungen bei Typenhebel-Schreibmaschinen zu unterbinden (Beyer 2006: 16). Obgleich dieses Konstruktionsmotiv mit der technischen Entwicklung (spätestens mit der Einführung des elektronischen Keyboards) obsolet wurde und nachgewiesenerweise effektivere Anordnungsvarianten (in Bezug auf Anschlaghäufigkeit und Erreichbarkeit von Buchstaben im Zehn-Finger-System) existieren, sind bislang alle Versuche, den QWERTY-Pfad zu verlassen, gescheitert. Selbst bei Smartphones und Tabled-Computern mit Touchscreen ist noch die softwaregesteuerte Visualisierung die QWERTY-Tastatur Standard, also eine Anordnung, die für das Funktionieren mechanischer Schreibmaschinen konzipiert wurde.

abhängig, jedoch vollziehe sich sozialer Wandel nicht notwendigerweise auf allen drei Ebenen synchron (ebd.: 281). Im Gegenteil, Elias sieht in dem Hinterherhinken der institutionellen und habituellen Dimension gegenüber der Ebene der funktionalen Interdependenzen ein typisches Problem sozialer Wandlungsprozesse (ebd.: 308). Ein ähnliches Transformationsmodell, das ebenfalls davon ausgeht, dass soziale Veränderungsprozesse unterschiedlichen Zeitlogiken und Geschwindigkeiten folgen, findet sich auch bei dem französischen Wirtschaftshistoriker Fernand Braudel. Braudel beschreibt, wie sich geografische, geologische, aber auch soziale und mentale Strukturen nur sehr langsam verändern, während sich ökonomische Strukturen sowie Akteurs- und Machtkonstellationen im Rhythmus von Jahren oder wenigen Dekaden ändern können (Braudel 1958). Ungleichzeitigkeiten, die unterschiedliche Wandlungsgeschwindigkeit verschiedener Ebenen des Sozialen, finden schließlich auch aktuell im Mehrebenenmodell der sogenannten Transitionsforschung Berücksichtigung (Grin/Rotmans/Schot 2010).

Elias' Unterscheidung der drei Ebenen sozialen Wandels ist auch für das Verständnis der gegenwärtigen Klima- und Nachhaltigkeitskrise von Bedeutung (Sommer 2011). Während sich im anthropogenen Klimawandel das globale Ausmaß der gesellschaftlichen Verflechtungen manifestiert, mangelt es gegenwärtig an funktionsfähigen Institutionen, die dem Ausmaß dieser Interdependenzen entsprechen. Sind im Zusammenhang mit den Themen »Klimawandel« und »Nachhaltigkeit« zwar eine gewachsene Aufmerksamkeit und das Entstehen einer »globalen Öffentlichkeit« zu beobachten (ebd.), bleibt aber auch hier die Gewissensbildung und Wir-Identität der Staats- und Regierungschefs sowie der Wirtschaftseliten so gut wie ausschließlich auf den einzelnen Staat, nämlich den jeweils eigenen, abgestimmt. Steht der eigene

Staat aber als Wir-Bezugspunkt noch ganz im Vordergrund und besteht umgekehrt nur eine vergleichsweise geringe Identifizierung mit Menschen in anderen Weltteilen, so ist es auch nicht verwunderlich, dass sie – wie es bei den UN-Klimakonferenzen jährlich zu beobachten ist – versuchen, Lasten von der Bevölkerung ihrer Staaten fernzuhalten und sie auf andere, weniger mächtige Staaten abzuwälzen.

Interdependenzen von Sozio- und Psychogenese

Ein besonderes Augenmerk von Elias' Zivilisationstheorie galt der Interdependenz von Sozio- und Psychogenese, also der Frage, wie sich die gesellschaftlichen Strukturen in Wechselwirkung mit den Persönlichkeitsstrukturen verändern (Elias 1997a & b). Nach Elias sind die Strukturen der menschlichen Psyche und die Strukturen der menschlichen Gesellschaft Komplementärerscheinungen: Sozio- und Psychogenese sind zwei Aspekte desselben historischen Prozesses (Elias 1997b). In diesem Sinne prägen die Praktiken und Normen einer jeweiligen Gesellschaftsformation auch die Innenwelten ihrer Mitglieder – zum Kapitalismus gehören der »ökonomische Mensch« und die an ihn gekoppelte Vorstellung eines entwicklungsoffenen Subjekts, das aus sich nicht nur etwas machen kann, sondern auch muss, will es in dieser Gesellschaft bestehen. Zeitvorstellungen sind an die Synchronisierungserfordernisse transnationaler Mobilität gebunden; Leistungsideale an die kompetetiven Prinzipien internationaler Konkurrenz, Beziehungstypen an die Flexibilitätsanforderungen moderner Produktionsverhältnisse, die sich beständig verändern, und das individuelle Konsumverhalten korrespondiert mit der Dynamik von Ökonomien, die unbegrenzt wachsen sollen. Weltvorstellungen sind in einer solchen Gesellschaftsformation an Kategorien wie Entwicklung, Fortschritt, Verfügbarkeit, Grenzenlosigkeit, Fremdversorgung gebunden, die in ihr vorherrschenden Problemlösungsstrategien sind expansiv, ihre Fantasie- und Wunschproduktion ebenfalls. Kurzum, die gegenwärtige Wachstumswirtschaft sowie die spezifischen Herrschaftsverhältnisse (über Natur und Menschen), auf der sie beruht, finden auch auf der Ebene der Individualstrukturen ihren Niederschlag.

Insofern sorgen nicht nur materielle Infrastrukturen, gesellschaftliche Machtverhältnisse und Institutionen für eine gewisse Pfadabhängigkeit der gesellschaftlichen Entwicklung, sondern auch die »mentalen Infrastrukturen« (Welzer 2011) der Menschen, die zur Wachstumsgesellschaft korrespondierenden Persönlichkeitsstrukturen. Sozial-ökologische Transformationen bedeuten daher nie nur die Formierung der äußeren Bedingungen menschlicher Existenz, sondern immer auch die der psychischen Struktur der Menschen – also ihrer Wahrnehmungs- und Deutungsweisen, ihrer Selbstbilder, ihrer Emotionen, ihres Habitus. Die Transformation solcher kulturell-mentaler Formationen ist allenfalls in einem sehr schmalen Ausschnitt eine Aufgabe kognitiver Bearbeitung; da sie aus vorwiegend unbewussten Praktiken, Routinen, Gewohnheiten, Wahrnehmungsmustern etc. bestehen, muss ihre Veränderung vor allem praktisch vorgenommen werden (ebd.). Ein Verlassen des konsumistischen Pfades beim Verhalten und Empfinden kann also nicht einfach postuliert oder durch moralische Appelle eingefordert werden, sondern nur – dies lehren uns Elias' Untersuchungen zur Interdependenz von Sozio- und Psychogenese – im Zusammenhang mit der Etablierung neuer Sozialstrukturen gelingen.

Konflikte und Machtverschiebungen im Zuge von Transformationsprozessen

»Es gehört zu den erstaunlichen Eigentümlichkeiten vieler gegenwärtiger soziologischer und nicht zuletzt ökonomischer Theorien, dass sie die zentrale Rolle, die spezifische Spannungen und Konflikte im Zuge jeder Gesellschaftsentwicklung spielen, kaum beachten. [...] *Aber man schafft gesellschaftliche Spannungen und Konflikte nicht dadurch aus der Welt, dass man sie in der Theorie unterschlägt.*« (Elias 1996a: 193 [kursiv im Original]). Diese Beobachtung von Norbert Elias stammt aus seiner bereits erwähnten Einführung in die Soziologie. Er kritisierte damit die vorherrschenden sozialwissenschaftlichen Schulen seiner Zeit, die *nicht*, wie Elias in seiner eigenen Theorie, Konflikte und Machtverschiebungen als zentrales Moment gesellschaftlicher Veränderungsprozesse identifizierten. Im Kontext der aktuellen Nachhaltigkeits- und Transformationsdiskussion gewinnt diese Diagnose erneut an Aktualität: Auch hier wird das Thema in der Regel so erörtert, als ob es bei einer Nachhaltigkeitstransformation nur Gewinner gäbe, und es ist fast ausschließlich von sogenannten Win-win-Strategien die Rede. Dies gilt für die Nutzung Erneuerbarer Energie, die Energiewende insgesamt oder die bereits zitierten »Green Growth«-Strategien. Gewinner auf allen Seiten: das Klima, die Umwelt, die Investoren, die Wirtschaft als Ganzes und die zahlreichen Menschen, die von den neu geschaffenen »grünen« Jobs profitieren. Zeigen sich trotzdem Einzelne resistent, so sind sie halt noch von den Segnungen der grünen Win-win-Programme zu überzeugen beziehungsweise bei entsprechenden Maßnahmen »mitzunehmen«. Ihnen fehlt es schlicht noch an Wissen über die vielfältigen Vorteile ambitionierter Klimaschutzbemühungen und von mehr Nachhaltigkeit.

Dass dem nicht so ist und die gebetsmühlenhaft vorgetragene Betonung von »Win-win-Effekten« damit zur Ideologie wird, hat vor einiger Zeit der amerikanische Umweltaktivist Bill McKibben (2012) vorgerechnet: Um das 2-Grad-Ziel der internationalen Klimapolitik zur Vermeidung eines gefährlichen Klimawandels zu erreichen, dürfen bis zur Mitte des Jahrhunderts nicht mehr als 565 Gigatonnen Kohlendioxid in die Atmosphäre gelangen. Dem gegenüber stehen etwa 2.795 Gigatonnen CO_2, die bei der Verbrennung der *bekannten* Reserven an Kohle, Öl und Gas freigesetzt würden, für die verschiedene Ölfirmen (wie ExxonMobil oder Royal Dutch Shell) oder Länder, die wie Ölfirmen agieren (wie Kuwait oder Venezuela), sich bereits die Zugriffsrechte gesichert haben. Diese Vorkommen entsprechen heute einem Geldwert von 27 Billionen US-Dollar (ebd.). Mit anderen Worten, ambitionierter Klimaschutz, der mit dem 2-Grad-Ziel kompatibel ist, bedeutet nichts anderes, als dass diese Ölfirmen und Staaten etwa vier Fünftel ihrer Vorkommen an fossilen Brennstoffen im Boden lassen und damit auf Einnahmen – nach jetzigem Stand – von mehr als 20 Billionen US-Dollar verzichten. Kurz, für sie bedeutet der angestrebte Übergang ins postfossile Zeitalter kein »Win-win«, sondern die Vernichtung eines Großteils ihres Vermögens.

Würde mit dem Klimaschutz und der Nachhaltigkeitstransformation Ernst gemacht, sähe es ganz ähnlich für die Automobilhersteller,[26] Fluggesellschaften, Tiermast- und Schlachtereifabriken und all die anderen Branchen aus, deren aktuelles Geschäftsmodell nicht mit den Anforderungen einer zukunftsfähigen Gesellschaft in Einklang zu bringen ist – sowie für alle Menschen, die von ihnen

---

26 Dies gilt insbesondere für die Hersteller größerer Modelle, von denen sich besonders viele in Deutschland befinden. Dieser Umstand veranlasste wiederholt die »Klimakanzlerin« Angela Merkel, gegen die Festlegung strengerer CO_2-Grenzen für Autos durch die EU in Brüssel zu intervenieren (ZEIT Online, 28.06.2013).

abhängen. Und nicht nur dies: Nicht nur die Geschäftsmodelle vieler Unternehmen, sondern auch die Lebensmodelle der meisten Menschen in den frühindustrialisierten Gegenwartsgesellschaften sind nicht zukunftsfähig. Nicht mehr dank Niedrigpreise in den Süden fliegen zu können oder auch den Konsum von Fleisch- und Milchprodukten auf ein nachhaltiges Maß einzuschränken empfinden viele Menschen nicht als Gewinn; dies setzt ihre Bereitschaft zur Selbst-Deprivilegierung voraus. Um auf Elias zurückzukommen: Derartige Spannungen und Zielkonflikte schafft man nicht einfach dadurch aus der Welt, dass man sie in der Nachhaltigkeits- und Transformationsdebatte unterschlägt. Im Gegenteil: Spannungen und Konflikte zwischen Gruppen, deren Positionen sich entfunktionalisieren (wie beispielsweise bei Mineralölkonzernen), und anderen, die Positionen mit neuen Funktionen besetzen (wie Bürgerenergiegenossenschaften), bilden das Kernstück einer Transformation im Sinne des Wechsels von einem expansiven zu einem reduktiven Entwicklungspfad.

6 Transformationsdesign – Gestaltung von Reduktion

Wie lässt sich eine Kultur des »Weniger« gestalten?

Bei manufactum, aber auch bei Gardena gibt es noch sogenannte handbetriebene Spindelrasenmäher, die besonders für kleinere Rasenflächen bis ca. 500 Quadratmeter gut geeignet sind. Das manufactum-Modell kommt aus Amerika und wird seit ungefähr 100 Jahren weitgehend unverändert produziert. Es kostet knapp 200 Euro und geht nie kaputt, weil an ihm nichts kaputtgehen kann. An notwendigem Service ist alle paar Jahre ein Schleifen der Messer erforderlich, sonst nichts.

In deutschen Gärten und Vorgärten ist so ein Rasenmäher heute ein exotisches Gerät. Selbst in Reihenhaussiedlungen mit handtuchgroßen Rasenflächen wird elektrisch oder mit Benzinmotor gemäht, und in der Regel hat jeder Gartenbesitzer seinen eigenen Rasenmäher dafür. Zeitersparnis bringt das keine; die zu mähende Fläche bleibt ja dieselbe, die Benzinmäher erfordern Treibstoff und Wartung, elektrischen Strom und sorgfältigen Umgang mit dem Kabel. Aufwendige Reinigungen erfordern beide. Die Mäher selbst brauchen mehr Platz zum Abstellen, und ihre Lebensdauer ist, besonders im Vergleich zum unzerstörbaren Spindelmäher, vergleichsweise begrenzt. Zudem produzieren sie erheblichen Lärm und natürlich CO_2-Emissionen. Schließlich: Dem Rasen bekommt die Rasur mit dem Spindelmäher besser, da der Schnitt anders und pflanzenschonender erfolgt. Kurz: Alles, was nach dem Spindelmäher erfunden und auf den Markt gebracht wurde, bringt für den durchschnittlichen Klein- oder Vorgartenbesitzer nur Nachteile. Gleichwohl ist der Marktanteil der handbetriebenen Mäher verschwindend gering, die Leute kaufen lieber die, die ihnen jede Menge Nachteile einbringen.

Wenn man im eigenen Garten mit dem Spindelmäher arbeitet, erlebt man denn auch regelmäßig den Tom-Sawyer-Effekt. Interessierte Nachbarn stehen am Gartenzaun und fragen spöttisch, was das denn sei – so was habe man ja schon lange nicht mehr gesehen. Die Antworten kann man beliebig variieren: von »der ist emissionsfrei« über »der macht keinen Lärm« bis hin zu »ist jetzt das Neueste, mäht besser als die elektrischen« ist alles geeignet, um die nachbarliche Neugier weiter zu steigern. Von da ist es nicht mehr weit bis zu der Frage: »Darf ich mal probieren?« – und schon sehen Sie den Nachbarn Ihren Rasen mähen. Mit dem Spindelmäher.

Was zeigt dieses Beispiel an Grundsätzlichem in Sachen Transformationsdesign? Dass der Mitteleinsatz zunächst von der Antwort auf die Frage abhängt, welches Ziel man erreichen möchte. Das ist im Rasenmäher-Beispiel leicht zu beantworten: Ziel ist ein schonend gemähter Rasen. Das Erreichen dieses Ziels lässt sich mit einer einmaligen Investition, einem Materialeinsatz von zehn Kilo Metall und Kunststoff und einem überschaubaren Körpereinsatz dauerhaft sicherstellen. Vom leichten körperlichen Ertüchtigungseffekt haben wir dabei noch gar nicht gesprochen. Aber auch in anderen Fällen würde die Antwort ähnlich einfach ausfallen. Wenn beispielsweise eine Raumüberwindung, sagen wir, von Berlin nach

Essen ansteht, dann kann man sich in einen Zug der Deutschen Bahn setzen und das Ziel in etwa dreieinhalb Stunden erreichen. Man kann aber auch fliegen, was weniger als eine Stunde reine Flugzeit erfordert. Leider befindet sich der Flughafen aber in Düsseldorf, was einen Transfer nach Essen erfordert. Auch in Berlin ist der Flughafen nicht so einfach zu erreichen wie einer der drei Bahnhöfe, was zusätzliche Zeit und Aufwand erfordert. In der Regel benutzen die Fluggäste ein privates Auto, einen Mietwagen oder ein Taxi, um die Transfers sicherzustellen. So schafft niemand, die Wartezeiten, Sicherheitskontrollen, Ein- und Aussteigezeiten etc. eingerechnet, eine kürzere Reisezeit als dreieinhalb Stunden für diese Strecke. Trotzdem verzeichnen die Fluggesellschaften seit Jahren steigende Passagierzahlen, die Leute bevorzugen also die schlechtere und vor allem ökologisch hochproblematische Mobilitätsform. Warum?

Weil sie vergessen haben zu fragen, für welche Aufgabe ihre Konsumentscheidung eine Lösung sein soll. Dass sie das vergessen, ist wiederum einfach zu erklären: Weil moderne Infrastrukturen immer schon Lösungen für Aufgaben konventioneller Art bereitstellen. Das komplette Universum der Konsum- und Mobilitätsangebote bildet ein stets verfügbares Archiv von Antworten auf Fragen der unterschiedlichsten Art – was man essen, wie man sich kleiden, wie man sich bewegen, was man sehen soll. In dieser Dauerverfügbarkeit voreingestellter Antworten geraten, wie in den beiden Beispielen, die Fragen, die man hatte, völlig in den Hintergrund. Man befindet sich, anders gesagt, chronisch in einem Universum von Antworten, ohne dass man noch wüsste oder sich erinnern könnte, was eigentlich die zugehörige Frage gewesen ist. Das ist es, was konventionelles Design leistet: permanent neue Antworten auf Fragen zu geben, die nicht mehr eigens formuliert zu werden brauchen.

Transformationsdesign geht demgegenüber davon aus, dass die Frage das Entscheidende ist: Welches Ziel möchte ich erreichen, was sind die dafür erforderlichen Mittel? Mögliche Antworten darauf schließen ein, dass man sogar das Ziel selbst infrage stellt: Muss man tatsächlich nach Essen? Muss der Rasen im Garten so kurz sein wie das Grün in Wimbledon oder auf dem Golfplatz? Transformationsdesign setzt also nicht bei der Lösung an, sondern bei der Definition der Frage, die in der Praxis auftaucht. So könnte die Antwort auf die Frage nach der bestmöglichen gestalterischen Lösung für eine Platzgestaltung sein: Man lässt ihn, wie er ist. Oder die Antwort auf die Frage nach der bestmöglichen Reiseverbindung: zu Hause bleiben. Transformationsdesign ist also zunächst nichts anderes als die Anwendung von moralischer Fantasie und moralischer Intelligenz (Welzer 2013: 290 f.) und muss sich keineswegs in eine Form von Produktion und Produkt übersetzen. Sein Ergebnis kann im Handeln oder auch im Nicht-Handeln bestehen. Soziale und individuelle Prozesse von möglichen Frage- und Antwortstellungen gehen dem jeweiligen Ergebnis immer voraus. Im konventionellen Design ist die Reihenfolge genau umgekehrt: Das Ergebnis ist auf alle Fälle ein Produkt, die Frage bleibt lediglich, wie ich es gestalte. In diesem Sinn ist konventionelles Design moralisch und sozial obdachlos, weshalb es auch nicht problematisiert, dass es in der Regel mit einer Aufwandserhöhung einhergeht. Transformationsdesign strebt dagegen nach dem kleinstmöglichen Aufwand. Dieser kann auch bei null liegen.

Transformationsdesign setzt nicht bei Produkten an, sondern bei der kulturellen Produktion und Reproduktion

Transformationsdesign umfasst nach unserer Definition also anderes als nur das Design von Artefakten – seien es Produkte, Mobilitätsinfrastrukturen, Häuser, Städte usw. Es betrifft die Veränderung kultureller Praktiken *des Gebrauchs* von Energie, Stoffen und Produkten und damit auch soziale Kategorien wie Kommunikation, Handel, Konsum, Versorgung. Vor diesem Hintergrund beschäftigt sich Transformationsdesign auch mit der Geschichte solcher Praktiken, denn ihre kulturelle Genese beschreibt zugleich die Potenziale ihrer Veränderbarkeit. Was historisch entstanden ist, bildet zwar die Faktizität der gegenwärtigen Infrastrukturen und Handlungsbedingungen, die kann aber – im weit größeren Maße als die naturalen Rahmenbedingungen – ihrerseits verändert werden.

Dabei ist allerdings als Komplikation in Rechnung zu stellen, dass die klassische Trennung zwischen einer kulturellen und einer naturalen Dimension von menschlichen Überlebensbedingungen heute kaum mehr aufrechterhalten werden kann. Bildete diese Trennung noch bis zum Ende des 20. Jahrhunderts die Basis für eine systematische Unterscheidung von Natur- und Kulturwissenschaften, werden solche Unterscheidungen im Zeitalter des »Anthropozän« (Paul Crutzen), da menschliche Wirkkräfte geologische Dimension angenommen haben, unscharf (Leinfelder et al. 2012). Die Naturverhältnisse sind Kulturverhältnisse geworden; die Schaffung einer ko-evolutionären Entwicklungsumwelt für Menschen bezieht sich nicht mehr ausschließlich auf die symbolischen Formen und kulturellen Praktiken, sondern zunehmend auf das, was einmal die naturalen Entwicklungsumgebungen menschlicher Überlebensgemeinschaften waren. Natur ist nicht mehr Natur, wenn ihre systemischen Abläufe und Funktionen durch menschliche Einwirkung verändert werden. Anthropogener Klimawandel etwa ist eine kulturelle Transformation naturaler Existenzvoraussetzungen, eine, die nicht beabsichtigt war, aber ungeheuer folgenreich ist.

Da sich Gesellschaften unseres Typs unter diesen Voraussetzungen unausweichlich verändern werden, versteht sich Transformationsdesign auch als Resilienzforschung und Resilienzgenerator – als Mittel zur Wiederherstellung und Aufrechterhaltung von Widerstandsfähigkeit. Denn Kulturen der Fremdversorgung tendieren zu einer immer weitergehenden Verlagerung von Entscheidungen in technische Abläufe. Spurhalteassistent, Abstandsradar und Regensensor heutiger Automobile sind Ausdruck solcher Verlagerungen; sie entlasten von Entscheidungsdruck, aber auch von Verantwortung und machen Gesellschaften wie Individuen verwundbar – nämlich ab dem Augenblick, in dem die sorgende Technik ausfällt. Kulturen der Fremdversorgung bedürfen unter allen Bedingungen funktionierender Infrastrukturen; fallen Teile davon – infolge von technischen Unfällen, Erdbeben, Extremwetterereignissen, Gewalteinwirkungen – aus, geraten solche Kulturen extrem schnell an die Grenzen ihrer Bewältigungskapazitäten. Sie sind nicht nur verletzlicher als Kulturen mit geringerer Fremd- und höherer Eigenversorgung, ihre Mitglieder sind auch weniger resilient, d. h., sie haben geringere Kompetenzen im Wiederherstellen zerstörter Strukturen, in der Nahrungsbeschaffung, in der Gefahrenabwehr und so weiter.

Der Hurrikan Sandy vom Winter 2012 hat gezeigt, dass schon ein längerer Stromausfall in der Skyscraper-Struktur New Yorker Quartiere zu ganz erheblichen Beeinträchtigungen führt: In den 30. Stock zu laufen, stellte für die meisten Bewohner eine ebenso überraschende wie mühselige Notwendigkeit dar – für ältere kann sich ein tagelanger Ausfall von Kühl- oder Heizgeräten und Fahrstühlen schnell zu einer lebensbedrohlichen Lage entwickeln. Durch die enorme Ausweitung von Interdependenzketten sind zeitgenössische Gesellschaften zusätzlich störanfällig geworden. So gelten etwa Verkehrs- und Energieinfrastrukturen als »kritische Infrastrukturen«, da zahlreiche weitere gesellschaftliche Funktionen von ihnen abhängen. Eine Störung an einem Punkt dieses Abhängigkeitsgeflechts vibriert dann durch das gesamte System (Schad/Sommer/Wessels 2013: 144 f.).

Kulturen der Fremdversorgung realisieren Bedürfnisbefriedigung aller Art durch Konsumangebote, und daher tendieren sie dazu, die Menge der angebotenen und gekauften Artikel durch die Schaffung immer neuer Bedürfnisse beständig auszuweiten. Das erhöht nicht nur den Material- und Energieverbrauch wie die Müllberge, sondern verringert zugleich die Resilienz – die Produkte gewinnen Herrschaft über ihre Nutzer. Umgekehrt wird ein nachhaltiges Design nicht nur die erforderlichen Material- und Energiemengen verringern, sondern zugleich die Autonomie der Menschen vergrößern. Transformationsdesign wächst damit eine zivilisatorische Aufgabe, ganz im Sinn der klassischen Aufklärung, zu: Es dient der Ermöglichung von Mündigkeit. Man könnte auch sagen: Es ist emanzipatives Design.

Transformationsdesign als Einübung des Weglassens

Transformationsdesign ist reduktives Design. Die Gestaltung einer zukunftsfähigen, reduktiven Moderne ist, wie gesagt, zunächst keine designerische Aufgabe, die sich an die Neu- oder Umgestaltung von Produkten, Häusern, Städten etc. richtet. Die Entwicklung eines Transformationsdesigns ist eine soziale und kulturelle Aufgabe und besteht in übergeordneter Perspektive zunächst darin, demokratisch auszuhandeln, was gutes Leben ist und was es erfordert. Und darin, aus dieser Definition gestalterische Schlussfolgerungen zu ziehen. So wie die expansive Kultur der konsumistischen Moderne die beständige Vermehrung von Produkten und die unendliche Ausweitung der Komfortzone als ihre Definition von gutem Leben setzt und daraus die designerische Aufgabe der attraktiven Gestaltung immer neuer Produkte für immer neue Bedürfnisse annimmt, folgt aus der Definition des guten Lebens in einer reduktiven Kultur das exakte Gegenteil: die Umgestaltung des Vorhandenen, das Verschwinden des Überflüssigen, die Vermeidung von Aufwand, die Reduktion von Energie und Material.

Das setzt voraus: nicht nur andere, sondern weniger Energie. Nicht bessere, sondern weniger Produkte. Keine neuen Aufwände, sondern wiederverwenden, umnutzen, nachnutzen, mitnutzen. Die gegenwärtig debattierten Transformationsstrategien verstehen unter Transformation oft lediglich die Substitution von ökologisch oder energetisch problematischen Artefakten durch effizientere oder gar »erneuerbare«. Diese Substitutionsstrategie suggeriert, dass die Welt der Zukunft denselben Paradigmen von Wachstum und Fortschritt wie die von heute folgt, beides aber mithilfe der Technik »nachhaltig« gemacht werden kann. *Nachhaltig werden soll also nicht die soziale Praxis, sondern das Produkt, mit dem sie sich realisiert.* In einem in jeder Hinsicht auf Expansion ausgerichteten Kulturmodell bedeutet der Wechsel einer technischen Strategie aber keinen Richtungswechsel. Im Gegenteil würde, wie gesagt, die Lösung der Energiefrage im Sinn der Substitution fossiler durch sogenannte Erneuerbare Energien dazu führen, dass einem grenzenlosen Extraktivismus Tür und Tor geöffnet wird, weil es weder Grenzen der Bezahl- noch der Verfügbarkeit von Energie mehr gibt. Wie beim Zauberlehrling gerät auch jede noch so gut gemeinte Korrektur zur Verstärkung unerwünschter Effekte, weshalb Technik keine Lösung ist. Eine reduktive Moderne muss sich tatsächlich in Strategien des Weglassens einüben.

Das Design hätte demnach nicht mehr die Aufgabe, unablässig hinzukommende Dinge zu gestalten, sondern jene Dinge, die man nicht braucht, aus der Welt zu schaffen. Das hieße etwa: keine Flasche für ein neues Mineralwasser designen, sondern den Hinweis auf den nächsten Wasserhahn. An dieser Stelle kann gleich ein Beispiel für gegebene beziehungsweise nicht gegebene Resilienz angeführt werden. Bis in den Zweiten Weltkrieg hinein waren in deutschen Städten öffentliche Wasserentnahmestellen mit Handpumpen verbreitet. Sie stammten aus der Zeit, in der einzelne Wohnungen noch kaum mit eigenen Wasser- und Abwasserleitungen versehen waren. In den durch die alliierten Bomberangriffe zum Teil völlig zerstörten Städten boten diese öffentlichen Wasserpumpen eine Versorgungsinfrastruktur, die heute nicht mehr vorhanden ist. In der gänzlich ungeprüften Annahme, Notfallsituationen wie im unmittelbaren Nachkrieg kämen im 21. Jahrhundert nicht vor, verringert man die Resilienz – Menschen wären im Ernstfall nicht in der Lage, problemlos an Trinkwasser zu kommen. Man sieht hier, wie die Nutzungs- vor die Besitzfrage tritt: Öffentliche Verfügbarkeit von Gütern bietet nicht nur erhebliche Einsparmöglichkeiten von Ressourcen, sondern erhöht zugleich die Möglichkeit zur Eigenversorgung.

Nutzungsinnovationen und die Ästhetik
der Reduktion

»What's one man's box, may be another man's art.«
James Harvey

Vor vielen Jahren hatte mal eine kleine soziale Bewegung Konjunktur: das Guerilla Gardening. Man verstreute Samen auf öffentlichen Grünflächen, legte unautorisiert Beete an, erntete unerlaubt Früchte. Die gärtnerische Urheberschaft blieb unerkennbar. Guerilla Gardening sah zwar unauffällig aus und kam ohne Bekennerschreiben und Pamphlete daher, vereinigte aber gleich drei politische Strategien: Es veränderte die Ökologie, den städtischen und den sozialen Raum. Neue, unerwartete »commons« entstanden, Gemeingüter in einer Welt der privaten Aneignung, was eine ziemliche Überraschung war. Erreicht wurde das Ganze mit einer äußerst simplen Intervention: nämlich mit einer »Nutzungsinnovation«. Das ist eine Innovation, die ausschließlich auf vorhandene Strukturen baut und diese einer anderen Nutzung zuführt. Man braucht für diesen Typ von Neuerung nichts Neues; alles Nötige ist immer schon da. Auch die inzwischen weltweite Bewegung der Gemeinschaftsgärten, die temporäre Brachflächen im Stadtraum nutzt, um Nahrungsmittel anzubauen und neue nachbarschaftliche Vergemeinschaftungsformen zu ermöglichen, ist diesem Typ der Nutzungsinnovation zuzuordnen; es wird nichts Neues geschaffen, das Vorhandene wird lediglich mit einer anderen Gebrauchsform kombiniert und einer anderen oder überhaupt erstmals einer Nutzung zugeführt.

Beispiele für Nutzungsinnovationen finden sich besonders in Gesellschaften, in denen Versorgungsmängel an der Tagesordnung sind. Wenn in der ehemaligen DDR ein Trabbi-Auspuff aus Konservendosen zusammengelötet wurde oder eine Feinstrumpfhose sich in einen Keilriemen verwandelte, waren das bei oberflächlicher Betrachtung Basteleien, bei genauerer aber Nutzungsinnovationen. Wenn jemand ausrangierte Leitplanken einer Autobahn zum Teil eines Gartenzauns umfunktioniert oder aus einem Löffel ein scharfkantiges Messer schleift, hat man dasselbe: Mit geringem Ressourcenaufwand, fast nur durch Fantasie und Arbeit, wird ein Material einer neuen Nutzung zugeführt. Eine geradezu geniale Nutzungsinnovation stellt die Zusammenfügung von Dingen dar, die unterschiedlichen Zwecken dienen können – hier (S. 122) in der Kombination von Fahrrad und Spindelrasenmäher.

Aber nicht nur die prinzipiell um gesellschaftliche Fragen eher wenig besorgten Bastler unterlaufen die permanente Erhöhung von Aufwand, die die expansive Kultur kennzeichnet; auch die Kunst liefert eine Reihe von Strategien, die ganz ähnlich vorgehen. Sofort fallen einem das Readymade ein und alle in seiner Tradition stehenden Nutzungen von Alltagsgegenständen in ästhetischen Kontexten. Aber man kann auch Bezüge zu Land-art und Fluxus

Leitplanken zur Begrenzung von Weideflächen, Foto Dana Giesecke

Fahrradrasenmäher, Bau und Foto Stefan Sohnle

einerseits und zum Situationismus zeitgenössischer Spielart andererseits herstellen: Überall findet sich die Nutzung gegebener
Infrastrukturen, Gegenstände, Räume usw. zu gänzlich anderen,
unerwarteten Zwecken.

Reduktive Kunst: Das Beispiel Karin Sander

Der Designer der Verpackungen des Waschmittels »Brillo«, James
Harvey, war ein Freelancer und in seinem Herzen Künstler, ein
Maler des abstrakten Expressionismus. Man kann sich kaum vor-
stellen, welche Bestürzung ihn überfallen haben muss, als er in der
Stable Gallery von Andy Warhol in einer Ausstellung (die als die
»soap-box-show« in die Kunstgeschichte einging) seine eigenen
Brillo-Boxen gestapelt sah – von Andy Warhol, der damit ausge-

Andy Warhol, Brillo Box, 1964, © 2014 The Andy Warhol Foundation for the Visual Arts, Inc. /
Artists Rights Society (ARS), New York

rechnet die von Harvey gestalteten Boxen zur Kunst erklärte. Seine
Reaktion, so wird kolportiert, war: »Andy is running away with my
box!« – vielleicht kommt in diesem Ausruf besonders prägnant
zum Ausdruck, dass Urheberschaft und Nutzungsinnovation, man
könnte auch sagen: Zweckentfremdung, nicht immer eine harmo-
nische Verbindung eingehen.

Um zu illustrieren, was eine ästhetische Strategie von Trans-
formationsdesign sein könnte, möchten wir exemplarisch das
Werk der Künstlerin Karin Sander vorstellen, deren Arbeit nicht
nur in Reduktion besteht, sondern auch deutlich macht, dass
Reduktion zugleich Erkenntnis und Spaß erzeugen kann – gutes
Leben eben.

Karin Sanders auf den ersten Blick höchst disparates Werk
dreht sich bei genauer Betrachtung immer um eine einzige Frage:
Wie klein kann eine Zustandsveränderung sein, um etwas ganz

Anderes, ganz Neues zu schaffen? Frühe Arbeiten haben direkt die Befindlichkeit von Betrachtern im Raum verändert, indem sie diese physisch erhöhten (»Personen auf Steinsockeln« 1986; »Red Pillows« 1992) oder durch Veränderung der räumlichen Parameter (wie in »Floor« 1991 oder »Stoffraum« 1992) neue Ausgangspunkte der Betrachtung schufen, am radikalsten vielleicht in dem mehrmals täglich zur Hälfte mit Wasser bestrichenen Raum im Whitney Museum in New York (»Water« 1990).

Arbeiten dieses Typs, durch minimale Interventionen hervorgeholt, durch eine ephemere Schönheit ausgezeichnet und gleich schon wieder verschwunden, entwickelte Sander besonders in den 1990er-Jahren. Hier wurden auch die geschliffenen Wandstücke gefunden – bei der Präparierung einer Wandoberfläche für eine Bearbeitung stellte die Künstlerin fest, dass die geschliffene Wandfläche selbst schon das fertige Kunstwerk war.

Wasser, Whitney Museum New York, 1990, Foto Studio Karin Sander

Es ist nicht so einfach zu erkennen, was in etwas Gegebenem steckt; Andy Warhol hatte eine Begabung dafür, Karin Sander hat sie auch. Ihre eher zufällig entdeckten Wandstücke kommen in den unterschiedlichsten Variationen bis hin zum komplett geschliffenen Raum (»Project Gallery Polished«, 1994) vor. Sie funktionieren überall, weil sie durch ihre Spiegeleigenschaften direkt mit dem umgebenden Raum in Kommunikation treten und sich auf die sie umgebenden Objekte oder räumlichen Gegebenheiten beziehen. Und sie entfalten eine ganz eigentümliche Poesie, die darin liegt, dass das geschliffene Wandstück das einzige uns bekannte Konzept ist, das durch Wegnehmen und nicht durch Hinzufügen Kunst entstehen lässt.

Wandstück
Foto Achim Mohné

NBK, Kernbohrungen, Foto Jens Ziehe

Eine Ausstellung im Neuen Berliner Kunstverein (2012) entstand ebenfalls durch Weglassen. Die Entfernung der Bodenstücke unter den Papierkörben der Mitarbeiter führte dazu, dass die weggeworfenen Papiere des Büroalltags ein Stockwerk tiefer Environ-

Gebrauchsbild 72, Foto Studio Karin Sander

ments entstehen ließen, die ebenso viel mit einer miniaturisierten Land-art zu tun hatten wie mit einer Thematisierung des Wegwerfens und der schlichten Erkenntnis, dass Dinge eben keineswegs »weg« sind, wenn jemand sie als Müll definiert. Sie sind dann lediglich irgendwo anders und werden dem Gebrauch entzogen.

Arbeiten wie die im Neuen Berliner Kunstverein verfertigen sich, ist der Eingriff erst mal vorgenommen, im Weiteren von selbst, ohne Zutun der Künstlerin. Besonders deutlich wird diese Strategie, die künstlerische Arbeit totaler Autonomie zu überantworten, bei den »Gebrauchsbildern« – handelsüblichen massengefertigten Keilrahmen mit Bespannung in unterschiedlichsten Formaten, die die Künstlerin Sammlern zum eigenen Gebrauch überantwortet. Vom Augenblick des Erwerbs an bleibt es denen überlassen, ob sie ein solches Werk an das Heckfenster ihres

Sportwagens montieren oder in den Keller legen oder als ständiges Reiseaccessoire wie einen »Kulturbeutel« mit sich führen. In jedem Fall wird sich die Leinwand mit irgendeinem Auftrag von Staub, Schmutz, Schimmel, Notizen oder was auch immer füllen, was dem Bild und seinem Besitzer eben über den Weg läuft. So sind diese Bilder in gewissem Sinn Selbstporträts ihrer Besitzer – zumindest zeigen sie Spuren eines Gebrauchs, der ausschließlich durch diese eine Person und ihre spezifische Lebensweise zustande kommen konnte. Im Ausstellungskontext wirken sie so auratisch wie jede andere Malerei, was auf richtige Maler allerdings kränkend wirken kann.

Gerade weil sie Vorhandenes nutzen, bringen die Arbeiten Sanders fast immer etwas Unerwartetes hervor: etwas, worauf sich weder die Künstlerin noch die Ausstellenden einstellen können.

Darin liegt nicht nur eine künstlerische Transzendierung des Gegebenen hin zu einer ganz anderen, unerwarteten Möglichkeit, sondern zugleich eine gesellschaftliche Utopie: wohin man gelangen kann, wenn man Material nicht beständig anhäuft, sondern sich selbst überlässt, reduziert oder auch entfernt.

Die Poetik des Weglassens kann, *mutatis mutandis*, auch eine Politik des Weglassens sein. Tatsächlich scheint uns über all das immanent Künstlerische hinaus, was man über die Konzepte Karin Sanders sagen kann, in diesem Vermögen zur Transzendenz, zur Nutzungsinnovation und zur Poesie des Vorhandenen ein zivilisatorisches Potenzial aufzuscheinen, das im Transformationsdesign liegt: mit dem Vorhandenen zu arbeiten, seine Möglichkeiten auszuschöpfen und sich nicht mit der ebenso dumpfen wie zerstörerischen Vorstellung zu begnügen, dass man eben immer etwas braucht, wenn man etwas schaffen will. Das gilt, wie wir im Folgenden zeigen, ebenso für die Architektur.

Reduce, Reuse, Recycle

»Das Bauen kann man auf eine sehr materielle und systematische Art sehen, weil man mit Ziegeln, mit Beton, mit Stahl und Fenstern baut. In unserer Auffassung von Architektur bedeutet Bauen aber vor allem: nachdenken. [...] Das Errichten einer Stimmung durch neue Atmosphären, die wir hinzufügen, aber auch unter Verwendung der Atmosphären, die bereits da sind: Das können die Qualitäten der Sonne sein, der Luft, der Blickbeziehungen oder eben der Bäume, der Landschaft und der Menschen, die wir vorfinden. Was sind die sozialen Gegebenheiten vor Ort? Das ist auch ein Element des Bestands, mit dem man sich auseinandersetzen muss. Erst im zweiten Schritt fügen wir neue Materialien dazu. Aber wir kümmern uns auch sehr um unsichtbare Materialien wie Gerüche, Atmosphären, Wärme und Luftbewegungen. Auf diesem Niveau spielt sich für uns das Bauen ab.«

Jean-Philippe Vassal

Das Thema des deutschen Pavillons auf der Architekturbiennale in Venedig 2012 lautete »Reduce, Reuse, Recycle«. Muck Petzet, dem Generalkommissar für den deutschen Beitrag, ging es genau in diesem Sinn um den Umgang mit dem Bestehenden, das durch »Revitalisierung, Umnutzung, Verdichtung, Ergänzungen sowohl in bestehenden Gebäuden als im Gewebe der Städte« den veränderten Bedingungen – Schrumpfen von Bevölkerungen, energetische Anforderungen etc. – weit besser anzupassen sei als per Abriss und Neubau (Petzet & Heilmeyer 2012: 9). Gerade vor dem Hintergrund der Energie- und CO_2-Problematik müsse sowohl die ursprüngliche Herstellungsenergie als auch die für den Abriss, die Entsorgung und den Neubau erforderliche Energie, Materialmenge und Mobilität in Rechnung gestellt werden, woraus sich ergibt, dass die Sanierung von Bestandsgebäuden die gegenüber dem Neubau erheblich sparsamere und ökologischere Lösung ist. Aber es geht nicht nur um Material und Energie, sondern auch darum, dass Gebäude, Quartiere, Städte kulturelle und soziale Ressourcen sind – sie sind Gedächtnisse einer Gesellschaft und ihrer Mitglieder, in sie sind Wissens- und Erfahrungsbestände ebenso eingegangen wie ästhetische Vorstellungen und Menschenbilder, von denen keineswegs sicher ist, dass sie sich schon überlebt haben. Abriss und Neubau vernichten nicht nur materiellen und energetischen Aufwand, sondern auch kulturelle und soziale Gedächtnisbestände. Strategisch ist bei dem eindeutigen Votum für die Arbeit mit dem Bestehenden die sogenannte Abfallhierarchie entscheidend – *reduce* meint die Vermeidung von (künftigem) Abfall, *reuse* die Weiterverwendung, *recycle* die materielle Umformung. Und Petzet formuliert auch einen kategorischen Imperativ: »Jeder für eine Änderung nötige Aufwand muss durch eine Verbesserung gerechtfertigt werden.« (Ebd.: 11)

Muck Petzet hat Architektur und Philosophie studiert und war der Generalkommissar des deutschen Beitrags »Reduce, Reuse, Recycle« auf der Architekturbiennale 2012 in Venedig. Er lehrt Nachhaltigkeit an der USI Accademia di Architettura di Mendrisio.

Wie lässt sich der Begriff »Transformationsdesign« definieren?[27]

Der Begriff »Transformation« kam mir in meinem Bereich immer wie eine Ausflucht vor. Er klingt irgendwie besser als zum Beispiel »Umbau«, er ist abstrakter und auf merkwürdige Weise positiver, fast erinnert er an die »Metamorphosen« der klassischen Antike. Deswegen habe ich, nachdem ich den Begriff »Transformation« früher viel verwendet habe, versucht, konkreter zu werden und zum Beispiel »Umbau« zu sagen oder »Weiterbauen«.

---

27 Wir haben mit namhaften Vertretern aus unterschiedlichen Bereichen Interviews geführt, um den Begriff »Transformationsdesign« aus verschiedenen Perspektiven zu schärfen. Dem Gespräch mit Muck Petzet folgen in diesem und im nächsten Kapitel weitere nach.

Mit dem »Entwerfen von Veränderung« kann ich etwas anfangen, finde dann aber das Wort »Design« schwierig. Also: Ich finde beide Begriffe schwierig – Transformation und Design. Es geht nämlich erst mal um ein anderes Denken, nicht um das Entwerfen. Man muss etwas Vorhandenes erst einmal verstehen, um es dann weiterzuentwickeln. Also, »Entwicklung« würde meines Erachtens schon ausdrücken, worauf »Transformationsdesign« wohl hinauswill.

Das leuchtet mir nicht ein. Dass »Transformation« gegenüber so etwas Konkretem wie »Umbau« eher abstrakt und geschmeidig ist, verstehe ich, aber »Entwicklung« würde ja ohne jede Substanz auskommen.

Na gut, dann sage ich: »weiterentwickeln«.

Bedeutet das auch »Zurückentwickeln«?

Das kann auch Subtraktion oder Entdichtung heißen. Natürlich gibt es Entwicklungen, die rückwärtsgewandt sind, Schrumpfung im Gegensatz zu Wachstum etwa.

Wie würden Sie Ihre eigene Arbeit in so einem begrifflichen Feld einordnen?

Ich würde meine eigene Arbeit als »Weiterentwicklung« bezeichnen. Man könnte auch sagen: affirmative Weiterentwicklung aus einer bestimmten Haltung heraus: das Bestehende erst einmal tendenziell gut zu finden. In jedem Vorhandenen ist fast immer etwas Gutes, das es erst einmal zu erkennen gilt. Damit kann man sich identifizieren und versuchen, das dann zu verstärken – affirmative Weiterentwicklung. Daraus ergibt sich: Der kleinstmögliche Eingriff ist der beste.

Was ist die politische Dimension dabei?

Die wirtschaftlichen Kräfte wollen keine affirmative Weiterentwicklung, sondern sie wollen Erneuerung. Erneuerung und

Wachstum. Sie wollen Ersatz von Vorhandenem und nicht Weiterentwicklung. Da wird es politisch. Deswegen kamen die Begriffe »Reduce, Reuse, Recycle« auch aus der Abfallwirtschaft
und nicht aus der Architektur. Weil in der Abfallwirtschaft das
Vermeiden von etwas Neuem immer schon als die beste Hand-
lungsstrategie definiert ist. Die politische Dimension wäre, dass
das eine andere Form von Wert impliziert. Heute hat das Neue
scheinbar schon deshalb einen Wert, weil es neu ist. Den Wert
im Vorhandenen zu sehen erfordert eine andere Aufmerksamkeit und auch ein anderes Wissen, weil tatsächliche Werte wie
zum Beispiel graue Energie ja in den Dingen vorhanden sind. Ich
glaube, dass wir es uns systemisch einfach nicht mehr leisten
können, immer das Neue zu favorisieren. Ich denke, dass wir uns
auf das Vorhandene, auf das Weiterentwickeln des Vorhandenen
konzentrieren könnten und dadurch ein anderes Wertesystem
innerhalb der Gesellschaft entstünde.

Das kardinale Beispiel für eine so orientierte architektonische Haltung lieferten die französischen Architekten Anne Lacaton und
Jean-Philippe Vassal, die im Rahmen eines Wettbewerbs zu einer
Neugestaltung eines Platzes in Bordeaux vorschlugen, den Platz zu
belassen, wie er war, und die verfügbare Bausumme in die regel-
mäßige Pflege zu investieren. Sie gewannen den Wettbewerb. »In
unserer Auffassung von Architektur«, sagt Vassal, »bedeutet Bau-
en [...] vor allem: nachdenken.« (Ebd., S. 14) »Bauen schließt in
diesem Sinne die Wahrnehmung, den Umgang mit Licht, Wärme,
Geräuschen ein und kann sich durchaus auch darauf beschränken, lediglich solche immateriellen Bedingungen des Wohnens
zu verändern, das ›harte‹ Material, also ein Haus, ein Gebäude-
ensemble oder einen Platz selbst unverändert zu lassen.« (Ebd.)
Natürlich gehört zu einem um die Wahrnehmung erweiterten Begriff des Bauens dazu, die Lebenssituationen der Anwohner vor

Ort und ihre Bedürfnisse zu berücksichtigen – eine scheinbare Selbstverständlichkeit, die in aller Regel in Planungsprozessen eher unberücksichtigt bleibt –, man muss hier nur daran denken, dass zum Beispiel Schulen geplant und gebaut werden, ohne je eine Schülerin nach ihren Vorstellungen und Bedürfnissen gefragt zu haben.

Alastair Parvin, ein Promotor von Open-Source-Architektur und der Erfinder des Wiki-House, das jedermann selbst bauen kann, hat in einem TED-Talk das Beispiel einer Schule erwähnt, die noch aus viktorianischer Zeit stammt, aber für heutige Schülerzahlen zu schmale Korridore aufweist. Ein Umbau der Schule, wie er von konventionellen Architekten geplant wurde, hätte etwa 20 Millionen Pfund gekostet. Die schließlich umgesetzte Lösung war erheblich günstiger: Man schaffte lediglich die Schulglocke ab, die dafür gesorgt hatte, dass alle Schülerinnen und Schüler gleichzeitig aus den Klassenräumen in die Korridore strömten. Stattdessen wurden die Schülerinnen und Schüler intelligenter verteilt: Man installierte in jedem Klassenraum eine Glocke und ließ sie zeitversetzt klingeln, sodass zu große Gruppen in den Gängen gar nicht erst entstanden. Diese Lösung kostete lediglich ein paar Hundert Pfund und sparte natürlich eine Unmenge an Aufwand und Material. Stattdessen wurde soziale Intelligenz investiert (http:// www.youtube.com/watch?v=Mlt6kaNjoeI).

Von sozialer Intelligenz kann keine Rede sein, wenn man all die Universitäten, Krankenhäuser, Verwaltungsbauten und, *mutatis mutandis*, auch all die fremdgeplanten Standardeinfamilienhäuser anschaut, die neben finanziellem Ertrag für die Baufirmen vor allem persönliches Unglück und Flächenversiegelung erzeugen (Bourdieu et al. 1998). *Form follows finance*, was noch mehr für den Siedlungswohnungsbau und den Neubau von »Lofts« und »Townhouses« gilt.

Allerdings knüpft man schon seit Längerem wieder an ältere Traditionen des *advocacy planning* (Fezer 2013) an, die schon mehrfach Konjunkturen in der Stadtplanung hatten – als Reaktion auf schlechte Erfahrungen mit Top-down-Planungsstrategien.

So setzten in den 1930er-Jahren Sozialreformer in Chicago und anderen amerikanischen Städten ein Programm durch, das den wuchernden Slums mit sogenannten *housing-projects* ein Ende machen sollte – mit der Errichtung von komfort- und hygienemäßig anständigen Quartieren, die sowohl die Kriminalitätsstatistik als auch die Lebensqualität der Bewohner erheblich verbessern sollten. Beides ging schief. Warum? Weil die verordneten *housings* die gewachsenen Sozialstrukturen und von außen unsichtbaren Hilfenetze und Gemeinschaftsformen zerstörten, weshalb die neuen Viertel rasant verwahrlosten und noch mehr zu No-go-Areas wurden als die alten. Die Sozialingenieure hatten übersehen, dass sich in den chaotisch scheinenden Slums intern höchst funktionale Strukturen ausgebildet hatten, die den Leuten halfen, ihr schwieriges Leben einigermaßen zu meistern. Duschbad und Innentoilette waren kein Ersatz für Schutz gegenüber prügelnden Ehemännern oder gemeinsamem Kochen.

Ein paar Jahrzehnte später erhoben Bewohner von armen Stadtvierteln in den USA den Anspruch, in die Planungen für die Umgestaltung ihrer Viertel miteinbezogen zu werden. Berühmt ist der Fall der Bewohner von Woodlawn, einem desolaten Stadtteil von Chicago, geworden. 1962 standen hier fünf Experten einer Gruppe von 1.500 Bürgerinnen und Bürgern gegenüber, die darauf bestanden, dass ihre Erfahrungen und Bedürfnisse in die Umbaupläne einzubeziehen seien. »We will not be planned for as though we were children« (Fezer 2013: 47), lautete der Einwand – und tatsächlich wurde der folgende Umbau unter aktiver Beteiligung der Bevölkerung geplant und durchgeführt. Dies war der

Beginn einer ganzen Bewegung, die bis in die Wissenschaft hinein wirksam wurde. *Advocacy planning* nahm die Hegemonie der Experten zurück und führte – wie etwa 1968 beim *East Harlem Triangle Project* – nicht selten dazu, dass sich die Architekten in den Planungsgruppen in der Minderheit befanden. Hier waren von 15 Mitgliedern der Planungsgruppe lediglich drei Architekten; die übrigen Personen waren Anwälte, Journalisten, Zeichner usw. Bei der Beschreibung dieser Bewegung sollte man nicht unerwähnt lassen, dass in New Orleans sogar ein Gefängnis unter Einbezug der Insassen umgeplant und umgestaltet wurde (ebd.: 54).

Dies alles scheint heute weitgehend vergessen, weshalb man von »Implementierungsproblemen« spricht, wenn man Projekte wie Windparks und Stromtrassen, neue Bahnhöfe oder Flughäfen umsetzen will und sich darüber wundert, wenn die Leute so was manchmal gar nicht wünschen. Die modernste Version sozialtechnokratischen Denkens heißt »die Menschen mitnehmen«. Bei einer solchen Form der »Top-Down Partizipation« kommt die Frage gar nicht erst auf, warum Menschen denn wohl von irgendwem mitgenommen werden wollen. Stattdessen sprechen die unerbetenen Mitnehmer von »Wutbürgern« oder »Nimbys« (»Not-In-My-Backyard«), wenn ihre so rational ausgedachten Beglückungen abgelehnt werden. Dabei wären Stadtsanierungsvorhaben genauso wie Infrastrukturprojekte im Rahmen der Energiewende viel leichter zu realisieren, wenn man davon ausginge, dass die, die irgendwo wohnen, die Experten für die Strukturen ihrer Lebenswelt sind und die Planer fremde Besucher, die erst mal keine Ahnung von den Kompetenzen und Sozialformen vor Ort haben.

Diese umgekehrte Definition von Experten und Laien liegt zum Beispiel dem Projekt »Stadt (Er)finden« zugrunde, das die Architektin Saskia Hebert zusammen mit ihren Studierenden von der Universität der Künste in Berlin durchführt (Hebert 2014). Da geht es in Zusammenarbeit mit dem Bezirksamt Lichtenberg darum, ein sogenanntes Stadtumbaugebiet ganz anders zu erschließen als gewöhnlich. In Teams aus »Externen« (Architekten, Planern, Künstlern etc.) und »Experten« (Kindern, Rentnern, Familien, Kioskbesitzern aus Lichtenberg) wird erst mal die unsichtbare Topografie des Viertels erschlossen, bevor man über die Umgestaltung der gebauten Orte nachdenkt. Hebert geht es also zunächst nicht um die Orte im physikalischen Sinne, sondern um biografische und auch utopische Orte, die Stadtviertel immer für diejenigen darstellen, die in ihnen leben oder groß geworden sind. In gemeinsamen Spaziergängen, Gesprächen über Fotoalben oder Stadtplänen erfahren die »Externen«, welche Häuser und Straßenecken welche Geschichte haben und weshalb sie trotz augenscheinlicher Hässlichkeit oder Verwahrlosung für die unsichtbare Stadt enorm wichtig sind.

Der Kiosk ist die Zentralstelle für die Verteilung von Informationen, die alte Schule der uneinnehmbare Spielplatz, das alte Kino ein Sehnsuchtsort. »So etwas müsste man eigentlich mal vorschlagen«, sagt der zwölfjährige Alex Pecenjuk, »baufällige Ruinen! Die man nicht abreißt. Wo Kinder ruhig reinkönnen. Wie die alte Schule: ›Da 'nen Zaun rummachen und ein Schild dran, ›Betreten verboten‹, aber da kann man keine Strafe für bekommen.« Solche Sätze vermessen die städtische Wirklichkeit weit genauer als Laseroptiken. Ins Planerdeutsch übersetzt, schlägt Alex ja »Zwischennutzungen« vor, ohne je von der Existenz solcher Konzepte gewusst zu haben. Genauso lernt man von den Leuten, wo eine Bar hin muss und wo die Zentrale des Fahrdienstes, und man lernt, was nicht umgebaut und saniert werden darf, weil es über alle sozialen Veränderungen hinweg funktioniert und Stellenwert behalten hat. Das ist ein Ansatz, der weit über »Partizipation« und »runde Tische« hinausgeht.

»Denn Stadt«, sagt Hebert, »ist kein Konsensmodell, sondern eine Differenzmaschine« und meint damit, dass sie auch nur funktionieren kann, wenn sie die verschiedenen Zeit- und Erfahrungsschichten ihrer ungebauten und gebauten Gestalt als Ressource von Identität und erst damit von Entwicklung begreift. »Raumzeugen« wie der kleine Alex haben viel dazu zu sagen, was die Kraft lokaler Kulturen ist und wie fragil sie gegenüber Eingriffen von außen sind. Sie liefern das Material für eine Karte des unsichtbaren Stadtteils, dessen Bewohner man nirgendwohin mitnehmen, sondern denen man lediglich zuhören muss, um das Viertel als Möglichkeitsraum zu verstehen (ebd.).

Diese Aufmerksamkeit auf die Ressourcen Intelligenz und Bedürfnis zeichnet überhaupt einen immer wichtiger werdenden Trend in Architektur und Städtebau aus. Denn warum sollte man die Verringerung der CO_2-Emissionen, wie sie klimapolitisch erforderlich und gesetzgeberisch in Energiesparverordnungen gegossen sind, eigentlich nur durch aberwitzig aufwendige und oft ästhetisch sowie in ihrer ökologischen Gesamtbilanz äußerst fragwürdige Verpackungen von Häusern mit Dämmstoffen erreichen können? Man könnte doch ebenso gut quartiersweise Einsparziele mit den Bürgerinnen und Bürgern vereinbaren und es ihnen überlassen, wie sie sie erreichen wollen – zum Beispiel mit Carsharing, gemeinsamem Einkaufen und Kochen, Verzicht auf Fernreisen, was auch immer. Energiesparen würde so von einer an Technik und Handwerk delegierten Angelegenheit, die mit Aufwandserhöhung einhergeht, zu einem sozialen Projekt, das selbstbestimmt Verhalten verändert. Dafür muss zunächst nichts gedämmt, es muss lediglich gesprochen werden, um Einverständnis zu erzielen.

Es gibt auch ganz analoge Ansätze, die Energiesparauflagen beim privaten Bauen ohne Dämmung sozialer Intelligenz zu lösen. Der Berliner Architekt Arno Brandlhuber entwickelt seine Häuser mit den künftigen Bewohnern zusammen. In seiner »Anti-Villa« in Krampnitz etwa wird Energieeinsparung dadurch möglich, dass nicht alle Räume des Hauses ganzjährig in gleicher Weise zu nutzen sind. Im Zentrum des Grundrisses befindet sich eine Sauna, die hinreichend Wärme für etwa 50 qm abgibt. Um diese Warmzone werden nach dem Zwiebelprinzip Vorhänge gelegt; die weiter vom Kern entfernten Räume werden mithin im Winter immer kühler. Wenn man sie in der kälteren Jahreszeit trotzdem nutzen will, muss man entsprechende Kleidung wählen. Dieses »zonierte« Wohnen führt zu einer saisonal abwechslungsreichen Nutzung der Wohnfläche, erfordert aber keinerlei Aufwand für Heizungsanlagen, Entlüftung, Dämmschichten usw., ist klimaschutzmäßig höchst effektiv und extrem preiswert. »Der Mehrwert«, sagt Brandlhuber, »entsteht nicht durch das Neuschaffen, sondern dadurch, dass man weniger tut. Statt in mehr Wärmedämmung investieren wir in mehr Raum.« Da es sich bei der Anti-Villa um ein bereits vorhandenes Gebäude handelt, wurden überdies Abriss-, Rück- und Umbaukosten in ökonomischer wie ökologischer Hinsicht gespart.

Bei einem anderen projektierten Gebäude mit Wohn- und Gewerbenutzung hatte Brandlhuber zusammen mit den künftigen Mietern festgelegt, wie hoch die Miete sein durfte, und daraus abgeleitet, wie viel das gesamte Haus kosten könnte. Diese Umkehrung des normalen ökonomischen Modells – der Bauherr legt fest, die Käufer oder Mieter selektieren sich nach ihren finanziellen Möglichkeiten – führt zu einer Fülle konsensueller und oft auch sehr kreativer Entscheidungen: »Wie viel Fläche wollt Ihr? Wie viel kostet das mit geglättetem Rohbeton? Wie viel mit Parkett? Mit niedrigeren Raumhöhen könnten wir noch eine Mietpartei dazunehmen, wie viel könnten wir dadurch sparen? [...] Hätten wir hier den ›normalen Wohnstandard‹ angeboten, hätten wir

Anti-Villa, Krampnitz, Architekturbüro Brandlhuber+, Foto Constanze Haas

mit unserem Budget nur eine sehr viel kleinere Fläche realisieren
können« (Interview mit Arno Brandlhuber in Petzet/Heilmeyer
2012: 85).

Man könnte von architektonischen Metamorphosen sprechen:
Statt Bauten abzureißen, baut man sie um, weiter, anders. Die Ergebnisse sind vielfach erstaunlich, schon vergleichsweise unauf-
wendige Eingriffe führen zu tiefen Nutzungsveränderungen. Ein
Produkt, das nicht ersetzt wird, erfordert keinen Herstellungsauf-
wand, je mehr sein Lebenszyklus verlängert wird, desto nachhaltiger werden die Ressourcen genutzt, die zu seiner Herstellung
verbraucht wurden. Im Übrigen wird die Bedeutung des Bauens
und Umbauens im Bestand auch darin klar, dass der oft toxische

Bauabfall, der durch Abriss entsteht, heute die Hälfte des gesamten Abfalls in Deutschland ausmacht (Sieverts 2013: 318).

Die reduktive Moderne bedeutet also nicht das Austauschen einer altmodisch gewordenen Technologie gegen eine andere, sondern – wie das Beispiel »Anti-Villa« zeigt – ein anderes Leben. Deshalb würde sich ein transformatives Design nicht auf das Anfüllen, sondern auf das Wiederentleeren der Welt richten. Eine notwendige und reizvolle Aufgabe, vor allem wenn man daran denkt, dass gerade die aufstrebenden Schwellenländer fantasielos XXL-Versionen von allem kopieren, was die expansive Moderne hervorgebracht hat: noch höhere Hochhäuser, noch vielspurigere Straßen für noch größere Autos. Dagegen wäre eine ästhetische Haltung zu stellen, die ihr Ziel im Weglassen und nicht im Hinzufügen sieht und zugleich die Schauseite einer reduktiven Moderne entwirft.

Wiederverwenden, Upcycling

Was man stadtplanerisch mit dem Gegebenen machen kann, zeigt das Flussbad-Projekt, das das Architekturbüro »realities: united« für Berlin konzipiert hat und das bereits mit dem renommierten Holcim-Award für nachhaltige Architektur ausgezeichnet wurde. Der Entwurf sieht vor, dass der »Spreekanal« zwischen Bodemuseum und Schlossplatz zu einem öffentlichen Schwimmbad von 750 Meter Länge und 30 Meter Breite wird. So etwas wäre, von heute aus betrachtet, eine Sensation: Im Sommer würden die Angestellten aus den umliegenden Büros ein paar Bahnen in der Mittagspause ziehen, die Touristen ihre Museumsmarathons durch eine Badepause auflockern und die Anwohner städtischen Raum als Badelandschaft erleben. Von gestern aus betrachtet, wäre das alles nicht viel mehr als eine Wiederentdeckung. Um 1900 herum gab es nämlich in Berlin 15 Flussbadeanstalten, so wie in den meisten europäischen Großstädten jener Zeit.

Dann bekam Berlin eine neue Kanalisation, ein seinerzeit hochmodernes Mischwassersystem, das leider den Kollateralschaden mit sich brachte, dass bei starkem Regen Abwasser, also Fäkalien und sonstig Unangenehmes, aus der Kanalisation in die Spree gespült wurden. Aus war es mit dem Baden: 1925 wurde die letzte Flussbadeanstalt in Berlin geschlossen.

Dem Schwimmbecken, das »realities: united« entworfen haben, würde ein natürliches Filtersystem aus Schilf vorgeschaltet, das einen renaturierten »Altflussarm« entstehen lässt, in dessen Verlauf das Wasser mehrfach auf natürliche Weise gereinigt wird. Überdies bietet dieser Altarm neuen Lebensraum für die Besiedelung durch Fische und Biber. Zur Badeanstalt käme mithin ein Park und damit eine weitere Neudefinition des städtischen Raumes. Der Entwurf von »realities: united« geht aber weit über einen intelligenten technischen Eingriff in die Stadtlandschaft hinaus, zeigt er doch, was Stadt sein kann, wenn soziale Intelligenz wirksam wird und die Gegebenheiten anders auswertet, als es für gewöhnlich der Fall ist. Denn hier geht es ja um Parameter wie Öffentlichkeit, Lebensqualität, Entschleunigung, soziale Fantasie und nicht um die zunehmend alt gewordenen Konzepte Verkehr, Transport, Eventkultur, Massentourismus – also auch um eine De-Ökonomisierung des öffentlichen Raums, umgesetzt durch eine sparsame und leichthändige Korrektur des gewöhnlichen Fortgangs der Dinge. Und man kann sich vorstellen, welche Ansteckungswirkung es hätte, wenn das Flussbad tatsächlich realisiert würde: Berlin würde gewiss nur kurzzeitig den längsten Pool der Welt haben, andere Städte würden so schnell wie möglich nachziehen – in New York wird übrigens gerade ganz ähnlich über einen »plus pool« im Hudson River nachgedacht.

Flussbad Berlin, Visualisierung realities:united, Berlin

Friedrich von Borries lehrt Designtheorie und kuratorische Praxis an der Hochschule für bildende Künste Hamburg. In Berlin leitet er das Projektbüro Friedrich von Borries, das in den Grenzbereichen von Stadtentwicklung, Architektur, Design und Kunst agiert.

Wie lässt sich Transformationsdesign definieren?

Transformationsdesign wäre für mich der Teil von Design, der sich vorbereitet auf gesellschaftliche Veränderungen, wäre die Fähigkeit, Gegenstände, Zusammenhänge, Beziehungen nicht als fertige Ergebnisse, sondern als Teile von Veränderungsprozessen zu denken und auch so zu entwerfen. Transformationsdesign ist ein Design, das in sich wandelbar ist, das das Vorhandene einfach umformt. Im Gegensatz zum Neu-Machen. So wie wir ja schon seit Jahren in der Architektur und Stadtplanung von Transformationsflächen reden, wenn wir städtische Brachen haben. Wie das Gleisdreieck in Berlin, also ehemalige Infrastrukturflächen, die man nicht mehr braucht. Die nennt man dann Transformationsflächen, weil sie auf eine Veränderung warten, die man noch nicht genau ausbuchstabieren kann. Und ein Design, das sich genau mit dieser Umwandlung auseinandersetzt, könnte man als Transformationsdesign bezeichnen.

Wo würden Sie Ihre eigene Arbeit im Kontext von Transforma-tionsdesign einordnen?

Es ist immer schwierig, seine eigene Arbeit einzuordnen, das überlässt man gerne anderen. Aber ich würde schon sagen, dass RLF[28] eine Form von Transformationsdesign ist in dem Maß, in dem es ja Kritik übt, in dem es selber Zustände gestaltet, die zu kritisieren sind.

Mit RLF wird etwas geschaffen, das vorher nicht da gewesen ist. Es ist im Grunde genommen ein konstituierender Akt, dieser Sachverhalt, der designt wurde, dient wiederum dazu, andere Sachverhalte zu kritisieren. Ist das richtig?

Ja, man schafft selbst den Gegenstand der eigenen Kritik, die man mit dem geschaffenen Gegenstand schon immanent kritisiert.

Und wozu?

Ich glaube, dass es heute nur bedingt produktiv ist, Kritik von ei-nem vermeintlichen Außenstandpunkt aus zu üben. Und dann ist die Konsequenz, dass ich sage, ich schaffe das, was ich kritisiere, als Form der Kritik gleich selbst. Wobei es dabei methodische Stärke und methodisches Problem ist, gleichzeitig Gestalter und Theoretiker zu sein und damit dem, was man kritisiert, auch als Produzent gegenüberzustehen.

Könnte man nicht eigentlich auch den Schritt gehen und sagen, der Berliner Flughafen ist ein Transformationsdesign?

---

28 RLF ist ein Akronym für »Richtiges Leben im Falschen« und steht für ein Unternehmen, das die Abschaffung des Kapitalismus als Geschäftsmodell hat. Ihr Slogan lautet: »Werdet Shareholder der Revolution!«

Der Berliner Flughafen demonstriert ja das Scheitern eines bestimmten systemischen Denkens, in dem wir noch alle drinstecken. Er demonstriert ja gerade, dass ein Transformationsdesign fehlt. Bevor wir da jetzt ein neues Tempelhof daraus machen, gibt es vielleicht noch ein paar Schritte dazwischen, also, wie man aus einem Flughafen, den man weder braucht noch will, den man aber gebaut hat und der wahrscheinlich nie Flughafen werden wird, jetzt etwas anderes macht. Die Transformationsdesigner müssten jetzt eigentlich kommen und sagen: »Mehdorn, vergiss das jetzt bitte mal mit dem Flughafen, wollen wir nicht, brauchen wir nicht, war die falsche Idee, wir können aber was anderes Interessantes daraus machen.«

Zum Beispiel einen Flughafen wie in Kassel?

Ja, oder ganz was anderes. Ist ja infrastrukturell durchaus interessant angebunden, das Objekt, und hat auch viele Flächen, die man interessant bespielen und nutzen könnte. Und Kunst ist auch schon drin.

Ein S-Bahn-Anschluss ...

S-Bahn-Anschluss, also da ist ja viel da. Jetzt würde das Transformationsdesign etwas machen, statt in der Pfadabhängigkeit zu bleiben und zu sagen, wir machen einen Flughafen, einen Flughafen, einen Flughafen, währenddessen man permanent keinen Flughafen macht.

Wie lässt sich das Politische des Transformationsdesigns bestimmen?

Ich bin natürlich geneigt, dem Transformationsdesign eine politische Aufladung zu geben, die aber nicht in sich zwingend ist. Zu sagen, wir stehen an einem Punkt, wo wir die Gesellschaft verändern müssen, weil so vieles nicht funktioniert oder perspektivisch, zukunftsbezogen nicht funktioniert, ist immer eine normative Setzung. In welche Richtung transformiert wird, ist damit noch nicht gesagt. Aus meiner Sicht müsste ein sinnvolles Transformationsdesign von folgenden Fragen ausgehen: Wie machen wir diese Gesellschaft überlebensfähig? Wie machen wir sie im globalen Kontext gerecht? Was heißt das für die Formen von Produktion, mit denen sich Design auseinandersetzt, wertschöpfende Gegenstände und gesellschaftliche Kontexte? Design ist ja ganz stark verbunden mit einem ökonomischen Wertschöpfungsmodell als Erfindung der Industriegesellschaft, einer Disziplin, die zwischen der Brauchbarkeit von Gegenständen und ihrer industriellen Produktion steht. Das ist die historische Genese des Designs, und das muss man neu interpretieren für eine Zeit, in der wir eine berechtigte Skepsis gegenüber Industrialisierungsprozessen haben und die Industriegesellschaft für abgeschlossen erklären, wobei das im globalen Maßstab nicht stimmt. In diesem Sinne kann Transformationsdesign eine politische Dimension bekommen, die mit Begriffen wie Nachhaltigkeit, sozialer Gerechtigkeit, ökologischer Ausgeglichenheit verbunden wäre. Muss es aber nicht. Transformationsdesign als Praxis des bewusst gestalteten Wandels könnte auch andere politische Richtungen einnehmen. Das ist nicht automatisch eingeschrieben.

Man könnte Projekte wie das Flussbad als Redesign definieren, oder auch als Upcycling – die Verwendung von Vorhandenem zu neuen Zwecken. Upcycling findet sich verbreiteter im Produktdesign. Auch hier werden vorhandene, aber vielleicht nicht mehr attraktive oder gebrauchsfähige Güter als Ressource verstanden, um daraus etwas anderes zu machen.

Ein interessantes Beispiel dafür ist die Recyclingbörse Herford, die als Sozialunternehmen begonnen hat und seit nunmehr zwei Jahrzehnten Arbeitslose in Beschäftigung bringt, indem diese noch brauchbare Produkte vor der Mülldeponie beziehungsweise der Müllverbrennung retten, aufarbeiten und der Wiederverwendung zuführen. Was als Sozialprojekt Arbeitskreis Recycling e. V. begann, der seit 1984 die RecyclingBörse! als einen Zweckbetrieb unterhält, ist mittlerweile ein viel beachtetes Upcycling-Designprojekt geworden. Denn der Arbeitskreis brachte sich bald mit einigen als provokant empfundenen Kunstprojekten im Laufe der 1980er- und 1990er-Jahre ins Gespräch, lobte 1999 einen regionalen Recyclingkunstpreis und einige Jahre später schließlich den inzwischen internationalen RecyclingDesignpreis aus. Auf diese Weise gewann die RecyclingBörse! immer mehr öffentliche Sichtbarkeit. Mittlerweile ist sie ein mittelständischer Integrationsbetrieb, der mehr als 100 Menschen kurz- oder längerfristig beschäftigt. Gemeinsam mit dem Herforder Designer Oliver Schübbe zerlegte beispielsweise eine Gruppe jugendlicher Langzeitarbeitsloser gespendete

Re-Design. Leitplanken zu Parkbänken, Foto Recycling-Designpreis Herford

Möbel und schuf aus dem so gewonnenen Restholz die Regale und Tresen, die mittlerweile in den drei Ladenfilialen der RecyclingBörse! zu finden sind. Auch eine Kantine für das Herforder Secondhandkaufhaus ist auf diese Weise entstanden.

Da ein Designpreis für Recycling-Objekte Ausstellungsmöglichkeiten braucht, ist das Herforder Projekt nicht zuletzt deshalb so erfolgreich, weil es mit dem Kunstmuseum Marta einen Partner gefunden hat, der Räume sowohl für die Eröffnungsveranstaltung als auch die jeweilige Ausstellung bereitstellt. Zudem baut es mit dem »Museum der Dinge« eine Sammlung auf, in die auch die Designobjekte aus der Ausstellung aufgenommen werden. Aber darauf beschränken sich die Bündnisse nicht: Die Design- und Möbelgalerien, die unter dem Namen »Stilwerk« firmieren, finanzieren die Recycling-Designpreis-Ausstellungen an ihren Standorten Düsseldorf, Hamburg, Berlin und Wien. Hier ergänzen sich unterschiedliche Akteure und addieren ihre jeweiligen Handlungsmöglichkeiten zu einem starken Ergebnis sozialer Intelligenz.

Recycling, Open Source und das Toaster-Projekt

Die Frage, wie man Material wiederverwenden, umwandeln, upcyclen kann, spielt in vielen Open-Source-Strategien denn auch eine zentrale Rolle, in denen neues, offen geteiltes Produktionswissen eingebunden wird in klar definierte gesellschaftliche Ziele. Gegenwärtig versprechen sich viele eine Demokratisierung der Produktion durch die Verfügbarkeit von 3-D-Druckern und CAD-Maschinen, die mit entsprechenden Programmen Produkte zum Eigengebrauch oder für lokalen Handel erstellbar machen. So stellt die »Open Source Ecology Germany« reproduzierbare Technologien zum Aufbau lokaler Ökonomien »von Traktoren über Windkraftwerke bis hin zu Autos« zur Verfügung, verbessert »diese kontinuierlich gemäß nachhaltigen Grundwerten wie Reproduzierbarkeit, Modularität, Eignung für den Eigenbau sowie ökologischem Design« und stellt ihre Ergebnisse jedem als Open Source zur Verfügung« (http://wiki.opensourceecology.de/Open_Source_Ecology_Germany).

Die beiden bekanntesten Beispiele für Gemeinschaftsformen von Produktion, die auf dem Weg in eine nachhaltige Moderne Bahnbrechendes geleistet haben, sind das kollektiv entwickelte Betriebssystem Linux, das Millionen von Nutzern (und Mitproduzenten) hat, und natürlich das im Jahr 2001 gegründete Wikipedia, das inzwischen Millionen von Artikeln enthält, verfasst von Millionen von Autorinnen und Autoren. In beiden Fällen ist der dezidiert freie und nicht-kommerzielle Charakter der kollektiven Arbeit bemerkenswert, die geleistet wird, um die Produkte kontinuierlich besser zu machen. Solche Open-Source-Projekte auf der Basis sozialer Intelligenz gibt es inzwischen zahlreich – in Feldern der Software-Entwicklung, des Designs, der Produktion von Texten und Bildern etc. »Freie Design-Projekte (oft auch ›Open Hardware‹ genannt) entwerfen gemeinsam materielle Produkte und stellen dabei Objektbeschreibungen, Konstruktionspläne und Materiallisten zur freien Verfügung. Im Bereich elektronischer Hardware ist zum Beispiel das italienische Arduino-Projekt bekannt geworden. Es wird von vielen anderen Projekten genutzt und erweitert. Offenes Möbeldesign betreiben Ronen Kadushin und das SketchChair-Projekt. Im Open Architecture Network und im Projekt Architecture for Humanity entsteht Architektur, die sich an den Bedürfnissen der Bewohnerinnen und Bewohner und nicht an den Profitinteressen von Baufirmen oder der Selbstdarstellung von Designern orientieren soll. OpenWear ist eine kollaborative Kleidungsplattform, die Menschen ermutigt und unterstützt, selber zu Produzenten zu werden. [...] Das Freifunk-Projekt baut frei zugängliche Funknetze auf. Das Open Prosthetics Project entwickelt frei nutzbare Arm- und Beinprothesen. Es wurde von einem ehemaligen Soldaten gestartet, der im Krieg eine Hand verloren hatte und mit den kommerziell erhältlichen Prothesen nicht zufrieden war« (Siefkes 2012: 350 f.).

Mittlerweile gibt es eine Fülle von Re- und Upcyclingprojekten, die mithilfe von Open Source funktionieren. Mit am bekanntesten sind die »Hartz-IV-Möbel« von Le Van Bo, deren Bauanleitungen offen zugänglich sind, mithin mit minimalsten Mitteln von jeder und jedem gebaut werden können (hartzivmoebel.blogspot.de). Van Bo bietet mit seinen Open Source-Bauanleitungen und ihrer Anwendung etwa in Schulen die Vermittlung handwerklichen Know-hows und damit Potenziale der gemeinschaftlichen Erzeugung von notwendigen Gütern – exakt in der Weise, wie es das Open-Design und die Open Source-Bewegung allgemein fördert und fordert. Von Alasdair Parvins »Wiki-House« war oben schon die Rede, analoge Ansätze schießen gegenwärtig wie Pilze aus dem Boden. Die Bezeichnung »Open Source« kommt ursprünglich aus der Software-Entwicklung und bezeichnet die kosten- und lizenzfreie Verfügbarmachung von Programm-Quellcodes, um Monopolisierungsstrategien, wie sie etwa von Microsoft oder Google angestrebt werden, zu konterkarieren. Die freie Zugänglichkeit von Algorithmen und Software, gemeinschaftlich weiter verbessert, soll den Benutzerinnen und Benutzern ermöglichen, ihre Gestaltungsspielräume in jeder Hinsicht zu erweitern. Bauanleitungen und Steuerungen für Kompostierungsanlagen, für Anbauverfahren, für Selbstbaumöbel usw. erlauben lokale und selbstorganisierte Produktionsweisen und stellen zweifellos eine beträchtliche Ressource für Autonomie und Resilienz dar. Sie schließen an frühe Bewegungen zur Demokratisierung des Designs – vom Arts-and-crafts-Movement über das Bauhaus bis zur »Frankfurter Küche« – an und reformulieren das Postulat eines guten Designs für alle (Social Design) mit den Mitteln moderner Netzkommunikation, die das Verbreiten freier Software, nicht-patentierter technologischer Innovationen und Bau- und Betriebsanleitungen erst möglich gemacht hat.

So überzeugend diese Beispiele auch sind, so wahrscheinlich ist es, dass man den Gestehungsaufwand übersieht, der solchen redesignten und upgecycelten Produkten zugrunde liegt – denn auch die Ausgangsprodukte verbuchen ja bereits einen erheblichen Material-, Transport- und Energieaufwand. Ein beliebiger Toaster etwa weist rund 400 Einzelteile aus ca. 100 Materialien auf – und jedes dieser Bestandteile hat irgendeinen Rohstoff als Ausgangspunkt und vielfältige Umformungsschritte durchlaufen, bevor es schließlich an seinem ordnungsgemäßen Platz montiert wurde.

Der britische Designer Thomas Thwaites hat in einem spektakulären Projekt versucht, selbst einen Toaster zu bauen und dabei auch alle einzelnen Teile selbst zu fertigen – was es zum Beispiel erforderlich macht, Erz in Metall zu verwandeln. Um es kurz zu machen: Thwaites kam an vielen Stellen nicht darum herum, vorhandene, ihrerseits schon industriell gefertigte Produkte wie etwa einen Mikrowellenherd zu verwenden, um seine Materialien toastertauglich umzuformen, musste trotzdem satte neun Monate an der Herstellung dieses einen Toasters arbeiten, nur um zu erleben, wie dieser sich beim ersten Gebrauch nach fünf Sekunden in einem Schmelzvorgang selbst vernichtete. Die Kosten: etwa 1.400 Pfund.

Das Toaster-Projekt lässt sich als eine Archäologie der Gegenwart bezeichnen. Analog zur »Experimentellen Archäologie«, die versucht, durch Rekonstruktion (zum Beispiel von Öfen aus der Eisenzeit) vergangene Lebensformen zu erschließen, dechiffriert eine solche Archäologie die »Stoffgeschichte« (Armin Reller) eines jeweiligen Produkts und macht sichtbar, was sonst im Gebrauch verborgen bleibt. Das Toaster-Projekt zeigt eindrücklich, wie viel Geschichte, Material und – mit Marx gesprochen – »tote Arbeit« in Produkten steckt, selbst dann, wenn sie wie in der Open-Source- und »Maker«-Bewegung selbst gemacht erscheinen. Nimmt man etwa die gegenwärtig stark gehypten 3-D-Drucker, die nach Ansicht vieler Vertreterinnen und Vertreter lokaler und individueller Produktionsweisen deshalb emanzipativ sind, weil man sich von der großen Industrie, von Patentrechten und monetären Überlegenheiten unabhängig machen kann, dann sieht man schnell, in welchem Ausmaß die Historizität, also das schon Gemachte, beim »Maken« verloren geht. So wie die meisten der selbst ernannten Digital-Natives weder programmieren können noch wissen, was eine Programmiersprache überhaupt ist, sondern lediglich souverän mit von anderen geschriebenen Programmen umgehen können, so wissen die meisten Benutzer von 3-D-Druckern weder, wie dieser selbst funktioniert, noch was die Herkunftsgeschichte der Produkte war, die sie jetzt vervielfältigen. Die Zeiten, da Architekturstudenten wie bei Mies van der Rohe erst mal ein Semester lang Striche mit unterschiedlich harten Bleistiften ziehen mussten, um etwas über die Materialität des Zeichnens zu lernen, sind längst vorbei. Daher scheint es eher fraglich, ob das Überspringen aller stofflichen und handwerklichen Erfahrung und das umstandslose »Machen« hilfreich für den Weg in eine reduktive Moderne ist, zumal man den 3-D-Drucker-Hype auch als Fortsetzung des Baumarkts mit anderen Mitteln ansehen kann – und dessen Produkte haben die Welt zwar voller (und meist auch hässlicher), aber keineswegs reicher gemacht.

Übrigens kann in diesem Zusammenhang daran erinnert werden, dass Open Source und Open Access keineswegs neu sind, nur früher nicht so hießen: Die öffentliche Leihbibliothek ist zweifellos etwas, was heute unter den Schlagworten »Sharing« und »Open Access« mühelos zu rubrizieren wäre; auch öffentliche Spiel- und Sportplätze, Schwimmbäder, Stadien, Parks sind Open Access oder gegen eine geringe Nutzungsgebühr zugänglich gewesen. Es erscheint paradox, dass, je mehr von diesen öffentlichen Einrichtungen weggespart oder privatisiert werden, desto intensiver über Open Access, Open Source und Sharing diskutiert wird – ohne dass der Gedanke auftauchen würde, dass hier öffentliche Güter, die staatlich verfügbar gemacht wurden, in semiprivatisierter Form, nämlich entstaatlicht, wieder erfunden werden. Damit rückt freilich aus der Optik, was in einem demokratischen Staat eine zentrale Aufgabe ist: nämlich die allgemeine und gleiche Zugänglichkeit zu öffentlichen Gütern. In dieses Spektrum gehören etwa auch Museen, die ja Open Source alle möglichen Artefakte und Wissensbestände öffentlich verfügbar machen – bis hin übrigens zu den Kunst- und Gewerbemuseen oder Museen für angewandte Kunst, die per definitionem ins Leben gerufen wurden, um Produkte handwerklicher Meisterschaft dezidiert als Vorbilder, als Anschauungsobjekte zum Nachmachen zu präsentieren. Mehr Open Source geht eigentlich nicht, wobei man im 19. Jahrhundert freilich voraussetzte, dass das Erlernen des Handwerks und die genaueste Materialkenntnis unerlässliche Voraussetzung für meisterhaftes Nachmachen seien. Übrigens sind auch Schulen, Universitäten, Bibliotheken, Volkshochschulen usw. Open Source.

Hier gilt es noch einiges wiederzuentdecken, denn für eine aufgeklärte und emanzipative Nutzung neuer technologischer Möglichkeiten bleibt aus unserer Sicht gerade ein Bewusstsein über Material und Geschichte unerlässlich. Insgesamt gilt auch hier: Technologie an sich ist dumm; sie wird intelligent nur im Rahmen ihres kulturellen Kontextes. In einer *reduktiven* Moderne, die relativ mehr Eigenarbeit gegenüber Erwerbsarbeit voraussetzt, mehr Autonomie, Gemeinschaftlichkeit und Lokalität in der Güterproduktion, sind Open-Source-Strategien nicht nur hilfreich, sondern auch emanzipativ; im Kontext eines ungebrochen *expansiven* Kulturmodells wirken sie als Verstärker von Aufwand und Beschleuniger der Produktion von Dingen, die die Welt nicht braucht.

Stephan Rammler ist Soziologe und leitet das Institut für Transportation Design an der Hochschule für bildende Künste in Braunschweig, an der zum Wintersemester 2015/16 der neue Masterstudiengang »Transformation Design« startet.

Wie lässt sich Transformationsdesign definieren?

Es gibt dafür keine verbindliche disziplinäre Definition wie z. B. für das Industriedesign. Erst 2006 formulierte die RED Unit[29] die neue Designdisziplin unter dem Begriff des Transformation Design. Sie betonte dabei die methodischen Kompetenzen des Designs und des Designprozesses als Mittel, um einen gesellschaftlichen Wandel herbeizuführen und zu neuen Formaten der Innovationsgestaltung durchzudringen. Das Ergebnis von Transformation-Design-Projekten ist dabei in der Regel kein Produkt, sondern im weiteren Sinne eine »Verhaltensänderung«. Es ist ein transdisziplinär offener Ansatz. Ich würde es also definieren als Sammelbezeichnung für den Versuch von Designern, zusammen mit anderen Disziplinen wichtige praxisbezogene Themen aufzugreifen und Probleme gemeinsam anzugehen: mit dem, was das Design an Design-Thinking-Konzepten und anderen Entwurfs- und Kreativmethoden mitbringt und mit dem, was andere Disziplinen an Methoden und Erkenntnismöglichkeiten bereitstellen.

---

29 Der vom britischen Design Council eingesetzte „Do-Tank" RED (http://www.designcouncil.info/ RED/) hat im Jahr 2006 unter dem Titel „Transformation Design" ein Arbeitspapier veröffentlicht, das die Potenziale der Anwendung eines Design-Ansatzes auf nicht-klassische Design-Felder ausleuchtete (Burns et al. 2006). Entsprechend der Beschäftigung mit nicht-klassischen Design-Themen (Produkten) strebt Transformation Design bei RED auch ein nicht-klassisches Design-Output an, nämlich die Veränderung von Verhalten und damit sozialen Wandel (ebd.).

Aber so, wie es jetzt definiert wurde, ist es fast alles.

Das ist im Augenblick noch ein Problem. Es geht jetzt darum, das genauer auszudifferenzieren. Gehen wir mal so ran: Was sollte ein Gestalter, der zukünftig Transformationsdesign studiert, alles mitbekommen? Er lernt bestimmte Methoden der Zukunftsanalyse, und er entwickelt ein gesellschaftspolitisches Problembewusstsein für Zukunftsfragen. Er würde dann mit gestalterischen Methoden entweder zum Beispiel in die Richtung des Social- oder Partizipativen Designs gehen, also Gruppenprozesse moderieren, etwa mit der Fragestellung: Wie kann ein Studentenwohnheim unter Einbeziehung derjenigen, die da wohnen, besser und angenehmer für die Bewohner gestaltet werden? Oder er fragt sich, wie können Menschen anfangen, ihre Konsumgewohnheiten umzugestalten, indem sie solidarische Konsumgenossenschaften der unterschiedlichsten Art bilden? Wie könnten Krankenhäuser anders gestaltet werden unter Einbeziehung derjenigen, die es betrifft und die als Experten Co-Designer in eigener Sache sein könnten? Wie können wir als Gestalter anfangen, andere Lebensstile zu entwickeln und zu gestalten? Ein anderer Ansatz wäre, sich der Frage zu stellen, wie man Produkte im Zusammenhang von integrierten Produkt-Service-Systemen intelligenter gestaltet. Oder wie kann man kreislaufwirtschaftliche Prinzipien und ökologische Fragestellungen in die Gestaltung miteinbeziehen? Ein transformationsdesignerisch ausgebildeter Gestalter würde an manchen Stellen sagen, möglicherweise ist die beste Antwort auf eine Fragestellung gar nicht ein Produkt, sondern das »Nichtprodukt«.

Wie unterscheidet sich das von einem ganz klassischen Produktdesigner? Der würde ja auch sagen, wir sind dafür da, die Dinge anders zu machen.

Produktdesigner sind in der täglichen Berufspraxis immer noch stark an kurzfristigen Perspektiven des Marketings und an Marktforschungsergebnissen orientiert. Wenn sie sich das überhaupt angucken, dann schauen sie vielleicht drei, vier, fünf Jahre in die Zukunft. So weit, wie die Marktforschungsinstrumente eben reichen. Die bleiben im Grunde relativ nah an dem, was gerade geht und sind dadurch natürlich nicht in der Lage, Probleme, deren Auswirkung erst in zehn, 15, 20 Jahren spürbar sein werden, in den Blick zu bekommen. Ein transformationsdesignerisch ausgebildeter Designer würde sich z. B. die Ergebnisse der Zukunftsforschung anschauen oder auch solche »harten« empirischen Wissenschaften wie die Klima- oder Materialwissenschaften und würde sagen: Okay, da gibt's noch andere Rahmenbedingungen als das reine Konsumentenbedürfnis in drei, vier, fünf Jahren – es gibt etwas, was darüber hinausgeht, was ich auch nicht erfassen kann, indem ich den Konsumenten befrage, sondern ich muss andere Kriterien der Bewertung mit einfließen lassen.

Ein normativer Ausgangspunkt ist dafür aber erforderlich, oder?

Ja, ich kann meinen beschreiben. Das ist ein Gestalter, der sich an einer zukunftsfähigen, nachhaltigen Gesellschaft im umfassenden Sinne der Definition von Nachhaltigkeit orientiert, also an den drei Kriterien der Konsistenz, der Effizienz und vor allem der Suffizienz. Und wenn ich jetzt mal vom Studenten ausgehe, der das studieren soll, dann würde ich sagen, das Mindeste, was ich in der Ausbildung tun kann, ist diesem Menschen ein normatives Referenzgerüst in dieser Richtung wenigstens anzubieten, es mit ihm zu diskutieren. Es geht dabei auch darum zu sagen: Nachhaltigkeit wird wahrscheinlich, wenn man es damit wirklich ernst meint, mit einem schrumpfenden Möglichkeitsraum zu tun haben. Wie kann ich als Gestalter also überhaupt über die Zukunft konstruktiv nachdenken und dabei Entwürfe für eine andere Zukunft machen, die einen ökonomisch und materiell schrumpfenden Möglichkeitsraum mit der gleichzeitigen Vorstellung von qualitativ hochwertigem Leben verbindet? Das geht zwangsläufig irgendwann weg vom Produkt und hin zu der Frage: Wie kann ich mit neuen Lebensstilen arbeiten? Welche Formen von Landwirtschaft und Lebensmittelkonsum sind morgen denkbar? Wenn man die klassische Trias von Produkt, Nutzung und Systeminnovation nimmt, dann ist ein Transformationsdesigner wahrscheinlich a priori immer eher im Bereich von Nutzungs- und Systeminnovation unterwegs und entfernt sich von der alten Idee »ein Bedürfnis, ein Produkt«. Ich kann also beispielsweise als Lösung der Mobilitätsprobleme einer Welt mit neun Milliarden Einwohnern in überwiegend dichten urbanen Lebensräumen nicht immer wieder ein neues Auto hinstellen, auch nicht, wenn es ein Elektroauto ist. Ich sollte mich eher mit der Frage beschäftigen, wie Mobilität zukünftig durch eine intelligent verknüpfte Vielfalt von Mobilitätsoptionen und Verkehrsträgern garantiert wird. Transformationsdesigner müssen die Innovationspyramide vom Kopf auf die Füße stellen, also vom Systemdesign her kommend, über die Nutzungsinnovation zur Produktinnovation denken lernen. Transformationsdesign darf dabei aber nicht sagen: So sieht die Welt von morgen aus, hier müsst ihr hin. Dann macht man totalitäres Weltdesign. Es geht eher um ein schrittweises Suchen in verschiedene, sinnvoll erscheinende Richtungen.

Wie lässt sich Ihre eigene Arbeit in so einem Feld verorten?

Meine eigene Entwicklung in den vergangenen zehn Jahren war, zunächst zu begreifen, dass die Art vom eher am Produkt ausgerichteten Mobilitätsdesign, für das ich ja ursprünglich eingestellt worden bin, angesichts des enormen Verkehrswachstums und der damit verbundenen ökologischen und sozialen Probleme in eine Sackgasse führt. Das Zweite war, verstehen zu lernen, dass ich diese Aufgaben nicht allein aus dem Design heraus lösen kann, sondern nur durch transdisziplinäre Kooperation. Ich brauche Sozialwissenschaftler, ich brauche Ökonomen, ich brauche Zukunftsforscher. Meine Idee war dann, Ingenieurwissenschaften, Designtheorie und Designpraxis mit sozialwissenschaftlicher Zukunftsforschung zu verbinden, also von der Analyse der Zukunft herkommend, über die Entwicklung zukunftsfähiger Konzepte hin zum gestaltenden und ingeniösen Umsetzen der neuen Konzepte fortzuschreiten. Schließlich fand ich immer, dass es unsere Aufgabe als Lehrer ist, normative Vorstellungen und Wertorientierungen transparent zu machen, zu kommunizieren und mit den Studenten zu diskutieren.

Was ist die politische Dimension des Transformationsdesigns?

Der erste Aspekt ist schlicht, dass das Private politisch ist. Es geht darum, die Dinge selber anders zu machen und eine private politische Praxis zu entwickeln. Das heißt, wenn ich über Konsummodelle oder ökologisch verträgliche Ernährungsgewohnheiten nachdenke, dann sollte ich selber damit experimentieren. Wenn ich über neue Mobilitätskonzepte nachdenke, sollte ich versuchen, neue Mobilitätspraktiken in meinen Alltag zu verweben. Es geht ja um Glaubwürdigkeit im politischen Prozess. Ein verändertes Konsumverhalten setzt zumindest Markierungen. Grüner Konsum wird die Welt nicht »retten«, aber im Privaten sich anders zu verhalten ist immerhin der erste Schritt. Der zweite Aspekt ist, eine Debatte über die normative Relevanz von Wissenschaften zu führen, also zu sagen, Wissenschaft kann sich eben heutzutage nicht mehr neutral verhalten, sondern muss eine Wertorientierung aussprechen. Die Methoden selbst müssen natürlich wertneutral und nicht-manipulativ eingesetzt werden, aber in der Setzung meiner Ziele darf und sollte ich heute als Wissenschaftler wie als Gestalter normativ sein. Man kann durchaus eine politische Haltung entwickeln, ohne ideologisch und totalitär zu werden. Zum Politischen gehört schließlich auch, immer wieder die Forderung nach dem Primat der Politik in der Gesellschaft zu stellen. Die Instrumente sind ja da, wir haben seit 20, 30 Jahren alles, was wir brauchen, um hinreichend, tief greifend, zielsicher zu steuern. Und die drei Aspekte wirken zusammen, das Private, der Staat als Rahmensetzer und die Wissenschaft als impulssetzende Institution.

Transformationsdesign als Lesbarkeit der Geschichte und Herkunft von Produkten

Im Sinn der Gestaltung einer reduktiven Moderne kommt Transformationsdesign noch eine andere, ebenfalls neuartige Aufgabe zu. Es geht um das Redesign des Verhältnisses zwischen Rohstoff und Erzeugnis. Denn die heutigen Designs verbergen perfekt, welche Fertigungsbedingungen, welche Wertschöpfungsketten, welcher Ressourcen- und Transportaufwand, welche Arbeit und Energie in allem steckt, was man konsumiert. Alles, was die komfortablen Lebensverhältnisse in Gesellschaften unseres Typs sicherstellt, verbirgt, dass seine Bestandteile aus irgendeinem Boden, irgendeinem Wald oder irgendeinem Ozean kommen und von irgendwem – nicht selten unter Verletzung der wirtschaftlichen, sozialen und der Menschenrechte – gemacht worden ist. Vor diesem Hintergrund kommt Transformationsdesign die Aufgabe zu, die Eigengeschichte der Produkte wieder kenntlich zu machen.

Dabei liegt die Betonung auf *wieder*. Denn dass Produkte und die zugehörigen Orte der Distribution weltweit gleich und damit herkunfts- und kulturlos aussehen, ist ja noch nicht sehr lange der Fall. Noch in den 1970er-Jahren waren Möbel in Deutschland nicht selten handwerkliche Produkte und wiesen ihre Herkunft durch den lokalen oder regionalen Hersteller nach. Natürlich bezogen Möbeltischler auch zu dieser Zeit nicht alle Hölzer vom nächstgelegenen Sägewerk, aber immerhin war an Preis und Aussehen ersichtlich, wenn es sich etwa um Teak- oder Palisanderholz handelte. Ein anderes Beispiel: Zur selben Zeit war von einer globalen Konsumsphäre noch keine Rede, weshalb es durchaus attraktiv war, Jeans aus den USA, Gewürze aus Indien, Gürtel aus Südamerika, Wein aus Frankreich oder Whisky aus Schottland mit zurück nach Hause zu bringen. Niemand käme heute auch nur mehr auf die Idee, eine Frucht oder ein Gemüse aus dem Reiseland heimzunehmen; Spargel aus Chile gibt es ganzjährig ebenso im Supermarkt wie Mangos, Kiwis oder Litchis. Die Hyperkonsumwelt kennt keine Saison, genauso wenig wie lokale Spezifika im Bereich der Konsumgüter. Alles gibt es überall, die Nespresso-Maschine in Peking genauso wie in Wanne-Eickel, den australischen Rotwein in New York genauso wie in Peine. Dieser Prozess der geografischen und zeitlichen Entdifferenzierung führt aber nicht nur zu einer allseitigen Verfügbarkeit aller Konsumgüter, sondern zu einer Nivellierung ihrer Unterschiede. Die FusionKüche zeigt es in derselben Weise wie die internationalen Kunstausstellungen, wie Hotellobbys und Fußgängerzonen – heute hätte Mr Leary, der Schriftsteller, der in Anne Tylers Roman »Die Reisen des Mr Leary« Reiseführer für Leute schreibt, die es im Ausland vor allem genauso wie zu Hause haben wollen, gar keine Aufgabe mehr. Es sieht ja sowieso alles gleich aus.

Auch beim Autodesign ist die Entwicklung frappierend: Bis in die 1970er-Jahre hinein war auch ohne Markenkenntnis völlig eindeutig zu erkennen, ob ein Auto aus Deutschland, Frankreich, Italien oder England kam. Nicht nur die Technik und das Design, auch die »Charaktere« der Autos repräsentierten national unterschiedliche kulturelle Präferenzen: Ein Opel, Mercedes oder Porsche symbolisierten ein solides Ingenieursethos, Renault, Peugeot und eben Citroën Technik als Ausweitung der Komfortzone, Jaguar, Rover und MG Exzentrik und Stilbewusstsein, Fiat, Alfa Romeo und Lancia Sportlichkeit und sorglose Qualitätsansprüche.

Entsprechend war die Wahl nicht erst eines bestimmten Modells, sondern schon der Marke eine höchst expressive Entscheidung, brachte man doch mit dem Kauf eines Saabs oder eines Volvos einen technoid-elitären Selbstanspruch zum Ausdruck, im

Unterschied zum Dynamikanspruch des Alfisti oder zum Bieder-
sinn dessen, der sich einen Opel Rekord zulegte. Konsum, zumal
eines stets sichtbaren Gutes, war immer auch Distinktion und –
mit Erving Goffman (2003 [1959]) – »impression management«,
basierte mithin auf qualitativen Entscheidungen, während in der
uniformen Flut heutiger Fahrzeuge, vorwiegend in Schwarz oder
Silbergrau gehalten (wegen des Wiederverkaufswerts, wie Helge
Schneider richtig bemerkt hat, Unterschiede vor allem in Größe
und Masse, also rein quantitativ) gemacht werden.

Da diese Uniformität natürlich den Selbstbildern der Konsumenten ebenso widerspricht wie den Absatzbedürfnissen der
Hersteller, wird sie durch exzessive »Individualisierung« der einzelnen Fahrzeuge kompensiert: Der Käufer darf aus einer Fülle
unendlicher Kombinationen von Ausstattungen wählen und sich
demgemäß sicher fühlen, dass ihm kein mit seinem identisches
Fahrzeug begegnet, auch wenn sie alle gleich aussehen. Individua-
lität wird auf diese Weise simuliert, übrigens genauso wie das, was
mal der spezifische »Charakter« eines jeweiligen Fahrzeugs war.
Natürlich spielt bei dieser nachträglichen Individualisierung des
uniformen Produkts eine wichtige Rolle, dass die Produktzyklen
immer kürzer werden. Undenkbar wäre es heute, dass ein- und
dasselbe Modell wie früher zwei Jahrzehnte nahezu unverändert
gebaut (und gekauft) wird – Beispiel dafür sind etwa der Citroën
DS (von 1955 bis 1975) oder der Mercedes SL der Baureihe R
107 (von 1971–1989), vom VW Käfer oder Austin Mini ganz zu
schweigen. Die Verkürzung der Produktzyklen führt, wie bei elektronischen Produkten, zu einer beständigen Aufrüstungsspirale
aufseiten der Konsumenten, die ihre Statusbedürfnisse nur dann
realisieren können, wenn sie jeweils das neueste und am besten
auch noch »smarteste« Produkt vorweisen können, das auf dem
Markt ist.

Eine Designerin und Künstlerin, die sich der Historisierung im Sinne der Lesbarkeit der von ihr entworfenen Produkte angenommen hat, ist Julia Lohmann, die an der Hochschule für Bildende Künste in Hamburg lehrt. Sie hat zum Beispiel ein Sofa entworfen, dessen Form deutlich die Kuh erkennen lässt, die das Bezugsmaterial – eine einzige Kuhhaut – geliefert hat. Lohmanns Kuhsofas sind entsprechend Einzelanfertigungen und tragen jeweils auch die Namen der Kühe, die für die Sofas verarbeitet worden sind.

Das mag auf den ersten Blick hin zynisch oder ironisch erscheinen – aber nur deshalb, weil man durch konventionelles Design darauf konditioniert ist, die Ausgangsmaterialien und Produktionsbedingungen der jeweiligen Erzeugnisse nicht zu sehen. Jedes Ledersofa, jede der heute so beliebten Lederinnenausstattungen von Autos hat die Kuhhaut als Rohstoff, aber das Bestreben der Designer richtet sich darauf, nur noch »Leder«, nicht aber »Kuh« in Erscheinung treten zu lassen – und daher das Luxusinterieur einer

Cowbench, Foto Julia Lohmann

Mercedes-S-Klasse nicht mit Massentierhaltung in Verbindung zu bringen. Das ist der eigentliche Zynismus, nicht das Sichtbarmachen dieses Sachverhalts.

Lohmanns Kuhsofas sind in diesem Sinn aufklärerisches Design: Ein Käufer muss sich so dezidiert über die Herkunft des Materials Rechenschaft ablegen, aus dem sein Sofa ist, wie etwa der Gourmet, der aus Genussbedürfnissen Stierhoden verzehrt. Ohne Materialbewusstsein und damit ohne eine Reflexion über jene Stoffwechselprozesse, von denen man selbst Teil ist, geht das nicht. Dasselbe aufklärerische Prinzip ist in Lohmanns Lampen aus Schafmägen wirksam, an deren stofflicher Herkunft man ebenfalls nicht vorbeisehen kann, wenn man sie schon besitzen und nutzen möchte.

Cowbenches, Foto Julia Lohmann

Transformationsdesign

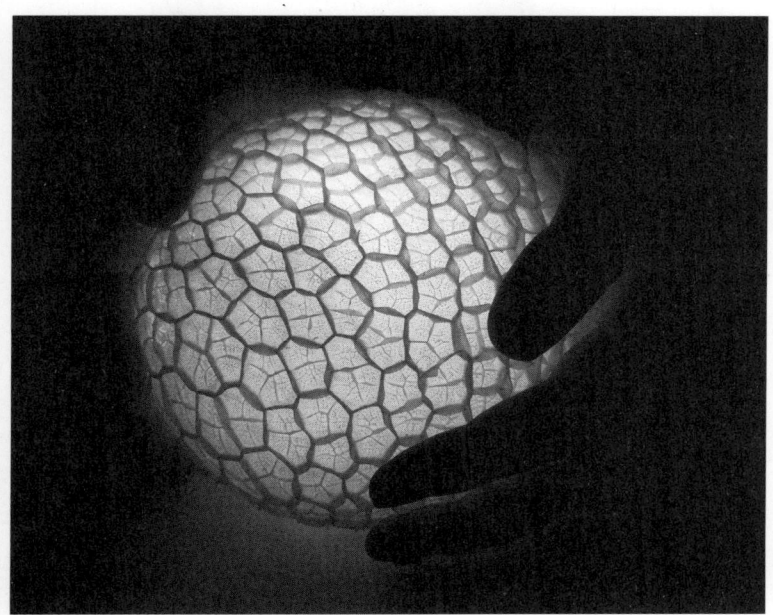

Ruminant Blooms, Foto Julia Lohmann

Eine andere Gruppe von Arbeiten Lohmanns geht auf das
Material Seetang zurück, das sie mit einem eigens am Londoner Victoria and Albert-Museum eingerichteten »Department
of Seaweed« auf seine Eigenschaften untersucht. Seetang ist erstaunlich: fast überall verfügbar, wo es Meer gibt, essbar, in den
unterschiedlichsten Formen zuzubereiten, auf vielfältigste Weise
für Behältnisse, Kleidung, Musikinstrumente, Bespannungen,
Möbel formbar und restlos organisch abbaubar. Ein in trans-
formativer Hinsicht geradezu ideales Material, das aber einstweilen noch kaum in Gebrauchszusammenhänge eingeführt ist,
sondern eher als lästige naturale Überschussproduktion gilt, das
Strände unbenutzbar macht und auch sonst zu wenig gut ist. Um
die Materialeigenschaften zu demonstrieren, hat Lohmann für

Oki Naganode, Foto Petr Krejcí

das Victoria and Albert-Museum die Skulptur »Oki Naganode« angefertigt, die einen Eindruck von der Vielfältigkeit der Materialeigenschaften von Seetang gibt.

Lohmann verfolgt, wie an ihren Arbeiten unschwer zu erkennen ist, das Ziel einer Umformatierung von Design und Designbegriff. Ein Projekt dieser Art kann den Käufer beziehungsweise Nutzer natürlich nicht unberücksichtigt lassen. Die Haltung eines solchen transformativen Konsumenten hat Julia Lohmann einmal mit einer notwendigen Grundsatzfrage charakterisiert: Jeder, der sich ein neues Stück zulegen möchte, sollte sich vorher fragen: »Möchte ich dieses Teil in mein Leben lassen?«

Transformationsdesign als Genealogie zukunftsfähiger Praktiken

Bei zukunftsfähigen Praktiken – also bei Formen des Wirtschaftens, der Mobilität, der Ernährung, des Wohnens etc., die mit der Einhaltung ökologischer Grenzen vereinbar sind – muss es sich nicht zwangsläufig um soziale Innovationen handeln. In der Geschichte verschiedenster Gesellschaften lässt sich ein breites Spektrum nachhaltiger Lebens- und Wirtschaftsweisen studieren, sie sind also zugleich in der gesellschaftlichen Vergangenheit zu verorten. Immerhin hat es die menschliche Überlebensform ja 200.000 Jahre geschafft, im Großen und Ganzen nachhaltig zu leben, auch wenn nicht jede soziale Praxis nachhaltig war.[30] Strukturelle Nicht-Nachhaltigkeit ist eine moderne Erscheinung und im globalen Maßstab erst ein paar Jahrzehnte alt. Insofern wird man auch darauf vertrauen dürfen, dass eine Archäologie zukunftsfähiger Praktiken den technikdominierten Nachhaltigkeits- und Transformationsdiskurs informieren kann, der – ganz in der Tradition einer nicht-reflexiven Moderne – vor allem auf die Entwicklung neuer Technologien, Mobilitätsmuster etc. setzt.

Beispiele für zukunftsfähige Praktiken in der Vergangenheit sind die Tätigkeit eines Dombaumeisters, der ohne die Berücksichtigung einer Langfristperspektive von mehreren Jahrhunderten nicht erfolgreich sein konnte, oder die Arbeit der Baumeister

---

30 Menschen haben selbstverständlich seit jeher die außermenschliche Natur zum Teil massiv genutzt und verändert. Aber: »Seit Beginn der Industrialisierung, also in den vergangenen rund 250 Jahren, haben sich die Effekte menschlichen Tuns in doppeltem Sinn globalisiert. Sie treten zum einen auf der ganzen Welt auf, und zum anderen erreichen sie, wie etwa der anthropogene Klimawandel, eine globale Skala« (Leinfelder et al. 2012: 13). Zudem wirken zahlreiche der aktuell zu beobachtenden Umweltveränderungen anthropogenen Ursprungs sehr langfristig: Selbst wenn ab sofort keine fossilen Energieträger mehr verbrannt würden, bliebe aufgrund der Langlebigkeit von Kohlendioxid in der Erdatmosphäre das Klima für Jahrtausende verändert. Auch der Verlust biologischer Vielfalt ist im Prinzip irreversibel. Daher verorten die Vertreter der Anthropozän-These solche und andere Veränderungen der globalen Stoffkreisläufe auf einer erdgeschichtlichen Skala (Crutzen 2002).

der Oxford University: Als sie zum Ende des 14. Jahrhunderts aus Eichenstämmen den Speisesaal der Universität errichteten, pflanzten sie zugleich neue Eichen, deren Holz Zimmerleuten im 19. Jahrhundert dazu dienen sollte, über die Jahrhunderte morsch gewordene Balken zu ersetzen. Die Baumeister der Vergangenheit dachten in Kategorien des Zukünftigen, die von heute in Kategorien der reinen Gegenwart (Schulz 2013).

Weniger spektakuläre Beispiele finden sich in der jüngeren Vergangenheit: das Betreiben eines Schrebergartens zur Selbstversorgung, das Einmachen von Obst und Gemüse in Privathaushalten, das Reparieren von Elektrogeräten, das Aufbewahren von Plastiktüten aufgrund eines Sparsamkeitsethos oder die Unterhaltung und Nutzung öffentlicher Bibliotheken.

In Anlehnung an Michel Foucault (1977) wird unter »Genealogie« eine Methode verstanden, die die historische Genese sozialer Praktiken und Phänomene beschreibt und erklärt. Eine genealogische Perspektive bedeutet demnach, den Untersuchungsgegenstand als historisch Gewordenen zu begreifen, was stets auch die Rekonstruktion von Machtverhältnissen miteinschließt. Die Genealogie einer zukunftsfähigen Moderne muss sich auch mit der Geschichte solcher Alltagspraktiken beschäftigen (und nicht nur mit der Entwicklung und Diffusion neuer Technologien), denn ihre soziokulturelle Genese beschreibt zugleich die Potenziale ihrer Veränderbarkeit. Was historisch entstanden ist, bildet zwar die Faktizität der gegenwärtigen Infrastrukturen und Handlungsbedingungen, basiert aber keineswegs nur positiv auf weiterentwickelten, verbesserten und neu erfundenen Praktiken und Artefakten, sondern ebenso negativ auf verschütteten oder aus der Mode gekommenen Lebensstilen, Vorsorgepraktiken, Mobilitätsformen usw. Darüber hinaus können kulturelle Formationen in weit größerem Maße als die naturalen Rahmenbedingungen verändert werden.

Gegenwärtig haben wir es mit einer paradoxen Situation zu tun: Seit mehr als vierzig Jahren wird über Nachhaltigkeit diskutiert und zunehmend ein enormer Aufwand betrieben, durch Zertifizierung und Labels, Emissionshandel und Verordnungen etc., um Produkte und Produktion nachhaltiger zu gestalten. Dabei erleben wir parallel zu diesen Bemühungen, dass Kulturpraktiken, die in einem hohen Maße nachhaltig sind und lange Zeit selbstverständlich waren – wie das Reparieren von Möbeln, Kleidung oder technischen Geräten – aus der Gesellschaft verschwinden. Daher ist es eine lohnenswerte Aufgabe, solche Ressourcen nachhaltiger Praxis in der Vergangenheit zu identifizieren und sowohl die sozialen Faktoren ihrer Entstehung als auch ihres Verschwindens zu rekonstruieren sowie auf dieser Basis die Möglichkeiten ihrer Revitalisierung zu eruieren. So tauchen in den vergangenen Jahren wieder Reparaturläden in den Metropolen auf, dort also, wo sich kulturelle Innovationen am schnellsten verbreiten. Dabei gilt es jeweils den sozialen Kontext zu berücksichtigen: Denn es wäre naiv und widerspräche der Foucault'schen Genealogie, davon auszugehen, dass bestimmte Praktiken 1:1 wiederbelebt werden (können). Vielmehr ist von einer Transformation beziehungsweise Modernisierung der Praktiken unter aktuellen gesellschaftlichen und technologischen Bedingungen auszugehen (beispielsweise städtische Gemeinschaftsgärten statt oder in Ergänzung zu Schrebergärten). Auch sind die sich wandelnden Machtverhältnisse zwischen sozialen Gruppen und die sozialen Milieus, in welche diese Praktiken eingebettet waren, zu berücksichtigen. So waren Tätigkeiten aus dem Bereich der Reproduktion (wie das Gärtnern oder das Einmachen von Obst und Gemüse) in der Vergangenheit überwiegend die Domäne von Frauen. Dies dürfte sich mit dem Wandel der Geschlechterverhältnisse in den vergangenen Jahrzehnten heute anders darstellen.

Transformationsdesign als Gestaltung von Rückbau und Schrumpfung

Eines der am häufigsten gebrauchten Argumente im Kontext der »Eurokrise« und der Rolle Europas in der globalisierten Welt besteht in der Mitteilung, dass nur ein geeintes Europa in der Lage sei, eine weltpolitische und damit auch weltwirtschaftspolitisch bedeutende Rolle zu spielen. Die Größe eines politischen Aggregats dürfe mithin einen kritischen Wert nicht unterschreiten, weil man ansonsten Nachteile im globalen Wettbewerb erleiden würde. Dieses empirisch völlig ungeprüfte Argument wird mit derselben Emphase von so unterschiedlichen Personen wie Angela Merkel, Josef Ackermann und Ralf Fücks vertreten, obwohl doch gerade die Erfahrung vieler europäischer Nationalstaaten zeigt, dass man mit Gewinn kleiner *und* bedeutender werden kann. Norbert Elias (1994: 17 ff.) hat am Beispiel der Niederlande gezeigt, wie die Schrumpfung von einer bedeutenden Seemacht zu einem kleinen europäischen Nationalstaat äußerst produktiv bewältigt wurde; vergleichbare Fälle betreffen Spanien, Portugal, Österreich-Ungarn oder das britische Empire: Historische Größe ist keineswegs etwas, das um jeden Preis erhalten bleiben muss. Vielmehr kann es für die Entwicklung eines stabilen (nationalen) Selbstbildes, das von extremen Ausschlägen verschont bleibt, höchst produktiv sein, sich als vergleichsweise kleine soziale Einheit zu verstehen, die Spezifika ausbildet, die einen von anderen unterscheidbar macht. Man denke hier etwa an die Distanz der skandinavischen Länder gegenüber den Verlockungen einer Globalisierung unter neoliberalen Vorzeichen, mit der sie unter anderem in der Finanz- und Wirtschaftskrise ganz gut gefahren sind. Mit anderen Worten: »Klein« und »groß« sind keine sinnvollen Kategorien politischer Orientierung in der Moderne, weshalb auch das Kleiner-Werden oder Weniger-Brauchen auf eine Menge historischer Erfahrung zurückgreifen kann. Tatsächlich gehören Verluste materieller wie symbolischer Art zum historischen Erfahrungsbestand der allermeisten Gesellschaften und ihrer Mitglieder, und für die Gestaltung einer reduktiven Moderne sind solche Bewältigungserfahrungen des Schrumpfens von Größe und Macht äußerst wertvoll. Anders gesagt: Weder politisch noch lebensweltlich sind Verlust- und Schrumpfungserfahrungen prinzipiell negativ – weshalb eine Kultur des Weniger durchaus weniger exotisch ist, als sie auf den ersten Blick erscheinen mag. Anhand dreier zentraler Bereiche alltäglicher Lebensführung lässt sich dies kurz illustrieren: Wohnen, Ernährung, Mobilität.

Wohnen

Dies ist sicherlich ein Bereich, in dem die Forderung nach »Weniger« besonders viel Widerstand hervorrufen würde – schließlich ist die Wohnfläche pro Kopf in den letzten 15 Jahren beträchtlich von 39 qm (1998) auf heute 45 qm angewachsen (Bundesinstitut für Bevölkerungsforschung 2013), und gewiss wird die besonders im Lebensverlauf in der Regel wachsende Verfügung über Wohnraum als elementarer Aspekt von Lebensqualität empfunden. Gleichwohl ist gerade in einer alternden Gesellschaft das Phänomen verbreitet, dass Häuser und Wohnungen, die in der Familienphase nicht groß genug sein konnten, ab einem höheren Lebensalter gerade deswegen als dysfunktional empfunden werden, weil sie zu viel Fläche haben und entsprechenden Reinigungs- und Erhaltungsaufwand mit sich bringen. Da sich zwischenzeitlich aber die Ausstattungs- ebenso wie die energetischen Standards und die Lagepräferenzen verändert haben, werden die Wohnungen und Häuser von jüngeren Nutzergruppen als unattraktiv empfunden, was zu Preisverfall und Leerstand führt. Darauf reagieren Wohnprojekte, die als Mehrgenerationenhäuser oder -siedlungen geplant werden und auf sich ändernde Raumbedürfnisse im Lebensverlauf durch interne Flexibilität antworten können. Ein weites Feld, um auch hier das Neubauen vermehrt durch Bauen im Bestand zu ersetzen, wäre exakt die Nutzung jener meist suburbanen Einfamilienhaus- und Bungalowsiedlungen, die aus den genannten Gründen nicht mehr adäquat bewohnt werden. Daneben bieten flexible Nutzungskonzepte, etwa die Kombination von kleinen Wohnungen und großen Gemeinschaftsflächen mit unterschiedlichen Gebrauchsmöglichkeiten (Spielflächen, Werkstatt, Café, Sport etc.), hervorragende Lebensqualität bei weniger Fläche (zum Beispiel »Agora Lebens- und Wohnprojekt«). Dass sich solche Wohnformen überdies hervorragend mit Carsharing, Einkaufsgemeinschaften etc. verbinden lassen, liegt auf der Hand.

Ernährung

Im Bereich der Ernährung hat sich, abgesehen von All-you-can-eat-Angeboten und Kreuzfahrten, auf denen offenbar noch Hungertraumata aus der frühen Nachkriegszeit nachträglich bewältigt werden, bei verschiedenen sozialen Milieus und Gruppierungen bereits ein Lebensstilwechsel vollzogen. Längst gilt in den stilbildenden Milieus ja nicht mehr zwangsläufig die übergroße Portion oder die Menge an Fleisch auf dem Tisch als erstrebenswert, sondern die Qualität der Produkte und ihrer Zubereitung. Insofern ist, jedenfalls in statusorientierten gesellschaftlichen Gruppen, ein Paradigmenwechsel im Statuskonsum vollzogen worden, der deutlich macht, dass ein »Weniger« keineswegs prinzipiell als Mangel und Rückschritt empfunden werden muss, sondern selbst in Hyperkonsumgesellschaften als positives Distinktionsmerkmal verwendet werden kann. Wenn sich das, wie es im postmateriellen

Milieu ebenso wie in der Sternenküche oft der Fall ist, noch damit verbindet, dass saisonal und lokal konsumiert wird, weist das darauf hin, dass der Weg zu suffizienten Lebensstilen keine weltfremde Utopie sein muss, sondern vor allem eine Frage der kulturellen Umcodierung. Die gelingt besonders, wenn damit auch noch gesundheitliche Vorteile verbunden sind (Heindl 2015). Insofern darf die internationale »Slow Food«-Bewegung (www.slowfood.com) durchaus als beispielhaft für die soziale Praxis einer reduktiven Moderne betrachtet werden, die weniger Aufwand mit mehr Genuss kombiniert.

Mobilität

Ein vergleichbar radikaler Rückbau von Mobilität dürfte demgegenüber exotisch sein. Er erscheint als merkwürdige Idee in genau dem Augenblick, in dem in Indien die Rikschas und in China die Fahrräder aus dem Straßenbild verschwinden und die globalen Warenströme jedes Jahr enorme Zuwachsraten verzeichnen. Aber tatsächlich ist die Verfügbarkeit aller Waren zu jeder Zeit an jedem Ort der Welt so wenig ein Menschenrecht wie ein Merkmal von Zukunftsfähigkeit; im Übrigen ist ja völlig unklar, wieso mit dem Sich-Selbst-Gleich-Werden aller Weltteile unter dem Vorzeichen des Konsums und der universalen Verfügbarkeit derselben Waren und Güter personale Mobilität immer noch weiter anwächst. Niemals zuvor gab es so viel Grund, zu Hause zu bleiben, nie gab es weniger Fremdes zu entdecken. Hier zeigt sich dasselbe Paradox wie bei der perfektionierten universalisierten Kommunikation: Im Zeitalter von Internet und Social Media kann jeder jederzeit mit jedem in Austausch treten, sprachlich, visuell, unter Verwendung aller möglichen Materialien; gleichwohl ist die scheinbare Notwendigkeit gewachsen, sich Face to Face gegenüberzutreten, was die Mobilitätsaufwände erhöht. Die Lösung solcher Scheinparadoxa ist einfach: Unter Voraussetzungen eines expansiven Wirtschaftsprinzips ist jede neue Möglichkeit keine Substitution, sondern eine Addition. Sie wird zusätzlich genutzt, nicht stattdessen. Im Freizeitbereich macht die Konjunktur des Kreuzfahrttourismus deutlich, wie Angebote ihre Nachfrage schaffen, auch dann, wenn sie (nicht nur aus ökologischer Perspektive) äußerst fragwürdig sind (Brida/Zapata 2010). Hinzu kommt, dass im Feld der Warenströme ein beständig steigender Mobilitätsaufwand zu verzeichnen ist, der durch vergleichsweise niedrige Treibstoffpreise ermöglicht wird und ein sich selbst verstärkender Prozess ist: Je billiger ich etwas transportieren kann, das andernorts billiger hergestellt werden kann als vor Ort, desto größer ist die Mobilitätsnachfrage, desto mehr Schiffe, Lastwagen und Flugzeuge werden gebraucht usw. Gerade in der Mobilität zeigt sich die unausweichliche Steigerungslogik einer expansiven Kultur modellhaft, und dabei ist noch gar nicht davon die Rede, dass der private Autoverkehr wesentlich mit der Suburbanisierung zusammenhängt, die auf den wachsenden Bedarf nach Wohnfläche zurückgeht usw. Schon vor dem Hintergrund einer so kurzen Betrachtung wird evident, dass zum Transformationsdesign in einem umfassenden Sinn auch die Frage nach der Verringerung von Bewegung gehört. Dazu sind vier Strategien einzuschlagen: innehalten, aufhören, zurückgehen, ankommen.

Innehalten
Innehalten ist eine Strategie des Orientierungsgewinns. Oft kann es ja besser sein, eine Handlung aufzuschieben, als sie sofort auszuführen – zum Beispiel dann, wenn nicht genug Informationen über das erwartbare Handlungsergebnis vorliegen. Jeder Nutzer von E-Mail und sozialen Medien weiß, dass es eine Ökonomie des Nicht-Handelns gibt. Dinge, die erfragt oder mitgeteilt werden, erledigen sich mitunter ganz von selbst, wenn man nicht reagiert.

Aufhören

Aufhören als moratorische Strategie hätte allgemein den Vorteil, aus der fatalen Logik der unmittelbaren Abfolgelogik von Problem – Lösung – Problem – Lösung auszusteigen und Zwischenräume des distanzierten Betrachtens einzufügen, um was für ein Problem es in welchem Zusammenhang eigentlich geht. Bevor man auf ein schnellstmögliches »Anspringen« der Wirtschaft im Kontext einer Finanzkrise sinnt, könnte man mithilfe moratorischer Strategien eine solche Krise als Chance sehen, reduzierte oder ins Negative rutschende Wachstumsraten als Ausgangspunkt für die notwendige Transformation zu sehen. Aufhören bedeutet eine Reduktion sozialer, biografischer und physikalischer Mobiliät. Oder die Absicht, fertig zu werden.

Zurückgehen

Jede Vorstellung, Entwicklungen zurückzudrehen, Richtungen um 180 Grad zu verändern, Geschaffenes rückzubauen, vor den Status quo zurückzukehren, ist der Moderne und dem mit ihr verbundenen Universum des Fortschritts strikt wesensfremd. In einer Kultur, die den Kern ihrer Existenz im Erreichen quantitativer Extensionen sieht, werden Rückkehr und Rückbau als Zurückfallen hinter das einmal Erreichte betrachtet, auch dann, wenn das Erreichte hinsichtlich der Ressourcenzerstörung die Voraussetzungen seiner eigenen Existenz ruiniert. Sich langsamer oder gar nicht zu bewegen, zu Hause zu bleiben, Gesellungs- und Vergemeinschaftungsformen zu entwickeln, die keine Überwindung räumlicher Distanzen voraussetzen, stellen demgegenüber ganz neue Herausforderungen dar. Ihre Bewältigung kann aber mit enormem Gewinn an Zeit und erheblichen Reduktionen an Mobilitätsaufwänden einhergehen. Zurückgehen bedeutet, eine einmal erreichte Funktionsebene zum Ornament zu machen und zu einer überzüchteten beziehungsweise dysfunktional werdenden Entwicklungsstufe zu erklären.

Ankommen

Ankommen heißt aufzuhören, den Weg gegenüber dem Ziel zu privilegieren. Im Kern ist das die Vorstellung der Kultivierung und zugleich das politische Programm des 21. Jahrhunderts: Denn die Aufgabe besteht ja darin, die erreichten zivilisatorischen Standards in den Bereichen Freiheit, soziale Absicherung, Gesundheit, Bildung, Rechtsstaatlichkeit zu kultivieren, und zwar im Rahmen einer nachhaltigen Wirtschafts- und Lebensweise. Will man den derzeit laufenden Raubbau an der Zukunft der kommenden Generationen und der marginalisierten Teile der Weltbevölkerung stoppen, bedeutet das nicht die Substitution der fossilen Automobilität durch Elektrofahrzeuge, sondern eine ganz und gar veränderte Vorstellung von Mobilität, so wie überhaupt der notwendige Umbau der Industriegesellschaften nicht substitutionslogisch gedacht werden kann, sondern nur als eine tief greifende Transformation der materiellen, institutionellen und mentalen Infrastrukturen. Diese kann, und darin besteht der Irrtum aller technoiden Nachhaltigkeitsfantasien und Carbon-footprint-Rechnereien, niemals durch eine Erhöhung von Aufwand erreicht werden, sondern nur durch Rücknahmen in jeder Hinsicht. Lebenskunst bestand immer schon in einer Reduktion auf Wesentliches oder, mit Oscar Wilde, in der radikalen Vereinfachung des Geschmacks: stets mit dem Besten zufrieden zu sein.

Und hier wäre man wieder beim handbetriebenen Spindelrasenmäher angekommen, der seine Funktion so perfekt erfüllt wie auf seine Weise der tiefe Teller oder das Fahrrad. Ankommen bedeutet ja auch die Erkenntnis, dass es Dinge und Situationen gibt, die keine Verbesserung mehr brauchen. Die Grundform des Fahrrads lässt sich nicht optimieren, man versucht es schon hundert Jahre lang erfolglos. Ein Vermeer lässt sich nicht verbessern; keine Technik, keine »Innovation« wäre in der Lage, seiner ästhetischen Qualität etwas hinzuzufügen – was im Übrigen für alle große Kunst gilt. Ein Theaterstück lässt sich nicht effizienter aufführen, genauso wenig wie ein Konzert.

Ankommen bedeutet mithin die Wiedergewinnung von Kriterien dafür, wann etwas gelungen und abgeschlossen ist. Umgekehrt wäre dieser Moment genau jener, ab dem jeder Verbesserungsversuch in einer funktionalen und/oder ästhetischen Minderung enden würde. Ankommen ist also eine Haltung, früher gab es dafür die Kategorien der »Meisterschaft« und des »Meisterwerks«. Wie der normativ gerichtete Begriff des »Fortschritts« durch den leeren der »Innovation« ersetzt wurde, so wird der auf das Werk gerichtete Begriff der »Meisterschaft« durch leere wie »Exzellenz« oder »Leadership« ersetzt. Transformationsdesign richtet sich daher nicht nur auf den materiellen Mitteleinsatz, sondern auch auf den begrifflichen: Zu sagen, warum man etwas macht oder getan hat oder zu tun beabsichtigt, gehört dazu. Oder wie wir oben formuliert haben: nicht zu vergessen, was die Frage war, auf die man eine Antwort geben möchte.

7 Heterotopie als Gesellschaftsdesign – Die soziale Organisation des Weniger

Lässt man unsere bisherigen Ausführungen wie im schnellen Vorlauf noch einmal Revue passieren, drängt sich ein Widerspruch auf – ein Widerspruch zwischen der global gerichteten Problemanalyse und der auf einen spezifischen Gesellschaftstyp gerichteten Lösungsstrategie. Mehr noch: Insgesamt scheinen die oft sehr faszinierenden, aber alles in allem doch partikularen, wenn nicht sogar luxurierenden Transformationsbeispiele ausgesprochen klein gegenüber dem großen Problem einer strukturellen Einrichtung der Welt in Nicht-Nachhaltigkeit, wie sie gerade stattfindet. Tatsächlich kann man aber zwei Dinge nicht wissen: erstens, welche weiteren, unbeabsichtigten und nicht-antizipierbaren Folgen ein Pfadwechsel hat, dessen Notwendigkeit hier begründet worden ist. Jeder Schritt in eine vom *business as usual* abweichende Richtung erhöht die Wahrscheinlichkeit, dass auch der nachfolgende zweite, dritte, vierte Schritt in dieser Richtung erfolgen wird – genauso wie umgekehrt das Verfolgen des konventionellen, nicht-nachhaltigen Pfades die Wahrscheinlichkeit einer irgendwann stattfindenden Abweichung verringert. Menschen korrigieren einmal gefällte Entscheidungen und einmal eingeschlagene Richtungen ungern, weil das nicht nur den Orientierungsbedarf erhöht, sondern auch die Infragestellung und Revision einer ganzen Kette von Entscheidungen erfordert (Welzer 2005). Daher ist die Schnittstelle zwischen dem Beibehalten der bisherigen Richtung und der Entscheidung für den Pfadwechsel so wichtig. Diese Schnittstelle ist nicht theoretisch oder abstrakt, sondern kann nur praktisch erschlossen werden: Sie weist im ersten Schritt in die andere Richtung, den man tatsächlich *macht*. Denn dieser Schritt ist selbst transformativ, er bringt neue Erfahrungen und damit eine neue Einstellung der eigenen Optik mit sich. Weil man die Dinge anders zu sehen beginnt, eröffnen sich Möglichkeiten weiterer Schritte. Was sich hier zeigt, ist eine Autopoetik des ersten Schrittes, des Schonmal-Anfangens. Natürlich stellen sich bei den zweiten, dritten, vierten Schritten dieselben Fragen wieder. Immer noch ist der Orientierungsbedarf groß, die soziale Übereinstimmung gering, man ist sich gewissermaßen selber ungewohnt. Daher bedarf es der Einübung, einer Art Politisierungsgymnastik, die einen besser werden lässt im Abweichen. Und genau hier finden, zweitens, die vorgestellten Beispiele ihre soziale und politische Funktion, sind sie doch allesamt – vom Open Source über das Nicht-Bauen bis hin zur Historisierung der Produkte und Stoffe, aus denen sie gemacht sind – Einübungen in den Pfadwechsel. Denn alle schlagen ja nicht nur einen anderen Pfad als den konventionellen ein, sondern liefern damit zugleich Inspirationen für analoge Pfadwechsel. Nimmt man allein das von Alasdair Parvin erwähnte Beispiel der Schule, die ihr Verdichtungs- und Sicherheitsproblem nicht durch Umbauen, sondern durch die soziale Handlung einer Desynchronisierung löst, fallen einem bei Gelegenheiten vergleichbarer Problemstellungen viel eher analoge Lösungen ein, als wenn es dieses Beispiel nicht gegeben hätte. Und auch faktisch werden Abhängigkeits- und Machtverhältnisse verändert, da neue Handlungsoptionen und Handlungsspielräume entstehen. Wer einen handbetriebenen Rasenmäher benutzt, Obst- und Gemüse selbst anbaut oder sich ein Wiki-House baut, wird graduell unabhängiger von fossilen Energien (und entsprechenden Unternehmen), industrieller Landwirtschaft, konventionellen Geschäftsmodellen etc. Die Rolle, die Bionenergiedörfer und Energiegenossenschaften in Deutschland spielen und wie sie, insbesondere seit der »Energiewende«, die bisherigen Geschäftsmodelle der großen Energiekonzerne tangieren, lässt sich ebenfalls als eine Veränderung der bestehenden Machtdifferenziale beschreiben, die geeignet ist, einen Pfadwechsel zu befördern.

Je mehr konkrete Pfadwechselschritte es gibt, desto wahrscheinlicher wird die Attraktivität, zunächst aber auch einfach nur die Sichtbarkeit einer gesellschaftlichen Transformation. Gleichwohl befindet man sich mit einer solchen Perspektive noch im Geltungsbereich des Einwands, dass mit den Korrekturen, die hier vorgenommen, und den Lebensstilen, die hier entwickelt werden, noch keineswegs ein gesamtgesellschaftlich oder gar global wirksamer Pfadwechsel eingeleitet ist. Es wäre auch naiv, darauf zu vertrauen, dass das Bessere sich durchsetzen würde, weil es besser ist. Das Bessere, das haben alle sozialen Bewegungen gezeigt, setzt sich erstens nur dann durch, wenn die Konflikte, die mit seiner Durchsetzung verbunden sind, erfolgreich ausgetragen werden, und zweitens, wenn es sich in die Produktions- und Reproduktionsverhältnisse tiefenwirksam einschreibt. An beiden Stellen wird die Frage des Transformationsdesigns noch einmal weit überschritten, und man kommt in den weiten und schwierigen Bereich des »Gesellschaftsdesigns«. Da aus normativer wie aus empirischer Perspektive kaum etwas unheilvoller erscheint als der Versuch, Masterpläne für wünschenswerte gesellschaftliche Entwicklungen zu konzipieren, werden wir uns hier nur auf einige Hinweise beschränken, welche politischen Vorschläge und Experimente bereits existieren, um den dargestellten transformationsdesignerischen Pfaden zur gesamtgesellschaftlichen Durchsetzung zu verhelfen.

Der im Stalinismus zum Tode verurteilte und 1938 hingerichtete sowjetische Ökonom Nikolai Kondratieff, der die Theorie aufgestellt hatte, dass die kapitalistische Entwicklung jeweils in Zyklen von etwa 50 bis 60 Jahren verläuft, hat unter anderem die folgenden Notizen hinterlassen:

○ »Die meisten Organisationen, in denen sich Menschen kollektiv wehren können, besitzen keine eigene Produktionsstruktur. Im Ernstfall sind sie erpressbar.
○ Wir müssen nach Organisationen der Solidarität suchen, die eine eigene Produktionsstruktur besitzen. Es gibt sie. In ihnen können Menschen sich nicht nur verteidigen, sondern (ohne ein System direkt anzugreifen) autonome Alternativen dagegensetzen. Nicht Utopie, sondern Heterotopie.«

(zitiert nach Kluge 2013: 148).

Ohne ökonomische Autonomie, die mittels einer eigenen Struktur von Produktion und Konsumption hergestellt wird, bleiben Protestbewegungen von den gegebenen Produktionsverhältnissen abhängig. Daraus folgt, dass Gegenbewegungen zum zerstörerischen Prinzip kapitalistischer Wachstumswirtschaft sich nicht auf Aufklärung, Protest und Argumente verlassen können, sondern der bestehenden Ökonomie, Politik und Alltagskultur eine andere entgegenstellen müssen.

Transition Towns

Eine höchst heterogene Kultur lokal gebundener Transformationen von Wirtschaftsformen und Lebensstilen hat die Transition-Town-Bewegung (www.transitionnetwork.org) etabliert. Rob

Hopkins, einer ihrer Initiatoren, hat vor etwa einem Jahrzehnt ein Programm zu entwickeln und zu erproben begonnen, das Städte und Gemeinden unabhängiger von externer Energieversorgung und industrieller Warenproduktion und somit resilienter machen sollte. Das war die Geburtsstunde der heute weltweiten Transition-Town-Bewegung, der sich inzwischen rund 500 ortsspezifische Initiativen in 40 Ländern angeschlossen haben. Allein in Deutschland sind es mehr als 100 sehr unterschiedliche Gruppen, die lokale Wertschöpfungsketten, Energiegenossenschaften, Ausbildungsstätten, Tausch- und Leihbörsen, kurz: *alles Mögliche* auf den Weg bringen, was man als lebendige Widerlegung des Begriffs der »Alternativlosigkeit« betrachten könnte. Die politische Dimension der Transition-Town-Bewegung liegt aber nicht nur in der Widerlegung der Alternativlosigkeits-Behauptung, sondern vor allem auch in der praktizierten Erhöhung lokaler Resilienz: Wenn lokale Ökonomien nicht ausschließlich von der Existenz großer Unternehmen, von Super- und Baumarktketten und von energetischer Fremdversorgung abhängig sind, wächst sowohl ihre ökonomische wie auch ihre ökologische Resilienz. Sie können sich besser gegen Arbeitsplatzverluste schützen und sich im Rahmen der »moralischen Ökonomie« (E. P. Thompson) lokaler Netzwerke gegen Gefährdungen durch Wirtschaftskrisen, Extremwetterereignisse oder auch Erdbeben besser absichern.

Hopkins drittes Buch hat den Titel »The Power of Just Doing Stuff« (Hopkins 2013), womit schon angezeigt ist, dass die Transitionbewegung insgesamt als eine Bewegung der Selbstermächtigung von Bürgerinnen und Bürgern zu verstehen ist, die Spaß daran haben, ihre Fähigkeiten und Kenntnisse für selbst gestaltete Lebensbedingungen einzusetzen.

Die Lektüre des vor Beispielen, und zwar vor durchaus heterogenen Beispielen, strotzenden Büchleins zeigt, dass es nicht nur

Freude macht, Teil von Transition zu sein, sondern dass hier erhebliche schöpferische Fantasie entfaltet wird. Etwa bei den »Gasketeers« im britischen Malvern, die sich um Straßenbeleuchtungen mit stark reduziertem Energieverbrauch kümmern und gegenwärtig an einer Methode tüfteln, die an Straßenlaternen bekanntlich nicht selten vorkommenden Hundehaufen energetisch zu nutzen. So etwas demonstriert auf hübsche Weise den Grundsatz, dass es Transition, wie Hopkins schreibt, nicht um Wahrscheinlichkeiten, sondern um Möglichkeiten geht.

Der Umweltaktivist, Blogger und Hochschullehrer **Rob Hopkins** gilt als Begründer und Mentor der Transition-Town-Bewegung. Er ist Fellow am Post Carbon Institute sowie an der University of Plymouth. Hopkins lebt in Devon, Großbritannien.

Lassen sich gesellschaftliche Transformationsprozesse »designen«?

Mein Hintergrund ist die Permakultur[31]; ich habe viele Jahre als Permakulturlehrer und -designer gearbeitet. Das grundlegende Prinzip in der Permakultur ist, Nachhaltigkeit und Transition zu designen. Dabei ist Transition als kollektives Designprojekt zu begreifen. Von Anfang an gilt es, möglichst viele Beteiligungsmöglichkeiten zu schaffen und Menschen kontinuierlich einzubinden. Transition ist die Einladung, Teil eines kollektiven Designprojektes zu werden. Es geht darum, die Transformation selbst zu gestalten, statt erst in der Not auf Krisenerscheinungen zu reagieren – was der Fall wäre, wenn wir weitere 20 oder 30 Jahre nichts täten. Aus Sicht der Permakultur versuchen wir, Menschen Fähigkeiten zu vermitteln. Transition ist kein feststehendes Modell; es gleicht eher einer Speisekammer oder einem Gemischtwarenladen voller verschiedener Zutaten. Jede Gemeinde und je-

---

31 Unter Permakultur wird ein ursprünglich aus der Landwirtschaft stammendes Konzept verstanden, das die Einrichtung naturnaher und nachhaltiger Stoffkreisläufe verfolgt.

der Ort kann die Zutaten in ihrer eigenen Weise verwenden. Transition ist also ein Designprojekt, bei dem einige Bestandteile und Werkzeuge universell sind, jedoch überall individuelle Lösungen gefunden werden müssen. Da gibt es kein Patentrezept.

Welche Elemente sind eher universell?

Open Spaces oder World Cafés sind solche universellen Werkzeuge. Die Idee, die unterschiedlichsten Personen und Akteure einzubinden, nicht nur die »üblichen Verdächtigen«, verbindet alle Transition-Initiativen. Zumindest am Anfang wird Transition vor allem von Freiwilligen und ihrer Motivation vorangetrieben. Die Leidenschaft und das Interesse der involvierten Menschen treiben den Prozess voran.

Und wo liegen die Grenzen der Transition-Initiativen?

Es gibt viele Gründe, warum einige Projekte nicht funktionieren. Häufig legen die Gruppen zu wenig Augenmerk auf die Reflexion ihrer Gruppenprozesse und Arbeitsweisen. Die Akteure konzentrieren sich nur auf das konkrete Projekt und denken: Lasst uns loslegen! Sie stellen selten Fragen wie: Was tun wir, wenn wir uns in einem Punkt nicht einig sind? Wie wollen wir miteinander umgehen? Wie treffen wir Entscheidungen? Es ist aber wichtig, Antworten auf solche Fragen zu finden. Manchmal denken die Leute auch, dass sie sowieso nichts tun können, dass sie keinen gewichtigen Beitrag leisten, zumindest nicht als Einzelne. Dabei braucht es nicht viele Menschen, um anzufangen, etwas zu wagen. Die Herausforderung ist, ein Momentum zu schaffen. Einige Projekte sprechen auch nur die an, die eh schon überzeugt sind, statt darüber hinaus Interesse zu wecken. In der Stadt Totnes war es zum Beispiel sehr spannend, gemeinsam eine lokale »Wirtschaftsblaupause« zu entwickelt. Sie kartiert die lokale Ökonomie: wo Gelder hinfließen, wie viel vor Ort ausgegeben wurde, wie viel für Veränderungsoptionen aufgewendet worden ist usw. Das Aufregende daran war die Koalition der Akteure, die hinter dem Projekt standen: Transition Town Totnes war kein linkes oder rechtes, kein wachstumsbefürwortendes oder elitäres Projekt, sondern eine Initiative, die darauf ausgerichtet war, so viele Menschen wie möglich einzubeziehen. Ich glaube, es gibt oft weniger Grenzen, als wir uns vorstellen. Eben weil man auch in einer kleinen Gruppe Enormes leisten kann, wenn man es richtig angeht. Und dann kann es von dort aus wachsen!

Wie würden Sie Ihre eigene Arbeit im Kontext einer Nachhaltigkeitstransformation »by design« sehen?

Ich denke, meine Rolle ist in gewisser Weise die eines Katalysators: die Person, die hilft, regelmäßig neu zu definieren, was Transition ist, um auf ihre Kritiker zu reagieren. Außerdem bin ich eine Art Geschichtenerzähler: Ich beobachte, was sich in den verschiedenen Transition-Initiativen überall tut. Ich sammle diese Geschichten und trage sie in Blogs, Filmen und Büchern weiter. Denn die Idee, Transition als lernendes Netzwerk zu begreifen, ist sehr wichtig: dass die Erfahrungen aus einem Projekt auch anderen helfen können. Zu guter Letzt bin ich auch eine Art Botschafter, der die Transition-Bewegung repräsentiert, wenn es nötig ist.

Was hat Transformationsdesign mit Politik zu tun?

Das ist eine sehr wichtige Frage. Idealerweise dient die Politik einer *Transition by design.* Transition ist ein von der Gemeinschaft designter Bottom-up-Prozess, bei der Gemeinden die Werkzeuge, Ressourcen und Unterstützung bekommen sollten, die sie brauchen, um zu entwickeln, was sie für sinnvoll halten. Die Aufgabe der Politik wäre es sicherzustellen, dass sie ihre Vorstellungen auch tatsächlich umsetzen können. Es geht nicht um bedeutungslose Beteiligungsverfahren, sondern darum, wirklich etwas vor Ort zu bewirken. Ein Beispiel dafür sind die Energiegemeinden in Großbritannien. Während in Deutschland rund 50 Prozent der Erneuerbaren Energien aus Anlagen kommen, die Bürgern gehören, sind es in Großbritannien ungefähr drei Prozent. Mehrere Transition-Initiativen haben kommunale Energieunternehmen gegründet, und einige davon waren sehr erfolgreich. Als die Regierung schließlich begann, sich für kommunale Energieversorgung zu interessieren, und sich nach entsprechenden Modellen umsah, die sie fördern könnte, gab es also schon einige, zum Beispiel Brixton Energy im Londoner Stadtteil Brixton. Als der Minister eine, wie er es nannte, »community renewables revolution« beschloss, initiierte er diese in Brixton. Und als die Regierung das erste Mal überhaupt eine Energiestrategie für die Kommunen entwickeln wollte, waren zahlreiche Transition-Multiplikatoren und -Initiativen daran beteiligt, sie zu verfassen. Viele von ihnen kamen dort auch als Fallstudien vor. Die Politiker begannen zu verstehen, dass die Kommunen mit der richtigen Unterstützung, der richtigen Förderung und den richtigen Rahmenbedingungen selbst in der Lage sind, ein Energiesystem aufzubauen, das zu ihren individuellen Bedürfnissen, ihrer Situation und ihrer Gemeinde passt – auf eine Weise, die im Top-down-Verfahren einfach nicht möglich wäre. Dieses Beispiel verdeutlicht, wie es aussehen kann, wenn Politik unterstützend und ermöglichend wirkt. Es geht aber nicht nur um die kommunale Ebene; eine entschlossene Regierung mit einer entschlossenen Gesetzgebung beim Klimaschutz usw. ist ebenso wichtig. In einigen Bereichen wird gerade sichtbar, was möglich ist, wenn Unterstützung »von oben« auf Design »von unten« trifft.

Grundsätzlich liegt aber die Stärke der Transition-Town-Bewegung darin, dass es die soziale Einheit »Stadt« bzw. »Kommune« als Arena der Veränderung definiert, und in dieser Einheit ist vieles vergleichsweise schnell organisier- und umsetzbar, was auf der Ebene größerer sozialer Aggregate wie Länder, Nationalstaaten oder gar transnationale Organisationen im Geflecht heterogener Interessen hängen bleibt und nicht vorankommt. Die Stadt ist zudem eine soziale Organisation, die ihre Kohärenz daran erweist, dass sie älter und damit nachhaltiger ist als der jeweilige Staat, zu dem sie gehört – viele Städte existieren schon seit Hunderten oder gar Tausenden von Jahren und sind offenbar funktional und identitätshaltig genug, dass sie auch nach Zerstörungen durch Kriege oder Erdbeben wieder aufgebaut werden. Hier sieht man vor allem, dass soziale Identität eine starke Ressource von Resilienz ist: Selbst nach Zerstörungen ziehen es viele Menschen vor, dort zu bleiben, wo sie sich auskennen und Teil sozialer Beziehungen sind, als irgendwo anders hinzugehen, wo womöglich die objektiven Bedingungen besser sind, wo man aber »nicht hingehört«. Der erstaunliche Erfolg der Transition-Bewegung basiert genau darauf, dass lokale Identitäten für die Einzelnen Räume der Zugehörigkeit und der autonomen Gestaltung und Umgestaltung eröffnen, und auch darauf, dass gerade auf der Ebene lokaler Ökonomien Dinge und Verfahren erprobt werden können, die, gesamtwirtschaftlich betrachtet, zu riskant erscheinen würden. Auch die Rolle der Politik ist auf der lokalen Ebene wesentlich konkreter und ergebniswirksamer als etwa auf nationalstaatlicher Ebene, weshalb Bürgermeistern eine viel handfestere Rolle und Aufgabe zukommt als etwa Ministern oder Regierungschefs (Barber 2013). Zudem sprechen viele Beispiele rapide veränderter städtischer Kulturen – von Freiburg über Totnes bis Seattle – auch empirisch dafür, dass Städte sehr gut als Laboratorien der Transformation funktionieren können.

Solche Laboratorien müssen keineswegs das komplette Aggregat Stadt umfassen, sondern können gerade auch quartiersbezogen äußerst veränderungswirksam sein – so gibt es allein in London 40 Transition-Town-Initiativen, die auf Nachbarschafts- oder Stadtteilebene arbeiten (Hopkins 2013). Insgesamt zeigt die Bewegung, dass lokale Identitäten, die Nutzung lokal vorhandener sozialer und formaler Wissensbestände und ein Handlungsfeld, das nicht von allfälligen Blockierungen durch lange Entscheidungsketten und formale Strukturen bestimmt ist, für das Experimentieren anderer Formen von Produktion und Konsumtion äußerst günstig ist (Schürmann 2014). Die heterotopische Strategie der Veränderung des dominanten Wirtschafts- und Kulturmodells findet hier ihren sichtbarsten Ausdruck und zugleich ihre stärkste Wirksamkeit.

Uwe Schneidewind ist Präsident des Wuppertal Instituts für Klima, Umwelt, Energie und Professor für Sustainable Transition Management an der Bergischen Universität Wuppertal, dazu u. a. Mitglied des Club of Rome und des Wissenschaftlichen Beirates der Bundesregierung Globale Umweltveränderungen (WBGU).

Wie lässt sich »Transformationsdesign« definieren?

Aus meiner Sicht kommen da zwei Elemente zusammen – einmal die Transformationsthematik, die ja einen bestimmten Gestaltungsanspruch transportiert und mit »Design« auch eine ästhetische Komponente. Das Künstlerische, das Sich-inspirieren-Lassen, das Die-Dinge-auch-geschehen-Lassen. Ich glaube, das macht den besonderen Charme dieses Begriffes aus, dass er beides zusammenbringt und damit den Vorwurf, den wir als WBGU, als Wissenschaftlicher Beirat Globale Umweltveränderungen, ja auch gespürt haben – da steckt ein neuer Totalitarismus dahinter –, außer Kraft setzt.[32] Der Verdacht wird durch den Designbegriff stark abgeschwächt. Und für den Designbegriff selbst ist es eine Anreicherung, weil es nicht um L'art pour l'art geht, sondern er mit der Transformationsidee zusammengebracht wird und so als gesellschaftliche Schlüsselherausforderung bestimmbar ist. Insofern würde ich den Begriff auch als eine Antwort auf die Herausforderungen, vor denen die Menschheit im 21. Jahrhundert steht, definieren wollen.

---

32 Im Jahr 2011 veröffentlichte der Wissenschaftliche Beirat der Bundesregierung Globale Umweltveränderungen (WBGU) das Gutachten »Welt im Wandel. Gesellschaftsvertrag für eine Große Transformation«, das am Beispiel des Klimaschutzes den Übergang in eine nachhaltige Gesellschaft thematisierte. In den Medien wurde das Gutachten zum Teil polemisch kritisiert und dem WBGU das Anstreben einer »Ökodiktatur« vorgeworfen (siehe Frankfurter Allgemeine Zeitung vom 16. Mai 2011 sowie Die Welt vom 26. Mai 2011).

Wie lässt sich die Arbeit des Wuppertal Instituts innerhalb eines solchen durch den Begriff umrissenen Feldes zuordnen?

Also zumindest ist es unser Selbstanspruch, dass wir noch ein bisschen mehr Transformation und ein Stück weniger Design sind. Aber wir bewegen uns, gerade in den letzten Jahren, mehr in Richtung Design. Unsere Forschungsgruppe »Nachhaltiges Produzieren und Konsumieren« arbeitet eng mit Industrie- und Produktdesignern zusammen. Christa Liedtke, die Leiterin der Forschungsgruppe, hat zurzeit eine Gastprofessur an der Folkwang-Universität in Essen. Wenn wir über die Veränderung von Lebensstilen, Produktionsmustern oder Geschäftsmodellen nachdenken, dann braucht es dabei eine ganz neue integrierte und nachhaltige Perspektive, und wenn du gutes Design machen möchtest, musst du Herausforderungen in ihrer Vieldimensionalität verstehen. Wenn du einen guten Entwurf siehst, ob das nun ein architektonischer Entwurf ist oder ein Produktentwurf oder ein Dienstleistungssystementwurf, und verstehst, wie viel Intelligenz und Komplexität da verarbeitet wurde, lernst du unwahrscheinlich viel über das Gesamtsystem. Wir haben ja am Institut schon von der Gründung an intensiv mit Bildsprache gearbeitet, weil klar war, dass ich kraftvolle Bilder brauche, wenn ich Veränderungen anstoßen und komplexe Dinge thematisieren will. Wenn man an so etwas denkt wie den »Faktor vier« oder den »Faktor zehn« oder dieses Bild des Joghurtbechers, der erst mal 50.000 Kilometer zurückgelegt hat, bevor er beim Kunden ist, dann war das begriffliches Design. Ich brauche Designkomponenten, um die Transformationsbotschaft zu transportieren. Von daher waren wir als Wuppertal Institut immer schon mehr am Design interessiert als viele andere Nachhaltigkeits- und Umweltinstitute, auch bei den sehr handfesten technologischen Dingen, mit denen wir uns befassen.

Was ist die politische und die normative Dimension von Transformationsdesign?

Das hat uns aktuell in unserem Buch zur Suffizienzpolitik sehr stark beschäftigt. Das heißt zwar »Damit gutes Leben einfacher wird«, ist aber ein politisches Buch, das untersucht, wie eigentlich die politischen Randbedingungen aussehen müssen, die die Wahrscheinlichkeit suffizienter Lebensentwürfe und Lebensstile erleichtern. Ich brauche Randbedingungen, die mich auch auffordern, kreativ zu sein, mit neuen Formen von Engpässen in einer innovativen Form umzugehen. Die spannende Frage ist: Wie müssen Politik und politischer Rahmen gesetzt sein, dass der richtige Richtungsimpuls erfolgt, aber die gesamte Kreativität und Vielfalt der Lösungsfindung nicht erstickt wird? Auf der anderen Seite darf der Prozess aber auch nicht so beliebig bleiben, dass sich de facto gar nichts verändert – außer dass wir uns als extrem nachhaltig, ökologisch, innovativ wahrnehmen, obwohl sich ökologisch eben gar nichts zum Besseren wendet. Und deshalb ist engagierte und klare Politik, die gute Rahmen setzt, selbst ein ganz wichtiger Teil des Transformationsdesigns, ein Teil, der mir deutlich macht, ich muss mich als jemand, der Politik schafft, als Transformationsdesigner verstehen.

Ich glaube, für eine Politik des Transformationsdesigns sind Moratorien ein ganz entscheidender Hebel. An die Arktis gehen wir nicht ran, an den Meeresboden gehen wir nicht ran. Wir setzen uns klare Grenzen, wie viel Kohlenstoff da noch rausgeholt werden darf, wir richten Naturschutzgebiete ein, oder wir denken über Wohnflächen-Moratorien nach. Ich glaube, das sind starke politische Setzungen für Nachhaltigkeit, die dann aber auch der Keim für neue Kreativität sind. Da gibt es in Stuttgart die Idee eines Reallabores an der Hochschule der Künste: Spacesharing. Wenn du erst mal sagst, da kommt kein Stück Fläche mehr dazu, und jetzt lasst mal überlegen, wie wir mit dem, was wir an Fläche haben, kreativ umgehen, wie wir die Fläche intelligenter nutzen, wie wir das besser teilen, entstehen plötzlich völlig neue Raum- und Wohnungskulturen. Und möglich wird das erst, wenn der klassische lineare Pfad radikal gekappt wird.

Divestment

Gewissermaßen am anderen Ende der Transition setzt die »Fossil-Fuel-Divestment«-Kampagne des amerikanischen Umweltaktivisten Bill McKibben an. Genau wie die Transition-Town-Aktivisten geht McKibben davon aus, dass nationale und transnationale politische Eliten klima- und umweltpolitisch weitgehend versagen (oder versagen wollen). McKibben interessiert sich aber nicht primär für die Entstehung von Reallaboren anderen Wirtschaftens, sondern beabsichtigt, die Geschäftsmodelle zerstörerischer Industrien selbst anzugreifen, die übrigens von den sich zuspitzenden Ressourcenlagen durchaus profitieren können. Denn die expansiven Strategien werden desto mehr intensiviert, je deutlicher die Knappheiten zunehmen, die in konventionell ökonomischer Perspektive ja auch grundsätzlich wünschenswert sind. Je knapper die Ressource, desto größer die unbefriedigte Nachfrage, desto höher der erzielbare Preis. Je mehr sich das Gewicht zuungunsten der Nachfrager verschiebt, desto erfreulicher wird die Geschäftsgrundlage für den Anbieter. Deshalb ist Mangel prinzipiell nicht schlecht für den Umsatz. Mit diesem Prinzip war die kapitalistische Ökonomie bislang extrem erfolgreich – womöglich, wie schon Max Weber befürchtet hat, bleibt sie es bis zum tödlichen Ende, das daraus resultiert, dass diese Wirtschaftsform irgendwann damit begonnen hat, ihre eigenen Voraussetzungen zu konsumieren. Ab dem Augenblick aber, und das ist der Clou, funktioniert sie rasanter denn je zuvor – denn dann gilt es, jetzt noch so viel wie möglich herauszuholen.

Was sich hier zeigt, ist ja nicht nur, dass der Kapitalismus – gemessen an seinen eigenen Zielen – noch immer glänzend funktioniert, sondern dass die bisherigen Strategien der Intervention eine solche Wirtschaftsform kaum irritieren können. Was folgt

Tabelle 3
Die umsatzstärksten Unternehmen der Welt im Jahr 2013 (Fortune 2013).

Rang	Unternehmen	Land	Branche	Umsätze in Mrd. USD
1	Royal Dutch Shell	Niederlande/Großbritannien	Öl und Gas	481,7
2	Walmart	USA	Handel	469,2
3	Exxon Mobil	USA	Öl und Gas	449,9
4	Sinopec	China	Öl und Gas	428,2
5	China National Petroleum Corporation	China	Öl und Gas	408,6
6	British Petrol (BP)	Großbritannien	Öl und Gas	388,3
7	State Grid Corporation of China	China	Energie	298,4
8	Toyota	Japan	Automobile	265,7
9	Volkswagen	Deutschland	Automobile	247,6
10	Total	Frankreich	Öl und Gas	234,3

nun daraus? Die Suche nach Strategien, die das fantastisch geschmeidige, aber leider zerstörerische Prinzip des Kapitalismus nicht vereinnahmen kann. Die »Fossil Fuel Divestment«-Kampagne (McKibben 2013) geht von der simplen, aber höchst brisanten Überlegung aus, dass man ganzen Branchen die Geschäftsgrundlage entziehen kann, wenn man sein Geld dort herausnimmt. Das ergibt schon auf der Ebene privater Geldanlagen eine nicht unbeträchtliche Summe, gewinnt aber ganz erhebliches Gewicht, wenn die Stiftungsvermögen amerikanischer Colleges und Universitäten, die Vermögen kirchlicher Organisationen und die Haushalte von Kommunen nicht mehr dort investiert werden, wo künftige Überlebensgrundlagen zerstört werden.

Der Erfolg der Kampagne, die übrigens einen erfolgreichen historischen Vorläufer im Kampf gegen die Apartheit in Südafrika hat, ist frappierend: Mittlerweile gibt es an fast 400 amerikanischen Schulen, Colleges und Universitäten entsprechende Initiativen, vier Colleges und zehn Städte, darunter Seattle und San Francisco, divestieren bereits. In Europa, wohin die Kampagne sich jetzt ausbreitet, hat sich das University College London angeschlossen, und man muss nur an die Summe der Stiftungsvermögen in Deutschland denken, um zu ermessen, wie viel Kapital dem Falschen entzogen werden kann. Besonders dann, wenn man ganz klassisch kapitalistisch denkt und in Rechnung stellt, dass die von Divestment betroffenen Unternehmen auch für diejenigen keine gute Anlage mehr darstellen, denen völlig egal ist, auf welche Weise ihre Renditen zustande kommen.

Gemeinwohlökonomie

Als Reaktion auf die umweltzerstörerischen Folgen der gegenwärtig vorherrschenden Wirtschaftsweise sowie die vielerorts auf der Welt zu beobachtenden Arbeitsbedingungen, die systematisch soziale und menschenrechtliche Standards unterlaufen, haben in den vergangenen Jahrzehnten auch innerhalb der (Betriebs-)Wirtschaft Instrumente an Popularität gewonnen, die eine Korrektur dieser Entwicklungen beabsichtigen. Dazu zählen die Einführung von Gütesiegeln und Produktlabeln, welche über die ökologischen oder sozialen Herkunftsbedingungen von Produkten oder Dienstleistungen informieren, Umwelt- und Qualitätsmanagementsysteme (EMAS, ISO & EFQUM) sowie weitere Instrumente der sogenannten Corporate Social Responsibility (CSR), wie Verhaltenskodizes oder die betriebliche Nachhaltigkeitsberichterstattung (Global Compact, GRI, ISO 26000, EU-CSR-Agenda 2011). Obwohl eine allgemein anerkannte Definition nicht existiert, stimmen die meisten Ansätze darin überein, dass es sich bei CSR um eine freiwillige

Praxis handelt, deren Zielsetzungen über ökonomische Interessen hinausgehen (Carroll 1999; Neureiter/Palz 2007). Solche Formen der »business self-regulation« (Pattberg 2007: 13) sind in ihrer Wirkung häufig ambivalent, da die selbst auferlegten Verpflichtungen vielfach nicht ausreichen, um beispielsweise bedrohte Umweltgüter wirksam zu schützen, oder sie vornehmlich der Verbesserung des Unternehmensimages dienen sollen (»Greenwashing). So sprechen Experten und Kritiker hinsichtlich der Vielzahl von unbestimmten und häufig nicht geprüften Umweltsiegeln, die Unternehmen auf ihren Produkten platzieren, auch von »Labelism«.

Ein Ansatz, der radikaler versucht, das wirtschaftliche Handeln wieder stärker mit den demokratischen Grundwerten sowie den sozialen und ökologischen Zielsetzungen der westlichen Gegenwartsgesellschaften in Einklang zu bringen, ist das von Christian Felber entwickelte Konzept der Gemeinwohlökonomie (GWÖ; Felber 2012). Der Kerngedanke dieses Konzeptes ist, dass der monetäre Gewinn nicht länger der Zweck des unternehmerischen Handelns sein soll, sondern lediglich das Mittel, um den eigentlichen Zweck zu erreichen: einen größtmöglichen Beitrag zum Gemeinwohl zu leisten. Felber selbst verweist darauf, dass sich eine Gemeinwohlorientierung des wirtschaftlichen Handelns bereits heute mit dem Selbstverständnis zahlreicher Unternehmerinnen und Unternehmer decke und auch einer langen Tradition der demokratischen Verfassungsstaaten entspreche. So ist in Artikel 14, Absatz 2, des deutschen Grundgesetzes zu lesen, dass »Eigentum verpflichtet« und sein »Gebrauch [...] zugleich dem Wohle der Allgemeinheit dienen« soll. Und in Artikel 151 der Verfassung des Freistaates Bayern heißt es sogar: »Die gesamte wirtschaftliche Tätigkeit dient dem Gemeinwohl.«

In der Gemeinwohlökonomie soll also nicht unterbunden werden, dass Unternehmen Gewinne erzielen (oder auch danach streben); nur soll dies nicht der ultimative Zweck des wirtschaftlichen Handelns sein und auf Kosten von Umweltgütern, der Menschen- und sozialen Rechte erfolgen. Um dies zu erreichen, erstellen Unternehmen eine sogenannte Gemeinwohlbilanz, die als neue unternehmerische Hauptbilanz dient, während die bisherige Hauptbilanz perspektivisch zur Neben- beziehungsweise Mittelbilanz eines Unternehmens degradiert wird. Die Gemeinwohlbilanz soll Auskunft darüber geben, wie die Werte »Menschenwürde«, »Solidarität«, »Ökologische Nachhaltigkeit«, »Soziale Gerechtigkeit« und »Demokratische Mitbestimmung & Transparenz« in der unternehmerischen Praxis Berücksichtigung finden. Konkret wird mithilfe von Indikatoren erfasst, wie diese Grundwerte gegenüber den zentralen »Berührungsgruppen« (Stakeholdern) des Unternehmens – Lieferanten, Geldgebern, Mitarbeitern und Eigentümern, Kunden und Mitunternehmen sowie dem gesellschaftlichen Umfeld – »gelebt« werden. In den vergangenen Jahren hat die Gemeinwohlökonomie dynamisch an Anhängern gewonnen: So haben sich seit 2010 mehr als 1000 Unternehmen der Gemeinwohlökonomie angeschlossen (www.gemeinwohl-oekonomie. org). Dazu zählen vor allem kleine und mittelständische Unternehmen (KMU) wie das »Märkische Landbrot«, zahlreiche Landwirte und Einzelhändler, aber auch größere Wirtschaftsakteure wie die Sparda Bank München mit mehr als 700 Beschäftigten oder der international agierende Bergsportausrüstungshersteller »Vaude«. Die Gemeinwohlbilanz wurde in den vergangenen Jahren zusammen von Hunderten Unternehmen präzisiert, Akteurskreise haben sich in Deutschland, Griechenland, Großbritannien, Italien, Lichtenstein, Österreich, Portugal, der Schweiz, Spanien und den USA gegründet, zahlreiche Regionalgruppen sind aktiv geworden und haben eine gemeinsame Strategie für die kommenden fünf Jahre entwickelt (ebd.).

Christian Felber ist Autor, Universitätslehrer, Tänzer und Vordenker sowie Initiator der Gemeinwohlökonomie-Bewegung.

Wie lässt sich »Transformationsdesign« definieren?

Unter Transformationsdesign verstehe ich alle konzeptionellen, gestalterischen, planerischen und praktischen Beiträge zur »Großen Transformation«, die gerade ansteht oder schon begonnen hat. Die »zweite große Transformation« (in Anlehnung an Karl Polanyi) kann verstanden werden als die Wiedereinbettung der Wirtschaft a) in die Ethik der menschlichen Gemeinschaften und Gesellschaften, b) in die Demokratie durch den Ausbau der (nicht mehr) repräsentativen/indirekten Demokratie um Komponenten der direkten und globalen Demokratie (Stichwort TTIP) sowie c) in den ökologischen Schoß des Planeten Erde; letzteres gilt für das gesamte Produktions- und Konsummodell, also auch für den westlichen Lebensstil. Es handelt sich dabei nicht einfach um eine Rückgängigmachung, das wäre eine »Retransformation«, sondern um eine Integration auf höherem Entwicklungsniveau: bewusster, globaler, demokratischer, mit Schwarmintelligenz, Co-Kreation und universeller Verbundenheit dank »Weltbewusstsein« (anstelle von Ego- oder Ethno-Bewusstsein).

Die Beiträge dazu sind divers und heterogen: Manche hinterfragen die eigenen Werte und den persönlichen Lebensstil, andere designen Prototypen für zukunftsfähige Unternehmen, Banken, Siedlungen und Gemeinschaften; Dritte bauen alternative Netzwerke und Netzwerke von Netzwerken auf; wiederum andere überdenken Rechtsordnung und Nationalstaat, und manche erfinden menschliche Kultur gänzlich neu. Alle Ansätze sind valid, ergänzen einander zum »Mosaik der Zukunft«, der Nachhaltigkeit und des Gemeinwohls.

Wie würden Sie Ihre eigene Arbeit im Feld »Transformationsdesign« verorten?

Die Gemeinwohlökonomie setzt auf verschiedenen Ebenen der Transformation und deren Design an. Zum einen befördert sie die Reflexion über Werte, Glaubenssätze und Paradigmen, auf denen die gegenwärtige Wirtschaftsordnung aufbaut. Sie arbeitet mit Pionierunternehmen, -gemeinden und -universitäten, die untereinander Plattformen und Netzwerke bilden. Der stärkste Akzent der Bewegung liegt im Design einer Wirtschaftsordnung, die sowohl die Transformation befördert als auch in der Folge rahmengebend sein könnte. Die Gemeinwohlökonomie belohnt ethisches Wirtschaften, sie gibt Anreize, innerhalb der ökologischen Grenzen bei gleichzeitiger globaler Gerechtigkeit zu produzieren und zu konsumieren, sie verhindert die Konzentration finanzieller und ökonomischer Macht, und sie baut auf einer Pluralität von Eigentumsformen auf. Ihr Fundament sind demokratische Prozesse, die zum einen die gegenwärtige Ordnung überwinden helfen – was innerhalb des bestehenden Demokratiemodells nicht möglich ist – und andererseits den neuen Rechtsrahmen lebendig halten und beständig erneuern.

Meine persönliche Rolle ist vielfältig: Das beginnt bei der Ideenstiftung und theoretischen Alternativenentwicklung, ich stehe in der Öffentlichkeit als Publizist, Redner, Diskutant und Sprecher; und gleichzeitig beteilige ich mich operativ am Organisationsaufbau der Gemeinwohlökonomie und an der Bankgründung: In beiden Vereinen bin ich derzeit Obmann.

Was ist die politische Dimension von »Transformationsdesign«?

Ich denke, es gibt kein unpolitisches Transformationsdesign. Seit der Frauenbewegung wissen wir, dass »das Private politisch ist«, selbst wenn es gar nicht politisch sein möchte, also in die Gesellschaft hinein- und in die Welt hinauswirken will; doch wenn das Private schon den Anspruch hat zu transformieren, dann ist es per se politisch. Natürlich gibt es Abstufungen: Wir sind wieder bei der »Matrix des Wandels«: Dieser beginnt innerlich, gedanklich, beim Verbundensein, beim persönlichen Lebensstil, er wird artikuliert, zum Diskurs, Pilotprojekte und Prototypen entstehen, bilden Netzwerke, Strukturen, Rhizome, Systeme. Fast bin ich versucht, von einer Evolution des Wandels zu sprechen. Die Wandlung der Raupe zum Schmetterling beginnt mit einzelnen (Imago-)Zellen, bevor sich der gesamte Organismus umorganisiert.

Das klingt vielleicht zu biologistisch. Deshalb zwei politische Beispiele: Yoga wird von vielen als »unpolitisch« betrachtet, als Wellness-Übung auf der Ebene der Persönlichkeit; im schlimmsten Fall werden Manager noch leistungsfähiger und stressresistenter gemacht und können das Kapitalsystem noch effektiver steuern und perpetuieren. Doch Yoga bleibt selten an der Oberfläche der körperlichen Fitness und Gesundheit. Häufig durchdringt es den ganzen Menschen mit Herz und Seele, Menschen kommen mit sich selbst in Verbindung und suchen Sinn und Verortung im Leben und Universum. Hoch bezahlte Sinnlosbeschäftigungen verlieren an Attraktivität, Manager steigen aus und um, werden zu TrägerInnen des Wandels. Nicht wenige landen bei der Gemeinwohlökonomie oder der Bank für Gemeinwohl. Yoga sensibilisiert und mobilisiert das Empathie- und damit das soziale und solidarische Potenzial von Menschen, ihre Beziehungsfähigkeit und ihren Gemeinschaftssinn, aber ausgehend von persönlicher und körperlicher Autonomie, das ist ausbalanciert und somit zukunftsfähig.

Ein Ansatzpunkt am anderen Ende des Spektrums ist ein neues Wirtschaftsmodell oder eine demokratische Geldordnung, wie in meinem Fall. Und hier besteht die Gefahr, dass es sich um autistische Kopfgeburten handelt, die nicht mit dem Herzen mitgedacht sind und ohne Verbindung zur Welt entwickelt werden. Von daher bin ich fast versucht zu sagen, dass reine Kopfgeburten unpolitisch sind, weil sie das Du, das Wir eben nicht wirklich berücksichtigen, nicht aus tiefer Verbundenheit heraus entstehen. Kurz, das wirklich Politische geht auf allen Ebenen zusammen, unabhängig von der Größe des Beitrags.

Ich nehme weltweit eine noch namenlose, aber stetig wachsende Community von Menschen wahr, die global denken und fühlen und ihren je persönlichen und oft lokalen Beitrag zum öko-

logischen, demokratischen und kulturellen Wandel leisten. Das
ist Weltpolitik jenseits von Parteien; es ist globales Transformationsdesign von Individuen und Kollektiven, die teils formal, teils
emotional und teils spirituell miteinander verbunden sind.

Ein Unterschied zu klassischen Corporate Social Responsibility-
Ansätzen ist der partizipative Charakter der Gemeinwohlökonomie: Die inhaltlichen Eckpunkte der Gemeinwohlökonomie –
wie die fünf zentralen Grundwerte – werden in einem breiten
Beteiligungsprozess diskutiert, die konkreten Indikatoren der Gemeinwohlbilanz unter Einbindung der beteiligten Unternehmen
und verantwortlichen Redakteure fortlaufend weiterentwickelt.
Kurzum, wer bei der Gemeinwohlökonomie mitmacht, kann den
folgenden Prozess nicht passiv über sich ergehen lassen, sondern
nimmt aktiv an einer Entwicklung teil. Aber noch in anderer Hinsicht besteht ein zentraler Unterschied zu herkömmlichen Corporate Social Responsibility-Ansätzen: Erstellen Unternehmen und
Vereine ihre Gemeinwohlökonomie-Bilanz freiwillig, so zielt die
Gemeinwohlbewegung mittelfristig darauf ab, dass dieses Tool
gesetzlich verbindlich wird und jedes Unternehmen eine solche
Bilanz verpflichtend erstellen muss. Je mehr Gemeinwohl-Punkte
ein Unternehmen erzielt, desto mehr gesetzliche Vorteile soll es
zukünftig genießen. Dazu sollen bestehende Anreizinstrumente
konsequent an der gemessenen Gemeinwohlorientierung von
Unternehmen ausgerichtet werden. Demnach könnten zum Beispiel Unternehmen mit einer guten Gemeinwohlbilanz vom niedrigeren Mehrwertsteuersatz profitieren, günstigere Kredite bei
staatlichen Banken beziehen, Vorrang beim öffentlichen Einkauf
und bei der Auftragsvergabe erhalten etc. (Felber 2012: 47). Kurz,
der bestehende Anreizrahmen soll systematisch umgepolt werden (ebd.: 35), mit der Konsequenz, dass fair erzeugte und gehan-

delte sowie ökologisch nachhaltige Produkte und Dienstleistungen mittel- bis langfristig billiger werden als ethisch problematische Erzeugnisse und/oder kurzlebige Wegwerfartikel. Diese makroökonomische beziehungsweise ordnungspolitische Rückbindung des Gemeinwohlökonomie-Ansatzes knüpft am zentralen Defizit zahlreicher Corporate Social Responsibility-Instrumente an, deren Nicht-Berücksichtigung nicht nur in der Regel weitgehend folgenlos bleibt, sondern sogar zu entscheidenden Wettbewerbsvorteilen gegenüber Unternehmen führen kann, die nicht beziehungsweise weniger sozial verantwortlich agieren.

Arbeitszeitverkürzung und Bedingungsloses Grundeinkommen

Menschliche Arbeit ist in den Gegenwartsgesellschaften in mehrfacher Hinsicht mit Eingriffen in die natürliche Umwelt verknüpft. Zum einen erfolgt über physische Arbeit die unmittelbare Aneignung der außermenschlichen Natur. Zum anderen ist der Austausch von (Arbeits-)Zeit gegen Geld die Grundlage der vorherrschenden Produktions- und Konsummuster (Fischer-Kowalski et al. 2011: 109 f.). Technischer Fortschritt bringt in der Regel Zugewinne an Arbeitsproduktivität und Energie- und Materialeffizienz mit sich. Damit bietet er auch die Voraussetzungen dafür, bei gleichbleibendem gesellschaftlichen Wohlstand die Reduktion der Arbeitszeit sowie des Material- und Energieverbrauchs zu ermöglichen. Verschiedene Untersuchungen (Hayden/Shandra 2009; Schor 2005) zeigen, dass sich geringere Arbeitszeiten zusätzlich positiv auf die Nachhaltigkeit auswirken. In der dominierenden Wachstumsökonomie münden Effizienzgewinne aber nicht in einer Reduktion der Arbeitszeit, sondern in der Expansion sowohl der Produktion als auch, durch eine vergrößerte Kaufkraft, des Konsums. Mit der Folge: »Die ursprünglichen möglichen Einsparungen werden kompensiert oder sogar überkompensiert, sodass der Energie- und Materialverbrauch weiter steigt« (Fischer-Kowalski et al. 2011: 113). Vor dem Hintergrund dieser Zusammenhänge wird von Nachhaltigkeits- und Konsumforschern auch die Stabilisierung des Konsums über das Mittel der Arbeitszeitreduzierung diskutiert (Schor 2005). Eine der prominentesten Vertreterinnen dieser Option zur Beförderung von Nachhaltigkeit ist die Soziologin Juliet Schor. In verschiedenen Studien konnte sie empirisch aufzeigen, dass in den frühindustrialisieren OECD-Staaten der Umfang der Arbeitszeit statistisch signifikant mit einem geringeren ökologischen Fußabdruck korreliert (Schor 2005; Knight/ Rosa/Schor 2012). Neben den Umweltentlastungseffekten wird auch weiterer »Kollateralnutzen« einer allgemeinen Arbeitszeitreduzierung erwartet: Die Verbesserung der psychischen Gesundheit von einer in den letzten Jahren stark gestiegenen Zahl von Erwerbstätigen, die unter Stress und wachsender Arbeitsbelastung leiden, die Zunahme des Quantums an selbstbestimmter Zeit sowie positive Beschäftigungseffekte (Hayden/Shandra 2009).

Juliet B. Schor ist Professorin für Soziologie am Boston College. Zu ihren Forschungsschwerpunkten zählen Konsumbewegungen sowie das Verhältnis von Arbeit und Freizeit. Sie engagiert sich für ökologische Nachhaltigkeit und ist Mitbegründerin des Center for a New American Dream.

Lassen sich gesellschaftliche Transformationsprozesse »designen«? Wo liegen die Möglichkeiten und Grenzen?

Während in der Vergangenheit die meisten Transformationen weder designt noch vorsätzlich umgesetzt wurden, gibt es heu-

te für den Übergang zu nachhaltigen Wirtschafts- und Gesell-
schaftsformen keine Alternative zu einem solchen Vorgehen.
Erfolgreiche Transformationen erfordern die umfassende Teil-
habe verschiedener gesellschaftlicher Akteure, ein Engagement
für Gleichheit und soziale Gerechtigkeit sowie ein hohes Maß an
Demokratie, Transparenz und Verantwortung. Doch erschweren
nicht allein diese anspruchsvollen Anforderungen unsere Bemühungen; wir stoßen auch an Grenzen unseres Wissens und Ver-
stehens. Die Welt ist unvorstellbar komplex geworden – in Bezug
auf die Gesellschafts- und auf die Naturzusammenhänge. Jeder
Wandel bringt unbeabsichtigte Folgen mit sich. Einige werden
erfreulich sein, andere eher unerfreulich.

*Wie würden Sie Ihre eigene Arbeit im Kontext einer Transforma-
tion »by design« verstehen?*

Mein Buch »True Wealth« beschreibt die wünschenswerte Visi-
on einer Transformation in Richtung Nachhaltigkeit. Ausgehend
von einer Analyse der Doppelkrise von Ökologie und Ökonomie,
skizziere ich ein neues Wirtschaftsmodell, das ich »Plenitude«
nenne. Dies erlaubt es, beiden Krisen gleichzeitig zu begegnen –
denn genau das ist erforderlich. Der Kern des Modells ist, die
Abkehr von fossilen Brennstoffen mit einem Abbremsen des
Wachstums zu koppeln, um die notwendigen radikalen Emis-
sionsreduktionen von jährlich acht bis zehn Prozent in den
Wohlstandsgesellschaften zu ermöglichen. Dieses Bremsen des
Wirtschaftswachstums soll erreicht werden, indem Produktivitätssteigerungen in der Wirtschaft genutzt werden, die Arbeitszeit zu reduzieren. Dadurch ließen sich sowohl das Beschäfti-
gungs- als auch das Unterhaltsniveau stabil halten. Die Zeit, die
Haushalte nicht für Lohnarbeit aufwenden müssen, können sie
mithilfe neuer hochproduktiver Technologien, vor allem aus
der Digitalwirtschaft, zur Selbstversorgung nutzen. So eignen
sie sich auch neue nachhaltige Lebensstile und Konsummuster
an. Auf der kommunalen Ebene plädiere ich für öffentliche Investitionen in Ökosysteme, die öffentliche Gewährleistung der

Grundversorgung (mit Energie, Transport und Ernährung) sowie für die Zunahme von Gemeinschaftsunternehmen und Genossenschaften sowie anderen Eigentumsformen, die Wohlstand breit verteilen.

Eine letzte Frage: Was hat Transformationsdesign Ihrer Meinung nach mit Politik zu tun?

»Transformation by design« erfordert vorsätzliches Handeln. Dafür sind typischerweise politische Entscheidungsträger zuständig. Im Moment findet die Nachhaltigkeitstransformation am lebhaftesten auf lokaler Ebene statt: Städte beschließen Klimaschutz-Aktionspläne und Nachhaltigkeitsprogramme und planen langfristig. Dieses Engagement ist entscheidend, und die lokale Ebene ist wichtig. Dennoch: Damit eine Transformation in dem Ausmaß, wie sie notwendig ist, gelingt, sind auch regionale, nationale und globale Anstrengungen notwendig. Ich hoffe, dass der politische Wille, die Transformation voranzubringen, innerhalb der nächsten zehn Jahre deutlich stärker wird.

Auch das sogenannte bedingungslose Grundeinkommen oder Bürgergeld beinhaltet als sozialpolitisches Instrument das Potenzial, Spielräume, die sich aus Produktivitätsfortschritten ergeben, alternativ zur heute dominanten Wachstumslogik zu nutzen. Für seine konkrete Umsetzung werden verschiedene Varianten – wie die negative Einkommenssteuer oder Sozialdividende – diskutiert. Kern des Konzepts ist jedoch, dass jeder Bürger ein Anrecht auf eine finanzielle Grundsicherung hat, ohne dafür eine Gegenleistung erbringen zu müssen. Die Grundidee speist sich auch nicht aus ökologischen, sondern überwiegend aus humanistisch-emanzipatorischen Motiven: Jede und jeder soll unabhängig von der jeweiligen Rolle und Funktion im System der gesellschaftlichen Arbeitsteilung als gleichberechtigtes und gleich bedürftiges Individuum Anerkennung finden. Die Grundsicherung bringt damit zum

Ausdruck: »Du kannst in deinem Beruf herbe Fehlschläge und Enttäuschungen erleiden, womöglich ökonomisch scheitern, und das kann dazu führen, dass du auch in deinen eigenen Augen scheiterst: Du scheiterst gleichwohl nie sozial. Als Mitglied der Gemeinschaft, als Mitbewohner dieser Erde bist du unangefochten« (ebd.: 126).

Die Diskussion entsprechender Ideen lässt sich bis in die Zeit der Französischen Revolution zurückverfolgen, gesteigerte Popularität fand die Grundsicherung aber in den frühindustrialisierten westlichen Gesellschaften der 1960er-Jahre und – auf den ersten Blick vielleicht paradox – insbesondere den USA, dem wirtschaftlich leistungsfähigsten Staat jener Zeit (ebd.: 127). Neben den sozialemanzipatorischen Motiven speiste sich die Unterstützung für die Grundsicherung auch von eher konservativen Kräften aus der Befürchtung, dass ein weiterer Produktivitätsschub Arbeitsplätze vernichten und der dadurch ausgelöste Kaufkraftschwund eine wirtschaftliche Negativspirale in Gang setzen würde. Mit anderen Worten, wer nicht arbeitete, sollte trotzdem Geld erhalten, um seine für die Volkswirtschaft wichtige Funktion als Konsument weiter erfüllen zu können (ebd.). Im Kontext der Nachhaltigkeit sind daher insbesondere solche Umsetzungsvarianten interessant, die das Grundeinkommen nicht als Mittel betrachten, das Konsumniveau aufrechtzuerhalten oder gar zu erhöhen. Beispielsweise schlägt Götz Werner, der Gründer der Drogeriemarktkette dm und einer der prominentesten Befürworter der Grundeinkommensidee in Deutschland, vor, die Einführung über eine verstärkte Besteuerung des Konsums zu finanzieren. Und unter dem Schlagwort »Ökologisches Grundeinkommen« werden Vorschläge diskutiert, das Grundeinkommen durch Abgaben auf den Naturverbrauch zu finanzieren, also aus Steuern auf CO_2-Emissionen, Flächennutzung, Rohstoffentnahmen etc. (Schachtschneider 2012).

Es ist bezeichnend für den gegenwärtigen Stand der Nachhaltigkeits- und Transformationsdebatte, dass Maßnahmen wie die Verkürzung der Erwerbsarbeitszeit oder die Einführung eines bedingungslosen Grundeinkommens, die auf eine Reduzierung des Umweltverbrauchs durch *soziale oder institutionelle Innovationen* setzen, randständig sind – während die technischen Utopien (etwa das Geoingeneering) und auch tatsächlich beschlossene Maßnahmen (wie das Beispiel der Energiewende zeigt) auch in finanzieller Hinsicht gar nicht groß genug ausfallen können (siehe auch Kapitel 4).

Commons

»Freedom in a commons brings ruin to all«, so brachte der Biologe Garrett Hardin in seinem klassischen Aufsatz aus dem Jahr 1968 seine Sicht auf die Tragödie der Allmende auf den Punkt (Hardin 1968: 1244). Diese Annahme, die auf dem äußerst negativen Bild des Menschen als individuellem Nutzenmaximierer beruht, dominierte für Jahrzehnte die politischen und auch (wirtschafts-)wissenschaftlichen Konzepte zum Schutze natürlicher Gemeingüter. Akzeptiert man Hardins Analyse, bleiben grundsätzlich zwei Möglichkeiten, die systematische Übernutzung von Allmenden zu verhindern: erstens die Einschränkung der Freiheit, also die Etablierung harter gesetzlicher Nutzungsregeln (wie sie auch Hardin favorisierte) oder zweitens die Privatisierung beziehungsweise Etablierung individueller Nutzungsrechte, die zumeist mit der Kommerzialisierung zuvor frei zugänglicher Güter einhergeht (siehe Kapitel 4 »Schutz durch Inwertsetzung?«). Kurzum, beide Optionen zielen darauf, zum Schutz von Gemeingütern ihr zentrales Charakteristikum, die gemeinschaftliche

Nutzung, stark einzuschränken oder sogar gänzlich abzuschaffen.

Die US-amerikanische Politikwissenschaftlerin Elinor Ostrom machte es sich zur Lebensaufgabe, Hardins negative Anthropologie und die darauf basierenden Governancestrategien zu widerlegen (Ostrom 1990) und bekam für ihre Bemühungen im Jahr 2009 als erste und bislang einzige Frau den Wirtschaftsnobelpreis. Auf Basis umfangreicher empirischer Forschungen hatte Ostrom aufgezeigt, dass Menschen in unterschiedlichen Gesellschaften sehr wohl zu einem verantwortlichen Umgang mit ihrer Freiheit in der Lage sind und unter bestimmten Voraussetzungen wirksame kollektive Arrangements entwickeln, um die Zerstörung von Allmenden durch Übernutzung zu vermeiden (ebd.).

Neben natürlichen Gemeingütern, die qua ihrer Beschaffenheit grundsätzlich allen Menschen zur Verfügung stehen – anschauliche Beispiele hierfür sind die Atmosphäre oder die Meere –, existieren auch solche, die erst durch Gesellschaft konstituiert werden. Dies sind zum Beispiel Plätze und Gemeinschaftsgärten, Sport- und Freizeittreffs oder Mitfahrgelegenheiten. In den vergangenen Jahren ist eine weltweite Bewegung von »Commoners« entstanden, die in so unterschiedlichen Bereichen wie der Open Source oder Free Software, der Einführung von Regionalwährungen oder dem Aufbau von Saatbanken die Entwicklung von Gemeingütern verfolgt (Bollier 2014: 2). Ein beeindruckendes Beispiel für den Erfolg und die Potenziale der digitalen Commons ist die hier bereits genannte Online-Enzyklopädie Wikipedia, die weltweit von zig Millionen Nutzern nicht nur passiv genutzt, sondern auch kontinuierlich ergänzt und weiterentwickelt wird.

Silke Helfrich et al. (2009: 9) grenzen Gemeingüter von öffentlichen Gütern ab, auch wenn sie bestimmte Eigenschaften teilen. Während öffentliche Güter – wie Verkehrsinfrastrukturen und

Parks, Bildungsangebote oder der Schutz vor physischer Gewaltausübung – vom Staat bereitgestellt werden, entstehen soziale Gemeingüter wie freie Software oder interkulturelle Gärten zumeist in einem gemeinschaftlichen und vor allem selbst-organisierten Prozess (ebd.). Zudem ist es wichtig, zwischen rivalisierendem und nicht-rivalisierendem Gebrauch von Gemeingütern zu unterscheiden: Während rivalisierende Güter, wie eine gemeinschaftlich genutzte Weide, nicht von beliebig vielen Personen genutzt werden können (und nur darauf bezogen sich eigentlich Hardins Überlegungen), ist dies bei nicht-rivalisierenden Gütern, z. B. beim Wikipedia-Eintrag oder einem Internetartikel mit Creative-Commons-Lizenz, ohne Weiteres möglich, ohne dass das Gemeingut leidet.

Obgleich eine abschließende Taxonomie oder Inventur von Commons nicht existiert – die wenigen hier aufgeführten Beispiele deuten bereits die ungeheure Vielfalt von Phänomen und sozialen Praktiken an, die sich hinter dem Konzept verbergen –, lässt sich mit David Bollier festhalten, dass Commons entstehen, »whenever a given community decides that it wishes to manage a resource collectively, with an accent on fair access, use, and longterm sustainability« (Bollier 2014: 4 f.). Mit anderen Worten, bei den Commons handelt es sich um Formen der sozialen Praxis, die es Gemeinschaften ermöglichen, vitale Ressourcen in einer Art und Weise selbstorganisiert zu managen, die ihre dauerhafte gemeinschaftliche Nutzung ermöglicht. Damit ist den meisten Commons die Berücksichtigung ökologischer Grenzen inhärent, und sie stellen eine Alternative zu marktförmingen *oder* staatlichen Mechanismen dar, die sich – entgegen Hardins Annahme – im Kontext moderner Wachstumsökonomien gerade nicht als geeignet herausgestellt haben, die natürlichen Lebensgrundlagen wirksam zu schützen (ebd.: 2). Dies gilt umso mehr, als bei zahlreichen der sozialen Praktiken, die unter dem Konzept der Commons subsumiert werden, die Grenzen zwischen »Produzieren«, »Konsumieren« und »Governance« verschwimmen und sie sich auch deshalb vom Normalmodus moderner Gesellschaften unterscheiden, die die Einhaltung von Nachhaltigkeitszielen an eigens geschaffene Stellen und Experten delegieren, während die dominante Praxis gerade unberührt von entsprechenden Zielen bleibt.

Kora Kristof ist Leiterin der Grundsatzabteilung »Nachhaltigkeitsstrategien, Ressourcenschonung und Instrumente« des Umweltbundesamtes (UBA).

Wie lässt sich Transformationsdesign definieren?

Ich glaube einerseits, dass der Begriff Transformationsdesign die Leute in die falsche Richtung lotsen könnte: sie könnten erwarten, dass sie ein Rezept bekommen und dann kommt automatisch erfolgreiche Transformation heraus. Andererseits kommt man auch zu keinem Erfolg, wenn man keine Idee hat, welche Erfolgsfaktoren zentral sind. Die Wahrheit liegt also weder in einer Steuerungseuphorie noch in dem »Es-ist-sowieso-nichts-gestaltbar«. Genau dazwischen liegt das Feld, das es zu bestellen gilt. Und in diesem Feld gibt es Bereiche, in denen man zentrale Erfolgsbedingungen für angestrebte Veränderungen identifizieren kann, ebenso wie Risikofaktoren, die die Wahrscheinlichkeit erhöhen, dass man den Veränderungsprozess an die Wand fährt.

Wie lässt sich Ihre Arbeit in so einem Begriffsumfeld situieren?

Meine Forschung, begonnen schon in den 90er-Jahren mit ehemaligen Kollegen am Wuppertal Institut, zielt darauf ab, besser zu verstehen, wie Veränderungen erfolgreich sein können und welche zentralen Erfolgsfaktoren dabei genutzt werden. Neben wissenschaftlichen Erkenntnissen sind Praxiswissen und die impliziten Modelle, wie Veränderungen glücken, die wir alle in unseren Köpfen haben, dafür auch sehr wichtig.

Auf der Basis dieser Erfolgsfaktoren können wir neben der Frage »In welche Richtung kann und muss es gehen?« auch bessere Antworten auf die Herausforderung »Und wie geht es erfolgreich?« geben.

Momentan haben wir eine Zeit, in der viele über große Veränderungen reden: alles ist Veränderung, alles ist Transformation ...

... alles ist Innovation.

... alles ist Innovation, alles ist irgendwie neu, ... aber einige packen viel von dem, was sie vor 10, vor 20 Jahren gemacht haben, nur unter ein neues Schlagwort, das wird dann Transformationslyrik.

Die Nachhaltigkeitsherausforderungen, vor denen wir stehen, bedürfen aber großer Veränderungen. Das Interesse an der Frage »Wie geht es erfolgreich?« steigt. Gerade junge Leute, die sich in der Welt orientieren und eine Position finden wollen, diskutieren die Frage sehr ernsthaft. Und es bilden sich Forschungszusammenhänge, die versuchen, neue Wege zu gehen. Da ist schon eine ziemliche Dynamik zu beobachten.

Gibt es eine politische Dimension des Transformationsdesigns?

Politik ist nur ein – aber wichtiger – Akteur in der Transformation, die aber eine gesamtgesellschaftliche Frage ist. Politik hat eine rahmensetzende und eine unterstützende Funktion, die sie in den letzten Jahrzehnten zum Teil ausgeübt, teilweise leider auch nicht ausgeübt hat. Politik ist und bleibt bei der Transformation gefordert.

Wir haben außerdem die gesellschaftlichen Bewegungen, die von unten kommen, die sich jetzt zum Teil auch jenseits der engen Nachhaltigkeitsdebatte aufstellen. Wir haben z. B. wieder stärker Debatten über die Demokratie- und Partizipationsstrukturen. Und dazu haben wir die Wirtschaft, in der ein kleiner, langsam wachsender Anteil von Vorreitern neue Zeichen Richtung Nachhaltigkeit setzt. Außerdem gibt es interessante neue Ansätze, wie Wirtschaft etwa jenseits von Wachstumszwängen

gedacht werden kann. Also, es verändert sich etwas, aber es ist
für mich noch nicht klar, in welche Richtung das insgesamt gehen wird. Es gibt viel Aufbruch, viel Bewegung, die kann zu etwas
werden oder auch nicht. Das ist ein großer Anreiz, die zentralen
Erfolgsbedingungen für Transformation besser kennen und nutzen zu lernen.

Postwachstumsökonomie

Da all diese Konzepte, von denen man heute nicht weiß, wie erfolgreich und tiefenwirksam sie sein können, ökonomische Machtdifferenziale verschieben, sind sie vermutlich veränderungswirk-
samer als die klassischen Instrumente der Skandalisierung und
Aufklärung. Das gilt übrigens auch für die breiten Themen »Postwachstumsökonomie« und »De-Growth«, die seit einigen Jahren
vor allem in den frühindustrialisierten Ländern diskutiert wird:
Dabei geht es zum einen operativ um die Entwicklung neuer
Wohlstandsindizes, die anders als das BIP nicht nur den Zuwachs
an monetären Umsätzen messen, sondern etwa auch Umwelt- und
Lebensqualität in den Index einbeziehen (Diefenbacher/Zieschank
2011; Enquete-Kommission 2013). Zum anderen wird aber viel
grundsätzlicher untersucht, ob die von fast allen Ökonomen und
Politikern proklamierten Segnungen des Wirtschaftswachstums
in entwickelten Volkswirtschaften überhaupt empirisch antreffbar
sind, ob ihr ökologischer Preis nicht selbst dann zu hoch wäre,
wenn diese Segnungen existierten, ob Wirtschaftswachstum mit
Zunahme an empfundenem Glück korreliert und was Erfolg ver-
sprechende Wege in eine Postwachstumsgesellschaft wären (Jackson 2009; Loske 2012; Miegel 2011; Paech 2012; Sachs 2002; Seidel/
Zahrnt 2010; Welzer/Wiegandt 2013). Sehr eng gekoppelt an die

Suche nach Möglichkeiten einer Postwachstumsökonomie ist das Prinzip der Suffizienz, das auf einen Lebensstil hinausläuft, der sich am »Genügen« orientiert und nicht nach Erhöhung von Aufwand und Profit strebt. Im Gegensatz zu technikorientierten Lösungen legen die Suffizienzstrategien ihren Schwerpunkt also auf die Veränderung sozialer Praktiken und den Wandel dahinterliegender kultureller Leitbilder wie Konsumkultur und Wirtschaftswachstum. Eine Suffizienzorientierung kann sich, wie Wolfgang Sachs schon vor zwei Jahrzehnten skizziert hat, in den vier Bereichen »Entrümpelung« (eine Reduktion des Bedarfs und Verbrauchs an materiellen Gütern und Ressourcen), »Entflechtung« (ein Abbau von komplexen und überregionalen Abhängigkeitsverhältnissen), »Entschleunigung« (eine Verlangsamung von Lebensgeschwindigkeit und Innovationsraten) sowie »Entkommerzialisierung« (eine Verringerung von profit- und wachstumsorientierten Austauschverhältnissen) sichtbar machen (Sachs 1993). Neben der mengenmäßigen Reduktion von Konsum und Verbrauch setzt die Suffizienzstrategie insbesondere auf Subsistenz, also die Verkleinerung und Regionalisierung von Wirtschaftskreisläufen und die stärker am Eigenbedarf orientierte Produktion von Gütern (Paech 2012). Suffizienzorientiertes Handeln verortet sich in erster Linie in den Lebens- und Wirtschaftsweisen von individuellen Akteuren, kann aber durch politische Steuerungsmechanismen unterstützt und institutionalisiert werden (Schneidewind/Zahrnt 2013).

Das Spektrum der hier exponierten Autorinnen und Autoren ist breit; es ist aber auffällig, dass viele in der Analyse der Nicht-Fortsetzbarkeit der Wachstumsökonomie übereinstimmen, ihr aber praktisch wenig gegenüberzustellen haben. Allein Niko Paech (2012) geht das Thema mit einer konzeptuellen Radikalität an, die eine deutliche Verringerung der Erwerbsarbeitszeit, eine starke Regionalisierung der Produktion, eine extreme Reduktion von

Mobilität, Elemente von Tauschwirtschaft und Regionalwährungen und ein insgesamt erheblich reduziertes materielles Niveau vorsieht. Seine Ideen, die zugleich den Charme und den Schrecken radikaler Transformationen repräsentieren, finden insbesondere unter Jüngeren, die de-materialisierten Lebensstilen prinzipiell offener gegenüberstehen, viele Anhänger.

Paechs Stärke liegt darin, ökonomische und ökologische Notwendigkeiten zusammenzudenken und nicht im reinen Postulat stecken zu bleiben; eine Gefahr besteht in einem autoritativen Grundzug der ökologisch vernünftigen Einrichtung der Welt, der mit freiheitlichen Gesellschaftsvorstellungen in Konflikt geraten kann. Allerdings ist Paech einer der wenigen, die sich darüber im Klaren sind, dass der Pfadwechsel hin zu einer Postwachstumsgesellschaft in jedem Fall konfliktreich sein wird, weil er bestehende Geschäftsmodelle infrage stellt. Insofern ist bei ihm mindestens implizit adressiert, was die meisten anderen Wachstumskritikerinnen und -kritiker wie auch die Protagonisten einer anderen Ökonomie, wie wir sie hier kurz haben Revue passieren lassen, ausklammern: dass die Frage nach einer anderen Ökonomie immer auch eine Herrschaftsfrage ist. Ganz in diesem Sinn betont Ulrich Brand in einem Aufsatz zur Postwachstumsökonomie, dass in den insgesamt zutreffenden Diagnosen noch weitgehend die Frage fehle, »inwieweit sozioökonomische, kulturelle und politische Herrschaft sowie die in den Naturverhältnissen angelegte Herrschaft zur Stabilisierung gegenwärtiger Verhältnisse beitragen – samt ihrer sozialstrukturellen Implikationen – und welche Konsequenzen das hätte« (Brand 2014b: 296).

Jede sinnvolle Auseinandersetzung mit den Möglichkeiten einer Ökonomie *nach dem Wachstum* hätte, so Brand, in Rechnung zu stellen, dass die kapitalistische Ökonomie mit spezifischen Herrschaftsformen – im Naturverhältnis, im Geschlechterverhältnis, im Nord-Süd-Gefälle usw. – einhergeht, die nicht einfach voluntaristisch per wissenschaftlicher Erkenntnis oder überraschendem Mehrheitsbeschluss beseitigt werden können. Damit formuliert er, was für eine Theorie der Transformation von einer expansiven zu einer reduktiven Moderne insgesamt notwendig wäre: »Eine systematischere herrschaftstheoretische Diskussion, die [...] um subjekt-, hegemonie- und staatstheoretische Dimensionen ergänzt werden müsste, könnte der Postwachstumsdebatte eine umfassendere und kritischere Ausrichtung geben« (Brand 2014b: 298).

Eine solche Diskussion würde den Rahmen dieses Buches, das sich ja in einem deutlich engeren Sinn um Transformations*design* dreht, sprengen, sie gehört aber ohne Zweifel zur historischen und gesellschaftstheoretischen Rahmung unseres Ansatzes und soll im abschließenden Kapitel noch einmal aufgegriffen werden.

8 Resümee: Pfadwechsel für eine zukunftsfähige Moderne

In der soziologischen Theorie von Norbert Elias spielen die Begriffe »Macht« und »Machtdifferenziale« eine wichtige Rolle. »Macht« im Sinne von Elias ist weniger eine Kategorie der politischen Herrschaftsausübung, sondern eine Bestimmung der jeweiligen Wirkmächtigkeit der Beteiligten an sozialen Beziehungen. Das hört sich komplizierter an, als es ist: Zum Beispiel haben Eltern Macht über ihre Kinder, in dem Sinn etwa, dass sie über ihren Tagesablauf und ihre Ernährungsweise bestimmen können. Kinder haben umgekehrt aber auch Macht über ihre Eltern, in dem Sinne, dass diese in der Regel dringend von ihren Kindern geliebt werden wollen und emotional an sie gebunden sind. Erst wenn das Kind für die Eltern keine Bedeutung mehr hat, verliert es seine Macht. Macht innerhalb sozialer Beziehungen bildet also ein Differenzial, wobei völlig vereinseitigte Macht beziehungsweise Ohnmacht als seltene Grenzfälle anzusehen und stets mit der möglichen Ausübung von Gewalt verbunden sind. So verstanden, sind mehr oder weniger ungleich verteilte Machtdifferenziale eine Struktureigentümlichkeit *aller* menschlichen Beziehungen (Elias 1996a: 77).

Mithilfe des Machtverständnisses von Elias lassen sich also die Chancen der Mitglieder sozialer Figurationen bestimmen, ihre Interessen gegenüber den anderen Mitgliedern durchzusetzen. So lässt sich zum Beispiel sagen, dass ein Unternehmer in der Regel über mehr Macht in der Figuration »Unternehmen« verfügt als einer seiner Arbeiter oder Angestellten, was aber in seiner familiären Figuration ganz anders ausfallen kann. Macht kommt also nicht der Person an sich zu, sondern ist jeweils abhängig von der Art und Gestalt des sozialen Beziehungsgefüges, zu dem sie gehört.

Soziale Bewegungen – wie die Arbeiterbewegung, die Frauenbewegung, die Bürgerrechtsbewegung – zielten immer auf eine Veränderung der gegebenen Machtdifferenziale und sind zugleich ihr Produkt. In der Arbeiterbewegung ging es stets darum, den Unternehmern Freiheiten abzutrotzen – etwa Zeit, Mitsprache, Fürsorgepflichten, Schutzrechte usw. In der Frauenbewegung ging es um die Deprivilegierung der Männer in allen Bereichen der Gesellschaft, in der Bürgerrechtsbewegung um die reale Durchsetzung der Menschen- und Bürgerrechte sowie der Gleichheit vor dem Gesetz. All diese Bewegungen hatten ihren Erfolg darin, dass Personen Macht und Privilegien zugunsten der jeweiligen Gegenseite abgeben mussten – die Machtdifferenziale verschoben und die gesellschaftlichen Produktions- und Reproduktionsverhältnisse modernisierten sich. Damit veränderte sich aber nicht nur ein soziales Segment für sich, sondern die Gesellschaft als Ganze: Denn die Reduzierung von Ungleichheit definiert die geltenden und praktizierten sozialen Normen anders als zuvor und etabliert Standards, die auf die Gesellschaft als Ganze wirken – also etwa auf die subjektiven Ansprüche, die Sprache, die Arbeitsbedingungen, die Verhaltensstandards, die Rollenmodelle, die Einkommen, die Ausbildungssysteme etc.

Genau hier könnte der Grund dafür liegen, dass die Ökologiebewegung in den vier Jahrzehnten ihrer Existenz hinsichtlich ihrer faktischen Wirkmächtigkeit letztlich eklatant erfolglos geblieben ist: Sie hat zwar die Aufmerksamkeit auf ökologische Probleme erhöht, kommunikative und symbolische Sphären des Gesellschaftlichen verändert, Politik und Unternehmensleitbilder imprägniert, de facto aber nichts daran zu ändern vermocht, dass jedes Jahr ein neues Weltrekordjahr im Material- und Energieverbrauch und in der Erzeugung von Emissionen und Müll ist. Ihr Erfolg ist mithin auf der symbolischen Ebene beträchtlich, reicht aber – anders als bei den oben genannten sozialen Bewegungen – bislang nur selten hinein in die Machtdifferenziale innerhalb der gesellschaftlichen Produktion und Reproduktion.

Anders gesagt: Wenn eine ökologische Gegenbewegung gegen das vorherrschende Modell der zerstörerischen Wachstumswirtschaft nicht eine andere wirtschaftliche Praxis setzt, sondern an den »Auswüchsen« der kapitalistischen Zerstörung, also am Ende des Wertschöpfungsprozesses, ansetzt, kann sie nie mehr als symbolische Erfolge verbuchen. Systematisch kann ja eine nicht-nachhaltige Produktionsweise nicht in eine nachhaltige verwandelt werden, wenn Expansion ihr tragendes Prinzip bleibt und immer nur am Ende etwas verändert wird, was dann das Adjektiv »nachhaltig« bekommt. Man nehme hier nur die Voraussetzung, dass es sinnvoll sei, immer größere Kühl- und Gefrierschränke für immer mehr frisch zu haltende Nahrung mit immer größerem Material-, Energie-, Transport- und Verpackungsaufwand zu produzieren und lediglich beim Endenergieverbrauch durch effizientere Technik einen relativen Minderverbrauch zu ermöglichen. Das Beispiel lässt sich beliebig vervielfältigen; es gilt in der kapitalistischen Wachstumswirtschaft für beinahe alles, was in die Konsumsphäre gelangt.

Nachhaltigkeit *at the end of the pipe* ist wie das Rennen zwischen Hase und Igel: Die Aufwandserhöhung ist immer schon da, während die Reduktionsbemühungen sich totlaufen. Aber leider laufen sich ja nicht nur die tot, sondern vor allem die künftigen

Bedingungen großer Teile der Bevölkerung, in Würde zu leben. Damit ist die ökologische Frage automatisch eine soziale und eine Gerechtigkeitsfrage. Man muss daher die ungebrochene destruktive Expansivität des globalisierten Wirtschaftsprinzips damit zusammendenken, dass die relativen Ungleichheiten innerhalb der Bevölkerungen rapide zunehmen: Im Unterschied zum »demokratischen Kapitalismus« (Streeck 2013) der westlichen Nachkriegsmoderne führt wirtschaftliche Expansion heute nicht zu mehr Gleichheit, sondern zu mehr Ungleichheit. Die Statistiken geben darüber beredte Auskunft, auch darüber, dass sich diese Ungleichheit in den letzten Jahrzehnten vertieft hat: So verfügte 1980 in Amerika das reichste Prozent der Bevölkerung über 9 Prozent des Volkseinkommens, heute sind es 22 Prozent. In Europa besitzt das oberste Prozent ein Zehntel der gesamten Lohn- und Kapitaleinkommen, die obersten 10 Prozent der Bevölkerung verfügen über mehr als ein Drittel des Volkseinkommens. Umgekehrt besitzt die Hälfte der Bevölkerung lediglich 25 Prozent (Europa) beziehungsweise nur 20 Prozent (USA) des Volkseinkommens (*Die ZEIT*, 28. Mai 2014: 20). Die materielle Ungleichheit hat sich in der Finanz- und Wirtschaftskrise seit 2008 noch einmal massiv verschärft, wobei damit andere Ungleichheitsdimensionen kumulativ angesprochen sind: Hatten vor der Weltwirtschaftskrise weiße Haushalte in den USA durchschnittlich das zehnfache Vermögen von afroamerikanischen Haushalten, so ist es heute das Zwanzigfache.

Natürlich bedingt soziale Ungleichheit auch »die Fähigkeit sozialer Akteure, Handlungsstrategien gegenüber Risiken zu entwickeln und anzuwenden« (Dietz 2011: 14). So zeigen Studien aus den USA über die Auswirkungen von Hitzewellen in Chicago 1995 (Klinenberg 2002) und Phönix 2003 (Harlan et al. 2008), dass die Konsequenzen von Hitzewellen selbst innerhalb einer Stadt stark variieren, da unterschiedliche Gruppen je nach Ausstattung mit unterschiedlichem ökonomischen Kapital, sozialen Kontakten und Wissen anders auf die Hitze reagieren können. In Chicago zeigte sich, dass gerade Ortsteile mit hoher Armut, älteren Bewohnern, schlechtem baulichen Zustand und wenig Vegetation gefährdet waren und mehr Tote zu beklagen hatten. Auch in der Studie über den Hitzesommer in Phoenix ließ sich statistisch nachweisen, dass Arme sowie ethnische Minderheiten besonders in von Hitze belasteten Nachbarschaften lebten und weniger materielle und soziale Ressourcen hatten, um sich vor extremer Hitze zu schützen. Die Spaltung der Gesellschaft in ärmere und reichere Bevölkerungsgruppen drückt sich auch in der räumlichen Verteilung sozialer Gruppen in Wohnquartiere aus. Diese Stadtteile unterscheiden sich beispielsweise in ihren baulichen Strukturen wie der Dichte der Bebauung, vorhandenen Belüftungssystemen oder Anzahl der Fenster und der Verfügbarkeit von öffentlichen Parks, privaten Gärten und Schwimmbädern (Bolte/Mielck 2004). Da die Wärme in der gebauten Infrastruktur gespeichert wird, ist ihre Gestaltung bedeutend für die jeweilige Hitzebelastung in den Stadtteilen. Setzt sich der Trend zunehmender sozialer Ungleichheit und damit der sozialräumlichen Spaltung fort, ist davon auszugehen, dass auch benachteiligte und privilegierte Stadtteile in unterschiedlicher Art und Weise von den klimatischen Veränderungen betroffen sein werden.

Dass soziale Ungleichheit immer auch ökologische Ungleichheit ist, zeigt auch die schichtspezifisch höchst ungleiche Lebenserwartung in aller Deutlichkeit, und zwar national wie international: In Deutschland liegt die Differenz zwischen reichen und armen Bevölkerungsteilen bei fast elf Jahren weniger Lebenserwartung (Männer); für Schottland liegen Daten vor, die solche eklatanten Lebenserwartungsunterschiede bis auf einzelne Stadtteile herunterbrechen: In Glasgow etwa darf man als Mann im Schnitt 82 Lebensjahre erwarten, wenn man im reichen Lenzie lebt; im nur zwölf Kilometer entfernten Stadtteil Calton sinkt die Lebenserwartung auf durchschnittlich nur 52 Jahre (*Süddeutsche Zeitung*, 31. Mai 2013). Dabei werden solche epidemiologischen Befunde vor allem auf unterschiedliche Arbeits- und Ernährungsbedingungen sowie auf das jeweilige Gesundheitsverhalten zurückgeführt, bislang aber noch kaum auf die nachteiligen Wirkungen, die ökologisch schlechtere Wohnlagen zum Beispiel an verkehrsreichen Straßen, in der Nähe von Mülldeponien, unter hoher Lärmexposition und Schadstoffbelastung etc. auf die Gesundheit haben. Städtebaulich gibt es solche Differenzierungen zwischen den auch gesundheitlich privilegierten Wohngegenden und den eher multipel belasteten Quartieren seit jeher; auch von daher ist es überfällig, ökologische Fragen wieder als soziale Fragen und Gerechtigkeitsfragen zu formulieren.

Zu beobachten ist jedenfalls eine gleichzeitige Zunahme an synchroner und diachroner Ungleichheit: synchron in dem Sinne, als die wirtschaftlichen Chancen der Zeitgenossinnen und Zeitgenossen immer weiter auseinanderdriften, diachron in dem Sinne, dass sich dieser Befund transgenerationell vertieft. Denn gerade mit der Verschärfung von Umwelt-, Klima- und Ressourcenkrisen nehmen ja die relativen Machtvorteile der heute schon machtüberlegenen Gruppen zu – verschärfter Umwelt-, Klima- und Ressourcenstress führt zu einer immer radikaleren Aufteilung der Weltbevölkerungen in Gewinner- und Verlierergruppen. Der Soziologe Lars Clausen hat das als »failed globalisation« bezeichnet (Clausen 2010), die systematische Verringerung der Chance auf gleiche Lebensbedingungen. In dieser Perspektive, die die horizontale und die vertikale Achse der Ungleichheit der Lebens- und Überlebensbedingungen zusammensieht, erscheint die ökologische Frage unmittelbar als Gerechtigkeitsfrage und damit als eine, die systematisch nicht durch die Erhöhung von Effizienz gelöst werden kann, sondern nur durch die Erhöhung von Gleichheit.

So betrachtet, wird aus der Nachhaltigkeitsthematik eine soziale, und die hat – die Geschichte hat es immer wieder gezeigt – eine weitaus höhere Brisanz als alle Fragen von Technik und Wissenschaft. »Nicht auf Kosten anderer und zukünftiger Generationen leben« ist ja im Kern eine sozial begründete normative Setzung. So ist bereits im Brundtland-Bericht »Nachhaltigkeit« als ein gesellschaftlicher Modus der Bedürfnisbefriedigung definiert, der die Möglichkeiten künftiger Generationen, ihre eigenen Bedürfnisse zu befriedigen, nicht gefährdet (Hauff 1987). Diese Sicht ist in den vergangenen Jahren allerdings stark in den Hintergrund getreten – zugunsten der Fokussierung auf die technische Lösung von Umwelt- und Nachhaltigkeitsproblemen. Die Verengung der Transformationsthematik auf diesen Aspekt suggeriert ja, dass man Nachhaltigkeit erreichen kann, ohne an der wirtschaftlichen und sozialen Praxis etwas zu verändern. Auch von daher muss die Nachhaltigkeitstransformation moderner Gesellschaften grundsätzlich als *soziale* Transformation gedacht werden – was übrigens auch ein Blick in die Geschichte der Industrialisierung nahelegt, die ja von der Freisetzung der Arbeiter aus feudalen Bindungen über die Entstehung der modernen Familie bis hin zur Schulpflicht und zur Alphabetisierung eine tief greifende soziale Transformation war (siehe Kapitel 3).

Soziale Fragen werden darüber hinaus in Zukunft noch an Bedeutung gewinnen, da die wirtschaftliche Globalisierung, was die Hebung des durchschnittlichen gesellschaftlichen Wohlstandsniveaus angeht, voraussichtlich nicht denselben Weg gehen wird wie den, den die westeuropäischen Nachkriegsgesellschaften hinter sich haben. Denn die technische und wirtschaftliche Modernisierung in den Schwellenländern wird ja keineswegs die vergleichsweise langsame Bewegung nachvollziehen, die die frühindustrialisierten Länder Westeuropas zurückgelegt haben. Die entwickelte Technik macht das alles viel schneller und dynamischer – hier müssen fordistische Produktion, Computersteuerung und Automatisierung ja nicht erst mühsam erfunden werden, sondern sie sind schon da: weshalb der Arbeitskräftebedarf, wie er etwa in der Textilindustrie in Bangladesch, Kambodscha und Vietnam besteht, in anderen Sektoren keineswegs vorherrscht. In der Autoindustrie wird genauso wie in jeder anderen Branche jener Rationalisierungsstandard eingeführt, wie er der aktuellen Entwicklung global entspricht, was bedeutet, dass ein relativ geringerer Teil der Erwerbsbevölkerung von der Turboindustrialisierung profitieren wird, als es in der viel langsameren Entwicklung in den westlichen Industrienationen der Fall war. Soziale Verwerfungen und Unruhen sind vorprogrammiert, wenn hyperrationalisierte Arbeitsabläufe *vor* der Entwicklung stabiler Arbeiter- und Mittelklassen etabliert sind.

Umgekehrt ist deutlich, dass sich die Kapital besitzenden Gruppen immer ostentativer auf die kommenden Verhältnisse einzustellen beginnen – und zwar in Form einer Ausweitung ihrer eigenen Machtchancen. Wenn die ökologische Frage auch in dem Sinne die soziale Frage ist, dass die wirtschaftliche Globalisierung unter dem Vorzeichen des wachstumswirtschaftlichen Kapitalismus die Möglichkeiten der Kapital- und damit der Machtkonzentrationen erweitert und sich zugleich die ganze Welt nach Prinzipien der Nicht-Nachhaltigkeit einzurichten beginnt, muss man eine zentrale Konsequenz formulieren: Dann geht es auch umgekehrt um die *Erweiterung der Machtchancen*, also um die De-Privilegierung derjenigen, die vom heutigen System der Umweltzerstörung profitieren und dies desto mehr tun werden, je weiter sich die Ressourcenprobleme verschärfen (Welzer 2013). Machen wir es vor diesem Hintergrund ganz einfach: Wenn es für den Pfadwechsel in eine reduktive Moderne notwendig ist, den Material- und Energieverbrauch sowie die Emissionen in den reichen Gesellschaften in Größenordnungen von 80 Prozent und mehr zu reduzieren und damit auf das global ungefähr vertretbare Niveau pro Kopf zu kommen, dann bedeutet das im materiellen Sinn nicht nur einen erheblichen Wohlstandsverlust für die meisten Bewohnerinnen und Bewohner der reichen Länder, sondern auch eine deutliche Beeinträchtigung der konventionellen Geschäftsmodelle. Es geht also ganz konkret um die De-Privilegierung derjenigen Gruppen und Individuen, die heute von wirtschaftlichen Strategien profitieren, die die Lebenschancen heute und künftig lebender Menschen massiv beeinträchtigen.

Wie jede soziale Bewegung muss sich also auch eine soziale Transformationsbewegung auf eine Veränderung der bestehenden Machtbalancen richten. Norbert Elias hat den Sachverhalt, dass dies die Voraussetzung für sozialen Wandel ist, in seinem Buch »Was ist Soziologie?« gewohnt nüchtern und unspektakulär formuliert: »Denn Gesellschaftsentwicklung, was immer sie sonst noch bedeuten mag, bedeutet immer eine Veränderung im Charakter und in der Beziehung der von verschiedenen Menschengruppen jeweils besetzten gesellschaftlichen Positionen. Sie bedeutet immer und ganz unausweichlich, dass bestimmte gesellschaftliche Positionen oder Positionengruppen im Zuge der Entwicklung ihre Funktion innerhalb eines Funktionszusammenhangs zum Teil oder völlig einbüßen, während die Funktionen anderer älterer Positionen oft genug auch ganz neue Positionengruppen mit neuen Funktionen im Ganzen der Gesellschaft an Bedeutung gewinnen« (Elias 1996a: 192 f.).

Gesellschaftsveränderung findet, auch wenn sich das so sachlich anhört wie bei Elias, aber nicht im Modus des herrschaftsfreien Diskurses statt, sondern als Veränderung von Machtdifferenzialen. In diesem Sinne ist Transformation keine Modifikation auf einem längst eingeschlagenen Pfad, sondern ein Pfadwechsel. Dieser Pfadwechsel geht notwendigerweise mit der Veränderung von Machtdifferenzialen, sozialen Auf- und Abstiegsprozessen einher. Ohne den Abstieg bestimmter sozialer Gruppen und Einheiten und den komplementären Aufstieg anderer – wachstumsneutraler Unternehmen, ökologischer Landwirte, Energiegenossenschaften etc. – kann dieser Pfadwechsel nicht gelingen. Dies bedeutet nicht, dass »der Kapitalismus« oder »das System« abgeschafft wird. Auch der Aufstieg der Arbeiterbewegung hat den Kapitalismus nicht »abgeschafft«, aber das Verhältnis von Kapital und Arbeit neu konfiguriert.

Das war – und das liegt in der Natur von sozialen Bewegungen, die sich *immer* auf die Deprivilegierung machtüberlegener Gruppen richten – keine konfliktfreie Angelegenheit, und genauso wird die Transformation zu einer reduktiven Moderne weder eine Sache der besseren Technologie noch der überlegenen wissenschaftlichen Befunde und Argumente sein, sondern eine Sache des Durchstehens von Kämpfen und Konflikten. Die Qualität von Transformationsdesign ermisst sich heute genauso wenig wie morgen an allgemeiner Zustimmungsfähigkeit.

Zitierte Literatur

Achenbach, Joel/Fahrenthold, David A. (2010): Oil spill dumped 4.9 million barrels into Gulf of Mexico, latest measure shows. In: The Washington Post, 3. August 2010. Internet: http://www.washingtonpost.com/wp-dyn/content/article/2010/08/02/AR2010080204695.html (abgerufen am 31.05.2014).

Ayres, Robert U./Simonis, Udo E. (Hg.) (1994): Industrial Metabolism. Restructuring for Sustainable Development. Tokyo.

Baitinger, Claudia/Neumann, Werner (2013): Von Börsen-, Gas- und Giftblasen. In: Politische Ökologie. Juni 2013, 31. Jahrgang, 152–155.

Barber, Benjamin B. (2013): If Mayors Ruled the World: Dysfunctional Nations, Rising Cities. New Haven.

Bauer, Steffen/Sommer, Bernd (2011): Klimaschutz erfordert Wertewandel. In: Zeit Online, 21.04.2011. Internet: http://www.zeit.de/gesellschaft/zeitgeschehen/2011–04/Kohlenstoff-Abolitionismus (abgerufen am 03.04.2014).

Beck, Ulrich (1996): Das Zeitalter der Nebenfolgen und die Politisierung der Moderne. In: Ulrich Beck, Anthony Giddens, Scott Lash (Hg.): Reflexive Modernisierung. Eine Kontroverse. Suhrkamp, Frankfurt am Main, 19–112.

Becker, Egon/Hummel, Diana/Jahn, Thomas (2011): Gesellschaftliche Naturverhältnisse als Rahmenkonzept. In: Groß, Matthias (Hg.): Handbuch Umweltsoziologie. Wiesbaden, 75–96.

Beisenkamp, Anja/Müthing, Kathrin/Hallmann, Sylke/Klöckner, Christian A. (2012): Die Elefanten-Kinderstudie 2011/2012. Zur Situation der Kindergesundheit in Deutschland. Internet: http://mb.cision.com/Public/3295/9337091/939cc288af986d17.pdf (abgerufen am 14.05.2014).

Beyer, Jürgen (2006): Pfadabhängigkeit. Über institutionelle Kontinuität, anfällige Stabilität und fundamentalen Wandel. Frankfurt am Main/New York.

Bollier, David (2014): The Commons as a Template for Transformation. A Great Transition Iniative Essay. Internet: http://greattransition.org/document/the-commons-as-a-template-for-transformation (abgerufen am 10.07.2014).

Bolte, Gabriele/Mielck, Andreas (Hg.) (2004): Umweltgerechtigkeit. Die soziale Verteilung von Umweltbelastungen. Weinheim.

Bourdieu, Pierre, et al. (1998): Der Einzige und sein Eigenheim. Schriften zu Politik & Kultur 3. Hamburg.

Brand, Ulrich (2014a): Sozial-ökologische Transformation. Projekt eines rot-rot-grünen Crossover?. Internet: http://blog.postwachstum.de/sozial-oekologische-transformation-projekt-eines-rot-rot-gruenen-crossover-20140509 (abgerufen am 23.05.2014).

Brand, Ulrich (2014b): Kapitalistisches Wachstum und soziale Herrschaft. Motive, Argumente und Schwächen aktueller Wachstumskritik. In: PROKLA 175. Zeitschrift für kritische Sozialwissenschaft. 44. Jahrgang, Nr. 2, Juni 2014, 289–306.

Brand, Ulrich/Wissen, Markus (2011): Sozial-ökologische Transformation und imperiale Lebensweise. Zu Krise und Kontinuität kapitalistischer Naturverhältnisse. In: Alex Demirovic, Julia Dück, Florian Becker und Pauline Bader (Hg.): Vielfachkrise im finanzdominierten Kapitalismus. Hamburg, 78–93.

Braudel, Fernand (1958): La longue durée. In: Annales 1958, 725–753. Dt.: Die lange Dauer. In: Schriften zur Gesichte: Gesellschaft und Zeitstrukturen. 1992, 49–87.

Brida, Juan Gabriel/Zapata, Sandra (2010): Cruise tourism: economic, sociocultural and environmental impacts. In: International Journal of Leisure and Tourism. Vol. 1, Nr. 3, 2010, 205–226.

Burns, Colin/Cottam, Hilary/Vanstone, Chris/Winhall, Jennie (2006). Transformation Design. RED Paper 02. British Design Council. Internet: http://www.designcouncil.info/mt/RED/transformationdesign/TransformationDesign FinalDraft.pdf (abgerufen am 10. April 2014).

Chakrabarty, Dipesh (2009): The climate of history: For theses. In: Eurozine. Internet: http://www.eurozine.com/pdf/2009-10-30-chakrabarty-en.pdf (abgerufen am 12.05.2014).

Carroll, Archie B. (1999): Corporate Social Responsibility: Evolution of a Definitional Construct. Business Society, 38, 268–295.

Center for American Progress (2013): The Arab Spring and Climate Change. A Climate and Security Correlations Series. Internet: http://cdn.americanprogress.org/wp-content/uploads/2013/02/ClimateChangeArabSpring.pdf (abgerufen am 15.07.2014).

Clausen, Lars (2010): Wohin mit den Klimakatastrophen? In: Harald Welzer, Hanz-Georg Soeffner und Dana Giesecke (Hg.): KlimaKulturen. Soziale Wirklichkeiten im Klimawandel. Frankfurt am Main, 97–110.

Collier, Paul (2007): The Bottom Billion: Why the Poorest Countries are Failing and What Can Be Done About It. Oxford.

Cooper, Richard N. (2010): Europe's Emissions Trading System. Discussion Paper 2010–40, Cambridge, Mass.: Harvard Project on International Climate Agreements, August 2010.

Cordell, Dana/Drangerta, Jan-Olof/White, Stuart (2009): The story of phosphorus: Global food security and food for thought. In: Global Environmental Change. Volume 19, Issue 2, 292–305.

Crutzen, Paul (2002): Geology of mankind. In: Nature, 415: 23.

Diamond, Jared (2005): Collapse: How Societies Choose to Fail or Succeed. New York.

Diamond, Jared (2012): Arm und Reich. Die Schicksale menschlicher Gesellschaften. Frankfurt am Main.

Diefenbacher, Hans/Zieschank, Roland (2011): Woran sich Wohlstand wirklich messen lässt. Alternativen zum Bruttoinlandsprodukt. München.

Dietz, Kristina (2011): Der Klimawandel als Demokratiefrage, Bd. 11. 1. Aufl. Münster: Westfälisches Dampfboot.

DIW Berlin – Deutsches Institut für Wirtschaftsforschung (2009): Wochenbericht Nr. 4/2009. Internet: http://www.diw.de/documents/publikationen/73/93785/09-4-1.pdf (abgerufen am 15.8.2013).

Druckman, Angela/Chitnis, Mona/Sorrell, Steve/Jackson, Tim (2011): Missing carbon reductions? Exploring rebound and backfire effects in UK households. In: Energy Policy 39: 3572–3581.

Easterlin, Richard A. (1974): Does Economic Growth Improve the Human Lot? In: Paul A. David & Melvin W. Reder (Hg.): Nations and Households in Economic Growth: Essays in Honor of Moses Abramovitz. New York, 89–125.

Elias, Norbert (1994): Studien über die Deutschen. Machtkämpfe und Habitusentwicklung im 19. und 20. Jahrhundert. Frankfurt am Main.

Elias, Norbert (1995): Soziale Prozesse. In: Bernhard Schäfers (Hg.): Grundbegriffe der Soziologie. Opladen, 243–249.

Elias, Norbert (1996a): Was ist Soziologie? München.

Elias, Norbert (1996b): Wandlungen der Wir-Ich-Balance. In: Norbert Elias: Die Gesellschaft der Individuen. Frankfurt am Main, 207–315.

Elias, Norbert (1997a): Über den Prozess der Zivilisation. Soziogenetische und psychogenetische Untersuchungen. Erster Band. Wandlungen des Verhaltens in den weltlichen Oberschichten des Abendlandes. Frankfurt am Main.

Elias, Norbert (1997b): Über den Prozess der Zivilisation. Soziogenetische und psychogenetische Untersuchungen. Zweiter Band. Wandlungen der Gesellschaft. Entwurf einer Theorie der Zivilisation. Frankfurt am Main.

Engler, Wolfgang (2005): Bürger, ohne Arbeit. Für eine radikale Neugestaltung der Gesellschaft. Berlin.

Enquete-Kommission (2013): Schlussbericht der Enquete-Kommission »Wachstum, Wohlstand, Lebensqualität« des Deutschen Bundestages. Drucksache 17/13300. Berlin.

Europäische Umweltagentur (2011): EUA Signale 2011. Die Globalisierung, die Umwelt und Du. Kopenhagen.

Eurostat (2013): Gini coefficient of equivalised disposable income (source: SILC). Internet: http://epp.eurostat.ec.europa.eu/tgm/refreshTableAction.do?tab=table &pcode=tessi190&language=en (abgerufen am 03.04.2014).

EU-Kommission (2008): Climate Change and International Security. Internet: http://www.consilium.europa.eu/ueDocs/cms_Data/docs/pressdata/EN/ reports/99387.pdf (abgerufen am 10.05.2014).

Felber, Christian (2012): Gemeinwohl-Ökonomie. Eine demokratische Alternative wächst. Wien.

Festinger, Leon (1957): A Theory of Cognitive Dissonance. Stanford, CA.

Fezer, Jesko (2013): Soft Cops und Anwaltsplanung: Planungsbeteiligung oder die Politik der Methode (1962–1973). In: Claudia Mareis, Matthias Held, Gesche Joost (Hg.): Wer gestaltet die Gestaltung? Praxis, Theorie und Geschichte des partizipatorischen Designs. Essen.

Fioramonti, Lorenzo (2013): Gross Domestic Problem. The Politics Behind The World's Most Powerful Number. London/New York.

Fischer, Michael/Sommer, Bernd (2012): Verbrauchte Zukunft. Mentale und soziale Voraussetzungen verantwortungsvollen Konsums. Bonn.

Fischer-Kowalski, Marina/Haberl, Helmut (1997): Stoffwechsel und Kolonisierung. Konzepte zur Beschreibung des Verhältnisses von Gesellschaft und Natur. In: Fischer-Kowalski, Marina, et al. (Hg.): Gesellschaftlicher Stoffwechsel und Kolonisierung von Natur. Ein Versuch in Sozialer Ökologie. Amsterdam, 3–12.

Fischer-Kowalski, Marina/Mayer, Andreas/Schaffartzik, Anke (2011): Zur sozialmetabolischen Transformation von Gesellschaft und Soziologie. In: Matthias Groß (Hg.): Handbuch Umweltsoziologie. Wiesbaden, 97–120.

Foucault, Michel (1977): Überwachen und Strafen. Die Geburt des Gefängnisses. Frankfurt am Main.

Freud, Sigmund (2000 [1939]): Das Unbehagen in der Kultur. In: Studienausgabe, Bd. IX: Fragen der Gesellschaft. Ursprünge der Religion. Frankfurt am Main.

Frondel, Manuel (2012): Der Rebound-Effekt von Energieeffizienz-Verbesserungen. In: Energiewirtschaftliche Tagesfragen 62. (8): 12–17.

Fortune (2013): The Fortune global 500. Internet: http://fortune.com/global500 (abgerufen am 31.07.2013).

Gerstengarbe, Friedrich-Wilhelm/Welzer, Harald (2013): »Deutschland – zwei Grad mehr«. In: Friedrich-Wilhelm Gerstengarbe/Harald Welzer (Hg.): Zwei Grad mehr in Deutschland. Wie der Klimawandel unseren Alltag verändern wird. Das Szenario 2040. Frankfurt am Main, 7–18.

Goffman, Erving (2003 [1959]): Wir alle spielen Theater. Die Selbstdarstellung im Alltag. München.

Gómez-Baggethun, Erik/Ruiz-Pérez, Manuel (2011): Economic valuation and the commodification of ecosystem services. In: Progress in Physical Geography, 35(5), 613–628.

Government of the United Kingdom (2014): Increasing the use of low-carbon technologies. Internet: https://www.gov.uk/government/policies/increasing-the-use-of-low-carbon-technologies (abgerufen am 31.05.2014).

Graziano da Silva, José (2012): The US must take biofuel action to prevent a food crisis. In: http://www.ft.com/cms/s/0/85a36b26-e22a-11e1-b3ff-00144feab49a. html#axzz33TkxHteq Financial Times. Internet: (abgerufen am 02.06.2014).

Grin, John/Rotmans, Jan/Schot, Johan (2010): Transitions to Sustainable Development. New Directions in the Study of Long Term Transformative Change. London.

Hamilton, Clive/Turton, Hall (2002): Determinants of emissions growth in OECD countries. Energy Policy 30, 63–71.

Hardin, Garrett: The Tragedy of the Commons. In: Science, Vol. 162, No. 3859, 1968, 1243–1248.

Harlan, Sharon L./Brazel, Anthony J./Jenerette, G. D./Jones, Nany S./Larsen, Larissa/Prashad, Lela und William L., Stefanov (2008): In the shade of affluence: The inequitable distribustion of the urban heat island. In: Robert C. Wilkinson, William R. Freudenburg (Hg.): Equity and the environment. Amsterdam/ Boston, 173–202.

Hayden, Anders/Shandra, John M. (2009): Hours of Work and the Ecological Footprint of Nations. An Exploratory Analysis. In: Local Environment. Vol. 14 (6), 575–600.

Hauff, Volker (Hg.) (1987): Unsere gemeinsame Zukunft. Der Brundtland-Bericht der Weltkommission für Umwelt und Entwicklung. Greven.

Hebert, Saskia (2014): lived space lichtenberg #1. Berlin.

Heindl, Ines (2015). Lust am Genuss. Ernährung mit Zukunft. Frankfurt am Main (im Erscheinen).

Helfrich, Silke/Kuhlen, Rainer/Sachs, Wolfgang/Siefkes, Christian (2009): Gemeingüter – Wohlstand durch Teilen. Berlin

Historische Datenbank (2009) nach Maddison (1995): Historische Daten zur Einkommensentwicklung. Pro-Kopf-Einkommen D USA GB 1870–1970.xls. Internet: http://www.rla-texte.de/?page_id=158 (abgerufen am 10.06.2014).

Homer-Dixon, Thomas (2006): The Upside of Down. Catastrophe, Creativity, and the Renewal of Civilization. Washington, D.C.: Island Press.

Hopkins, Rob (2013): The Power of Just Doing Stuff. How local action can change the world. Cambridge.

Hubacek, Klaus/Guan, Dabo (2011): The net effect of green lifestyles. In: Nature Climate Change 1: 250–251.

Intergovernmental Panel on Climate Change – IPCC (2014a): Climate Change 2014: Impacts, Adaptation, and Vulnerability. Summary for Policymakers. Internet: http://ipcc-wg2.gov/AR5/images/uploads/IPCC_WG2AR5_SPM_Approved.pdf (abgerufen am 25.05.2014).

Intergovernmental Panel on Climate Change – IPCC (2014b): Climate Change 2014: Mitigation of Climate Change. Summary for Policymakers. Internet: http://report.mitigation2014.org/spm/ipcc_wg3_ar5_summary-for-policy-makers_approved.pdf (abgerufen am 25.05.2014).

Jackson, Tim (2009): Prosperity without Growth? The tranisition to a sustainable economy. London: Earthscan.

Jänicke, Martin (2007): »Green Growth«: From a growing eco-industry to a sustainable economy. FFU-Report 09-2011. Berlin.

Jevons, William Stanley (1866): The Coal Question. London. Internet: http://www.econlib.org/library/YPDBooks/Jevons/jvnCQCover.html (abgerufen am 24.05.2014).

Kasser, Tim (2011): Values and Human Wellbeing. The Bellagio Initiative. Internet: http://www.bellagioinitiative.org/wp-content/uploads/2011/10/ Bellagio-Kasser.pdf (abgerufen am 25.10.2013).

Klinenberg, Eric (2002): Heat Wave. A social autopsy of disaster in Chicago. Chicago.

Knauer, Roland (2014): Steinkohlebergbau. Pumpen für die Ewigkeit. In: Spektrum. de. Internet: http://www.spektrum.de/alias/steinkohlebergbau/pumpen-fuer-die-ewigkeit/1222444 (abgerufen am 31.05.2014).

Knight, Kyle/Rosa, Eugene A./Schor, Juliet B. (2012): Reducing Growth to Achieve Environmental Sustainability: The Role of Work Hours. In: Political Economy Research Institute. University of Massachusetts Amherst. Working Paper Series. Number 304. Internet: http://www.peri.umass.edu/fileadmin/pdf/ working_papers/working_papers_301–350/4.2KnightRosaSchor.pdf.

Kraushaar, Wolfgang (2012): Der Aufruhr der Ausgebildeten. Vom Arabischen Frühling zur Occupy-Bewegung. Hamburg.

Krausmann, Fridolin/Gingrich, Simone/Eisenmenger, Nina/Erb, Karl-Heinz/ Haberl, Helmut/Fischer-Kowalski, Marina (2009): Growth in global materials use, GDP and population during the 20th century. In: Ecological Economics 68 (10), 2696–2705.

Latour, Bruno (2002): Ein Kollektiv von Menschen und nichtmenschlichen Wesen. In: ders. (Hg.): Die Hoffnung der Pandora. Untersuchungen zur Wirklichkeit der Wissenschaft. Frankfurt am Main, 211–232.

Leinfelder, Reinhold, et al. (2012): Die menschengemachte Erde. Das Anthropozän sprengt die Grenzen von Natur, Kultur und Technik. In: Kultur & Technik 2/2012: 12–16.

Lenz, Ilse (2008): Frauenbewegungen und Gleichstellungspolitiken. In: Ruth Becker, Beate Kortendiek und Barbara Budrich (Hg.): Handbuch Frauen- und Geschlechterforschung: Theorie, Methoden, Empirie. Wiesbaden, 665–675.

Loske, Reinhard (2012): Wie weiter mit der Wachstumsfrage? Rangsdorf.

MA – Millennium Ecosystem Assessment (2005): Ecosystems and Human Well-Being. Current State and Trends. Washington, DC.

Marshall, Monty G./Cole, Benjamin R. (2011): Global Report 2011: Conflict, Governance and State Fragility. Vienna [VA, USA]

Mauch, Christof (2014). Mensch und Umwelt. Nachhaltigkeit aus historischer Perspektive. München.

Mauelshagen, Franz/Pfister, Christian (2010): Vom Klima zur Gesellschaft: Klima-geschichte im 21. Jahrhundert. In: Harald Welzer, Hanz-Georg Soeffner und Dana Giesecke (Hg.): KlimaKulturen. Soziale Wirklichkeiten im Klimawandel. Frankfurt am Main, 241–169.

McKibben, Bill (2012): Global Warming's Terrifying New Math. In: Rolling Stone, 7/2012. Internet: http://www.rollingstone.com/politics/news/global-warmings-terrifying-new-math-20120719?print=true (abgerufen am 10.07.2014).

McKibben, Bill (2013): The Case for Fossil-Fuel Divestment. In: Rolling Stone, 2/2013. Internet: http://www.rollingstone.com/politics/news/the-case-for-fossil-fuel-divestment-20130222?print=true (abgerufen am 10.07.2014).

McNeill, John R. (2005): Blue Planet. Die Geschichte der Umwelt im 20. Jahrhundert. Bonn.

Meadows, Dennis L., et al. (1972): Die Grenzen des Wachstums – Berichte des Club of Rome zur Lage der Menschheit, München.

Meinshausen, Malte/Meinshausen, Nicolai/Hare, William/Raper, Sarah C. B./Frieler, Katja/Knutti, Reto/Frame, David J./Alle, Myles R. (2009): Greenhouse gas emission targets for limiting global warming to 2 °C. Nature. Vol. 458: 1158–1162.

Mouhot, Jean-François (2011): Past connections and present similarities in slave ownership and fossil fuel usage. In: Climatic Change (2011): 105: 329–355.

Menasse, Robert (2006): Die Zerstörung der Welt als Wille und Vorstellung. Frankfurt am Main.

Merkel, Wolfgang (2010): Systemtransformation. Eine Einführung in die Theorie und Empirie der Transformationsforschung. 2., überarb. u. erw. Aufl. Wiesbaden.

Miegel, Meinhard (2011): Exit. Wohlstand ohne Wachstum. Berlin.

National Academy of Sciences (2007): Status of Pollinators in North America. Washington, DC.

Neureiter, Martin/Palz, Doris (2008): Zertifikate, Standards und Audits. In: André Habisch, René Schmidpeter, Martin Neureuter (Hg.): Handbuch Corporate Citizenship. Corporate Social Responsibility für Manager. Berlin/Heidelberg, 447–464.

Nordhaus, William D. (2007): Critical Assumptions in the Stern Review on Climate Change. Science 317, 201–202.

Offe, Claus (2013): »Die plötzliche Implosion eines obsoleten Gesellschaftssystems ist ja eine Eventualität, die auch auf der anderen Seite des ehemaligen Eisernen Vorhangs keineswegs auszuschließen ist.« Claus Offe im
Gespräch mit David Strecker. Zeitschrift für Politische Theorie, 4. Jg., Heft 2,
253–284.

Organisation for Economic Co-operation and Development – OECD/Interna-
tional Energy Agency – IEA (2010): World Energy Outlook 2010. Paris.

Organisation for Economic Co-operation and Development – OECD/Interna-
tional Energy Agency – IEA (2012): World Energy Outlook 2012. Paris.

Organisation for Economic Co-operation and Development – OECD/Interna-
tional Energy Agency – IEA (2013): World Energy Outlook 2013. Paris.

Osterhammel, Jürgen (2009): Die Verwandlung der Welt. Eine Geschichte des
19. Jahrhunderts. München

Osterhammel, Jürgen (2011): Geschichtskolumne. Große Transformationen.
In: Merkur, Heft 7, 65. Jahrgang, 625–631.

Ostrom, Elinor: Governing the Commons: The Evolution of Institutions for
Collective Action. Cambridge 1990.

Paech, Nico (2012). Befreiung vom Überfluss. Auf dem Weg in die Postwachstumsökonomie. München.

Pattberg, Philipp (2007): Private Institutions and Global Governance. The New
Politics of Environmental Sustainability. Cheltenham.

Peters, Glen P./Marland, Gregg/Le Quéré, Corinne/Boden, Thomas/Canadell,
Josep G./Raupach, Michael R. (2012): Rapid growth in CO_2 emissions after
the 2008–2009 global financial crisis. Nature Climate Change 2, 2–4, Online
veröffentlicht am 4. Dezember 2011.

Petzet, Muck/Heilmeyer, Florian (Hg.) (2012): Reduce, Reuse, Recycle: Ressource
Architektur. Stuttgart.

Polanyi, Karl (1973): The Great Transformation. Politische und ökonomische
Ursprünge von Gesellschaften und Wirtschaftssystemen. Frankfurt am Main.

Popper, Karl (2011): The Open Society and Its Enemies. London/New York.

Ramanathan, Ramakrishnan (2006): A multi-factor efficiency perspective to
the relationships among world GDP, energy consumption and carbon
dioxide emissions. Technological Forecasting and Social Change 73,
483–494.

Raworth, Kate (2012): A Safe and Just Space for Humanity. Oxfam Discussion Paper. Internet: http://www.oxfam.org/sites/www.oxfam.org/files/dp-a-safe-and-just-space-for-humanity-130212-en.pdf (abgerufen am 19.05.2014).

Rickels, Wilfried/Klepper, Gernot/Dovern, Jonas/Betz, Gregor/Brachatzek, Nadine/ Cacean, Sebastian/Güssow, Kerstin/Heintzenberg Jost/Hiller, Sylvia/Hoose, Corinna/Leisner, Thomas/Oschlies, Andreas/Platt, Ulrich/Proelß, Alexander/ Renn, Ortwin/Schäfer, Stefan/Zürn Michael (2011): Gezielte Eingriffe in das Klima? Eine Bestandsaufnahme der Debatte zu Climate Engineering. Sondierungsstudie für das Bundesministerium für Bildung und Forschung. Internet: http://www.bmbf.de/pubRD/CE_Studie2011-Gesamt-final-Druck.pdf (abgerufen am: 29.05.2014).

Rockström, Johan/Steffen, Will/Noone, Kevin/Persson, Åsa/F. Stuart Chapin III/ Lambin, Eric F./Lenton, Timothy M./Scheffer, Marten/Folke, Carl/Schellnhuber, Hans Joachim/Nykvist, Björn/de Wit, Cynthia, A./Hughes, Terry/van der Leeuw, Sander/Rodhe, Henning/Sörlin, Sverker/Snyder, Peter K./Costanza, Robert/Svedin, Uno/ Falkenmark, Malin/Karlberg, Louise/Corell, Robert W./ Fabry, Victoria J./Hansen, James/Walker, Brian/Liverman, Diana/Richardson, Katherine/Crutzen, Paul/Foley, Jonathan A. (2009): A safe operating space for humanity. Nature, Vol. 461, 472–475.

Rosa, Hartmut (2005): Beschleunigung. Die Veränderung der Zeitstrukturen in der Moderne. Frankfurt am Main.

Rosa, Hartmut (2011): Über die Verwechselung von Kauf und Konsum. Paradoxien der spätmodernen Konsumkultur. In: Ludger Heidbrink, Imke Schmidt und Björn Ahaus (Hg.): Die Verantwortung des Konsumenten. Über das Verhältnis von Markt, Moral und Konsum. Frankfurt am Main/New York, 115–132.

Sachs, Wolfgang (1993): Die vier E's: Merkposten für einen maßvollen Wirtschaftsstil. In: Politische Ökologie (11) 33. München, 69–72.

Sachs, Wolfgang (2003): Nach uns die Zukunft. Der globale Konflikt um Gerechtigkeit und Ökologie. Frankfurt am Main.

Sachs, Wolfgang (2007): Gipfelstürmer im Umweltraum. In: Henning Melber, Cornelia Wilß (Hg.): G 8 Macht Politik. Frankfurt am Main, 104–112.

Schachtschneider, Ulrich (2013): Nachhaltig-Emanzipatorisch Umverteilen. In: Luxemburg. Gesellschaftsanalyse und Linke Praxis. Juli 2013. Internet: http:// www.zeitschrift-luxemburg.de/kontrovers-oekologisches-grundeinkommen-2/ (abgerufen am 16. Juni 2014).

Schad, Miriam/Sommer, Bernd/Wessels, Sebastian (2013): Auswirkungen des Klimawandels auf die Gesellschaft. In: Friedrich-Wilhelm Gerstengarbe/Harald Welzer (Hg.): Zwei Grad mehr in Deutschland. Wie der Klimawandel unseren Alltag verändern wird. Das Szenario 2040. Frankfurt am Main, 131–188.

Schirrmacher, Frank (2013): Ego. Das Spiel des Lebens. München.

Schneider, Lambert (2007): Is the CDM fulfilling its environmental and sustainable development objectives? An evaluation of the CDM and options for improvement. Report prepared for WWF. Internet: http://awsassets.panda.org/downloads/oeko_institut__2007____is_the_cdm_fulfilling_its_environmental_and_sustainable_developme.pdf (abgerufen am 18. März 2013).

Schneidewind, Uwe/Zahrnt, Angelika (2013): Damit gutes Leben einfacher wird. Perspektiven einer Suffizienzpolitik. München.

Schulz, Roland (2013): Der Urknall. In: Süddeutsche Zeitung Magazin. Heft 9/2013. Internet: http://sz-magazin.sueddeutsche.de/drucken/text/39587 (abgerufen am 15. August 2014).)

Schürmann, Karin (2015): Stadt als community of practice. Das Beispiel Seattle. München (im Erscheinen).

Schor, Juliet B. (2005): Sustainable Consumption and Worktime Reduction. In: Journal of Industrial Ecology, Special Issue on Sustainable Consumption, 9 (1), 37–50.

Schor, Juliet B. (2010): Plentitude. The New Economics for True Wealth. New York.

Schrader, Christopher/Weiss, Marlene (2014): Ein ganzer Haufen Risiken. In: Süddeutsche Zeitung, Nr. 75, 31. März 2014, 16.

Seidl, Irmi/Zahrnt, Angelika (Hg.) (2010): Postwachstumsgesellschaft. Konzepte für die Zukunft. Marburg 2010.

Sieferle, Rolf-Peter (2010): Lehren aus der Vergangenheit. Expertise für das WBGU-Hauptgutachten »Welt im Wandel: Gesellschaftsvertrag für eine Große Transformation«. Berlin.

Sieferle, Rolf Peter/Krausmann, Friedolin/Schandl, Heinz/Winiwarter, Verena (2006): Das Ende der Fläche. Zum gesellschaftlichen Stoffwechsel der Industrialisierung, Köln/Weimar/Wien.

Siefkes, Christian (2012): Peer-Produktion – der unerwartete Aufstieg einer commonsbasierten Produktionsweise. In: Silke Helfrich, Heinrich Böll Stiftung (Hg.): Commons. Für eine neue Politik jenseits von Markt und Staat. Bielefeld, 348–353.

Sieverts, Thomas (2013): Am Beginn einer Stadtentwicklungsepoche der Resilienz? Folgen für Architektur, Städtebau und Politik. In: Informationen zur Raumentwicklung (IzR) 4/2013, S. 315–323.

Sommer, Bernd (2011): »Interdependenzen und Ungleichzeitigkeiten im Kontext des anthropogenen Klimawandels«. In: Leviathan. Berliner Zeitschrift für Sozialwissenschaft (2011) 39, 55–72.

Sommer, Bernd/Welzer, Harald (2010): Der Traum vom »grünen Wachstum«. Sind eine nachhaltige Entwicklung und ein stetiges Wirtschaftswachstum vereinbar? In: Forum Umwelt und Entwicklung – Rundbrief 2/2010, 3–4.

Steffen, Will/Crutzen, Paul J./McNeill, John R. (2007): The Anthropocene: Are Humans Now Overwhelming the Great Forces of Nature? In: Ambio, Vol. 38, Nr. 8, 614–621.

Steffen, Will/Persson, Åsa/Deutsch, Lisa/Zalasiewicz, Jan/Williams, Mark/ Richardson, Katherine/Crumley, Carole/Crutzen, Paul/Folke, Carl/Gordon, Line/Molina, Mario/Ramanathan, Veerabhadran/Rockström, Johan/Scheffer, Marten/Schellnhuber, Hans Joachim/Svedin, Uno (2011): The Anthropocene: From Global Change to Planetary Stewardship A. In: Ambio, Vol. 40, Nr. 8, 739–761.

Stern, Nicholas (2007): The Economics of Climate Change. The Stern Review. Cambridge.

Stiglitz, Joseph., et al. (Hg.) (2009): Survey of existing approaches to measuring socio-economic progress. Internet: www.stiglitz-sen-fitoussi.fr (abgerufen am 10.05.2013).

Storch, Hans von (2003): Wir werden das wuppen. Interview in: DER SPIEGEL 34/2003. Internet: http://www.spiegel.de/spiegel/print/d-28325115.html (abgerufen am 17.05.2014).

Streeck, Wolfgang (2013): Gekaufte Zeit: Die vertagte Krise des demokratischen Kapitalismus. Frankfurt am Main.

Thaler, Richard/Sunstein, Cas (2008): Nudge. Improving decisions about health, wealth and happiness. London/New York.

The World Bank (2014): Turn Down the Heat: Why a 4 °C Warmer World must be Avoided. Internet: http://www-wds.worldbank.org/external/default/WDS-ContentServer/WDSP/IB/2012/12/20/000356161_20121220072749/Rendered/PDF/NonAsciiFileName0.pdf (abgerufen am 23.05.2014).

Thomas, William Isaac (1928): The Methodology of Behavior Study. New York.

UNEP – United Nations Environmental Programme (2007): Sudan. Post-conflict environmental assessment. Nairobi.

UNEP – United Nations Environmetal Programme (2011): Decoupling Natural Resource Use And Environmental Impacts From Economic Growth. Internet: http://www.unep.org/resourcepanel/decoupling/files/pdf/Decoupling_Report_English.pdf (abgerufen am 05.05.2014).

Uchatius, Wolfgang (2013): Jan Müller hat genug. In: Die Zeit. Nr. 10/2013. Internet: http://www.zeit.de/2013/10/DOS-Konsum/komplettansicht (abgerufen am 14.05.2014).

UN – United Nations (2012): The future we want. Internet: http://www.uncsd2012.org/thefuturewewant.html (abgerufen am 15.05.2012).

Vansteenkiste, Maarten/Simons, Joke/Lens, Willy/Sheldon, Kennon M./Deci, Edward L. (2004): Motivating Learning, Performance, and Persistence: The Synergistic Effects of Intrinsic Goal Contents and Autonomy-supportive Contexts. In: Journal of Personality and Social Psychology 87.

Wackernagel, Mathis (2014): 12 Fragen an … 12 Questions to … Mathis Wackernagel. In: GAIA. Ökologische Perspektiven für Wissenschaft und Gesellschaft. 23/1, 6–7.

WBGU – Wissenschaftlicher Beirat der Bundesregierung Globale Umweltveränderungen (2008): Welt im Wandel. Zukunftsfähige Bioenergie und nachhaltige Landnutzung. Berlin.

WBGU – Wissenschaftlicher Beirat der Bundesregierung Globale Umweltveränderungen (2009): Der Budgetansatz. Kassensturz für den Weltklimavertrag. Berlin.

WBGU – Wissenschaftlicher Beirat der Bundesregierung Globale Umweltveränderungen (2011): Welt im Wandel. Gesellschaftsvertrag für eine Große Transformation. Berlin: WBGU.

Weber, Max (1905): Die protestantische Ethik und der Geist des Kapitalismus. In: ders.: Religion und Gesellschaft. Gesammelte Aufsätze zur Religionssoziologie. Frankfurt am Main 2006, 11–183.

Welzer, Harald (2005): Täter. Wie aus ganz normalen Menschen Massenmörder werden. Frankfurt am Main.

Welzer, Harald (2008): Klimakriege. Wofür im 21. Jahrhundert getötet wird. Frankfurt am Main.

Welzer, Harald (2011): Mentale Infrastrukturen. Wie das Wachstum in die Welt und in die Seelen kam. Berlin.

Welzer, Harald/Wiegandt, Klaus (Hg.) (2013): Wege aus der Wachstumsgesellschaft. Frankfurt am Main.

Welzer, Harald (2013): Selbst Denken. Eine Anleitung zum Widerstand. Frankfurt am Main.

World Ocean Review (2010). Mit dem Meer leben. Internet: http://worldocean-review.com/wp-content/downloads/wor1/WOR1_gesamt.pdf (abgerufen am 26.05.2014).

WWF – World Wildlife Fund International (2012): Living Planet Report 2012. Gland [Schweiz].